国家社会科学基金面上项目：
全球价值链视角下中国高铁标准"走出去"的知识转移机制、路径与对策研究（17BGL012）

浙江省哲学社会科学规划后期资助课题：
从中国制造到世界标准：中国高铁标准"走出去"的知识转移研究（23HQZZ08YB）

从中国制造到世界标准

中国高铁标准"走出去"的知识转移研究

From Being Made in China to World Standards:
A Study on Knowledge Transfer of
China's High-speed Rail Standards "Going Global"

金水英 著

上海交通大学出版社
SHANGHAI JIAO TONG UNIVERSITY PRESS

内容提要

本书围绕"从中国制造到世界标准"这一中心命题展开，把中国高铁标准"走出去"的知识转移问题纳入全球价值链这一视角中加以考察：首先，阐述中国高铁发展历程及"走出去"对沿线国家和区域的影响，指出中国高铁"走出去"的关键在于提升中国高铁标准的国际认可度，实现从中国制造到世界标准的升华；其次，分析中国高铁标准"走出去"的现状、模式与问题，构建全球价值链视角下中国高铁标准"走出去"知识转移理论框架；再次，梳理中国高铁标准"走出去"知识转移网络结构，基于全球价值链视角分析中国高铁标准"走出去"知识转移机制、影响因素；接着，对中国高铁标准"走出去"知识转移机制进行系统动力学建模、仿真分析；然后，运用案例分析三种全球价值链驱动模式下中国高铁标准"走出去"知识转移的具体路径；最后，提出中国高铁标准"走出去"知识转移战略管理的策略建议，旨在推进中国高铁标准国际化进程。本研究可以促使中国高铁企业秉持合作共赢的理念，将中国先进的高铁标准相关知识向他国转移，拓展国际市场。同时，有助于高铁进口国积极引进中国先进高铁标准知识，学习中国先进的高铁建设、运营、管理经验。从而实现互利共赢，构建人类命运共同体。

本书主要适用于知识管理、高铁、标准制定、对外直接投资、全球价值链等研究领域的学者阅读使用，以期引起广大同仁进一步深入研究探讨。

图书在版编目(CIP)数据

从中国制造到世界标准：中国高铁标准"走出去"的知识转移研究/ 金水英著. —上海：上海交通大学出版社，2023.1
  ISBN 978-7-313-25871-7

Ⅰ. ①从… Ⅱ. ①金… Ⅲ. ①高速铁路—技术标准—国际化—研究—中国 Ⅳ. ①F426.476.3

中国版本图书馆 CIP 数据核字(2022)第 080804 号

从中国制造到世界标准：
中国高铁标准"走出去"的知识转移研究
CONG ZHONGGUO ZHIZAO DAO SHIJIE BIAOZHUN：
ZHONGGUO GAOTIE BIAOZHUN "ZOUCHUQU" DE ZHISHI ZHUANYI YANJIU

著　　者：金水英
出版发行：上海交通大学出版社　　　　　　　地　　址：上海市番禺路 951 号
邮政编码：200030　　　　　　　　　　　　电　　话：021‐64071208
印　　制：上海颛辉印刷厂有限公司　　　　　经　　销：全国新华书店
开　　本：710 mm×1000 mm　1/16　　　　 印　　张：17.25
字　　数：233 千字
版　　次：2023 年 1 月第 1 版　　　　　　　印　　次：2023 年 1 月第 1 次印刷
书　　号：ISBN 978‐7‐313‐25871‐7
定　　价：88.00 元

序　言

2013 年，习近平主席在出访中亚和东南亚期间，提出"一带一路"倡议。"一带一路"建设的核心内容是五通：政策沟通、设施联通、贸易畅通、资金融通以及民心相通，共同打造政治互信、经济融合、文化包容的利益共同体、责任共同体和命运共同体。其中，设施联通在"一带一路"建设和发展中发挥着先导性的作用，是共建"一带一路"的基础和优先合作领域，而交通设施（尤其是铁路设施）是跨境合作的动力基础。

中国高铁砥砺前行，经历 6 次提速发展，实现"弯道超车"，跑出了中国速度，更创造了中国奇迹。2019 年 7 月 8 日，世界银行发布《中国的高速铁路发展》报告，用大量翔实的数据向世界展示中国高铁一枝独秀的发展成就：营业里程超过世界其他国家高铁营业里程总和；相比全球各国，中国高铁票价最低；中国高铁建设成本约为其他国家建设成本的 2/3；等等。可以说，中国高铁凭借拥有完全自主知识产权的多项技术成为中国新的"外交名片"。

随着共建"一带一路"的推进，越来越多的中国高铁在亚洲、欧洲、非洲等地区落地生根，促进了国家间的互联互通，也让更多地区更紧密地连接在一起。中国高铁"走出去"对目标国、中国以及相关区域、国际而言都有着重要意义。对目标国来说，一是有利于完善基础设施建设，实现国内的互联互通，改善投资环境；二是有利于拉动相关产业发展，促进沿线开发，拉动就业；三是有助于提高经济发展质量与水平，提升国家的整体竞争力与影响力。对中国而言，一是参与到国际高铁市场的竞争中，有利于中国高铁在竞争中学习先进经验与技术，二是有助于加强技术交流与合作，打造中国高铁品牌，提升中国高铁的竞争力，拓展更广阔的市场。对区域和国际而言，则是有利于推进"一带一路"倡议，实现互利共赢，打造"人类命运共同体"。

"得标准者得天下"这句话揭示了标准举足轻重的影响力。中国高铁领跑世界,不仅体现在硬件标准上,更体现在软件服务上。在中国高铁"走出去"的过程中,输出"中国高铁标准"被视为最高追求。在 2016 年 9 月召开的第三十九届国际标准化组织大会上,中国标准正式被确定为世界通用标准。近年来,"中国标准"正逐渐超越过去的"欧标"与"日标",被越来越多的国家采用。

不过,在中国高铁标准"走出去"的过程中,也存在着日益突出的问题和风险,尤其是中国与发达国家高铁标准竞争激烈,以及东道国政府干预的风险、高铁标准的本土化适应等问题,这极大影响了中国高铁海外投资的整体效益和战略目标的实现。因此,如何认识和充分发挥中国高铁标准的引领和示范作用,进一步促进中国高铁标准国际化在推进"一带一路"建设中的基础和支撑作用,真正实现从中国制造到世界标准的转型升级,已成为中国高端制造"走出去"的共识。

金水英教授一直关注中国高铁标准"走出去"和知识转移领域的研究。通过多年的跟踪研究与境外调研,她敏锐地发现,高铁标准本质属于知识,高铁标准"走出去"的过程实质上是知识转移过程。人类命运共同体理念与全球价值链模式下各参与方同生共荣的基本特征紧密契合,构建合作共赢的全球价值链是促进人类命运共同体的重要推动力。从目前国内外研究情况来看,鲜有研究涉及中国高铁标准"走出去"的知识转移问题,从全球价值链视角出发,研究中国高铁标准"走出去"知识转移问题的文献更是少之又少。有鉴于此,金教授在大量文献资料和实际案例分析的基础上,提炼出了基于全球价值链视角研究中国高铁标准"走出去"知识转移的主题。近几年来,金教授在这方面做了积极的探索,并取得了较好的进展。相关研究已获得浙江省哲学社会科学规划后期资助课题、浙江省软科学研究计划项目(编号 2017C35059)、非洲研究与中非合作省部共建协同创新中心委托招标课题等多个项目立项资助。

本书是水英教授历经 4 年课题研究的成果和结晶,我由衷为她感到高兴!本书首先阐述中国高铁发展历程及"走出去"对沿线国家和区域的影响,并通过典型案例,分析论述中国高铁标准"走出去"的现状、模式与问题。接着立足于全球价值链视角,将知识转移理论引入中国高铁标准"走出去"研究领域,构建全球价值链视角下中国高铁标准"走出去"知识转移理论分析框架。继而在该框架的指导下,运用系统动力学、案例分析等方法,开展中国高铁标准"走出去"知识转移机制、路径研究,最后从中国高铁标准制定、推广、实施三个环节,分别提出中国高铁标准"走出去"知识转移策略建议。

总揽全书,下面几个特点是很值得肯定的:

第一,基于全球价值链视角研究中国高铁标准"走出去"问题。基于构建合作共赢的人类命运共同体理念,本书从全球价值链视角出发,梳理中国高铁标准"走出去"的三种模式:生产者驱动模式、购买者驱动模式和混合驱动模式,并分别分析不同全球价值链驱动模式下中国高铁标准"走出去"的知识转移机制、路径,并提出策略建议,为中国高铁标准"走出去"战略管理提供了全新的视角思路。

第二,构建了中国高铁标准"走出去"知识转移理论分析构架。纵观国内外文献,很少有涉及中国高铁标准"走出去"知识转移问题的研究。本书整合了全球价值链理论、知识转移理论、复杂系统理论,构建经济学、管理学、国际关系等多学科交叉的中国高铁标准"走出去"知识转移理论分析构架,系统研究中国高铁标准"走出去"的知识转移机制、路径与策略,一定程度上弥补了该领域研究的不足。

第三,综合运用多种研究方法开展创新探索。为了保证研究内容的科学性和研究结论的可靠性,本书遵循理论研究与实证研究相结合、定性分析与定量分析相结合的原则,综合运用了文献研究法、实证研究法、案例分析法、系统动力学法等多种研究方法。例如,在研究中国高铁"走出去"对沿线国家经济发展影响的过程中,本书采用了多期双重差分法进行实证分析;在对中国高铁标准"走出去"的现状、模式与问题,知识转移机制以及知识转移路径进行研究时,运用了案例分析法;为了验证高铁标准"走出去"知识转移机制的有效性,运用系统动力学方法进行建模,并进行模拟仿真分析。

当今世界正处在百年未有的大变局时代,变局中的中国企业国际经营效能与中国产业全球影响力也在与日俱增,中国高铁产业及中国高铁标准"走出去",是这种变局的一个特殊观察窗口,它不仅是一种交通技术国际转移扩散,更是一种新的国际交往与合作模式的全球推进过程,高速行驶的中国高铁在推进各国互联互通的过程中,也在有力地促进合作共赢的人类命运共同体的构建。

在"一带一路"倡议下,我们有理由期待,中国高铁及中国高铁标准国际化研究将迈向更高层次。在这条研究道路上,金水英教授迈出了新的步伐,并取得了可喜的成绩。本书对中国高铁标准"走出去"知识转移研究具有重要的决策参考意义和应用推广价值。我希望水英教授能够在该领域不断攀登,与时俱进,取得更多丰硕的成果,也期国内外学者进一步关注中国高端装备制造"走出去"的知识转移现象,并取得更丰富的研究成果。

教育部长江学者特聘教授、浙江师范大学非洲研究院院长

刘鸿武

2022 年 5 月 30 日

前　言

截至 2021 年 7 月,中国高速铁路运营里程达 3.815 5 万千米,稳居世界第一。2013 年,国家主席习近平提出"一带一路"倡议,其主要内容是"五通",以构建人类命运共同体为目标,促进世界经济的发展。随着"一带一路"倡议步入务实合作阶段,高铁作为交通基础设施联通的核心产品,是中国高端制造业的代表,俨然成为中国外交的一张"新名片"。现如今,中国高铁海外项目遍布全球,呈现高铁出口高端化、全球化、快速化的趋势。

中国高铁标准是中国高铁"走出去"最重要的基石。采用中国标准的亚吉铁路、蒙内铁路、阿卡铁路、拉伊铁路等正式通车,雅万高铁、中老铁路、中泰铁路的开工建设,极大提高了中国高铁标准在国际上的认可度。在知识经济时代,企业保持持续竞争力的关键,在于实现知识的创新进步以及促进知识的有效转移流动,而高铁标准作为一种知识,其"走出去"的过程本质上是知识转移的过程。中国在对外输出高铁标准时,需要加快构建和完善中国高铁标准国际化支撑体系,并建立有效的中国高铁标准"走出去"的知识转移机制路径,以积极构建合作共赢的全球价值链,这样才能在国际分工中获取更高的附加值,进而提高中国高铁的国际话语权。

本书立足于合作共赢原则,探究全球价值链视角下中国高铁标准"走出去"的知识转移问题,并从 3 个层面构建研究内容与框架,分别是基础层面、理论层面和系统分析层面,据此得出研究结论,最终为中国高铁标准"走出去"知识转移相关研究领域提出新的研究展望。

一、基础层面

主要包括第 1 章绪论、第 2 章中国高铁发展历程及"走出去"对沿线国家和区域的影响和第 3 章中国高铁标准"走出去"的现状、模式与问题分析三章,揭示中国高铁从中国制造到世界标准转型升级的发展现状,阐述本书的选题缘由和研究意义,为后续全球价值链视角下中国高铁标准"走出去"知识转移理论框架的构建及机制路径分析的开展做好铺垫。

第1章 绪论,旨在为全书提供概览和导读。本章在中国高铁标准不断加快"走出去"的现实背景下阐述了本书的研究意义,从总体上界定了研究目的与研究内容,接着概述了本书的研究方法、结构安排与技术路线,最后对本书研究的创新点进行了归纳总结,并对本书中涉及的全球价值链、高铁标准、知识转移机制、知识转移路径等重要概念进行了界定和说明。

第2章 中国高铁发展历程及"走出去"对沿线国家和区域的影响。首先,将中国高铁的发展历程划分为铁路建设起步阶段、6次大提速阶段、重要发展阶段以及高铁外交阶段4个阶段;其次,探索中国高铁"走出去"和国际援助的历史沿革,以东南亚、西亚、非洲、欧洲以及拉美等地区为核心,分析中国高铁产业的海外战略布局;再次,从人口规模、可达性、产业结构、就业结构、知识经济5个角度出发,对现阶段国内外相关研究成果进行整合分析,指出高铁建设能够从扩大人口规模、提升城市可达性、调整产业结构、完善就业结构以及促进知识经济等方面对高铁沿线区域发展产生重大影响;最后,以中国在非洲建设现代铁路的11个沿线国家和11个非沿线国家为样本,采用多期双重差分法,实证分析得出中国高铁"走进非洲"对沿线国家的经济发展具有一定的促进作用,论证了促进中国高铁进一步"走出去"是实现合作共赢、构建人类命运共同体的题中应有之义,同时彰显了本书的研究意义。

第3章 中国高铁标准"走出去"的现状、模式与问题分析。在中国高铁"走出去"的过程中,作为国际竞争话语权的象征,向外推广和输出中国高铁标准被视为最高追求。现阶段,中国高铁"走出去"的关键在于促进中国高铁标准的顺利出口以及提升标准的国际认可度,实现从中国制造到世界标准的升华。本章聚焦于中国高铁标准"走出去"的现实情况,对其现状、模式与存在的问题从三方面展开论述。第一,对中国参与国际标准化组织(ISO)、国际铁路联盟(UIC)和国际电工委员会(IEC)标准研究与制定工作情况进行梳理,并汇总了近几年涉及中国高铁标准(含泛高铁标准)"走出去"的铁路项目,彰显了中国高铁标准的国际认可度与影响力。第二,基于全球价值链视角,通过典型案例,具体分析中国高铁标准"走出去"的模式,包括以中泰铁路为例的生产者驱动模式、以匈塞铁路为例的购买者驱动模式、以雅万铁路与亚吉铁路为例的混合驱动模式,并归纳三种模式各自的特征及适用范围。第三,从中国高铁标准制定、推广、实施三个环节出发,分别剖析中国高铁标准"走出去"过程中存在的问题。只有把握了问题的本质,才能通过后续研究提出相应的对策建议,以推进中国高铁标准国际化进程,这也是本书的研究目的所在。

二、理论层面

主要在本书的第 4 章中展开论述,包括对高铁标准、知识转移与全球价值链相关概念特征的界定,以及对中国高铁标准"走出去"知识转移本质的探究,进而构建起全球价值链视角下中国高铁标准"走出去"知识转移多维理论框架,为后续章节的研究提供理论支撑。

第 4 章 全球价值链视角下中国高铁标准"走出去"知识转移理论。首先,借鉴已有的国内外文献理论分析界定中国高铁标准的概念、类型,并对中外高铁标准的对比分析、中国高铁标准"走出去"的文献进行研究梳理;其次,探讨知识转移的相关概念与特征,结合中国高铁标准及其"走出去"的一系列特征,分析得出"高铁标准实质属于知识""高铁标准'走出去'的过程实质上是知识转移过程"的结论,论证知识转移理论在高铁标准领域拓展应用的可行性;再次,梳理分析全球价值链概念、治理及全球价值链与命运共同体的关系研究文献,从"接受中国高铁标准的国家"和"向海外推广高铁标准的中国企业"两个角度深入剖析中国高铁标准"走出去"影响知识进步的微观机理,并结合实际阐述了中国高铁标准"走出去"在三种不同驱动模式下的全球价值链升级方式;最后,在前文理论研究的基础上,构建全球价值链视角下的"中国高铁标准'走出去'的知识转移机制—中国高铁标准'走出去'的知识转移路径分析—中国高铁标准'走出去'知识转移策略建议"多维度的中国高铁标准"走出去"知识转移理论分析框架,为后续章节的研究做好铺垫。

三、系统分析层面

在前文构建的全球价值链视角下中国高铁标准"走出去"知识转移理论分析框架的基础上,从全球价值链视角分析中国高铁标准"走出去"的知识转移机制,并运用系统动力学方法对该机制进行建模仿真分析。继而针对第3章中总结的中国高铁标准"走出去"的现存问题,从中国高铁标准制定、推广、实施三个环节有针对性地提出促进中国高铁标准"走出去"知识转移的对策及建议,以进一步加快中国高铁标准的国际化进程。具体包含第5章、第6章和第7章。

第5章 全球价值链视角下中国高铁标准"走出去"的知识转移机制。该章节作为本书的核心部分,包含以下三部分的内容:

(1)中国高铁标准"走出去"的知识转移网络结构。本书以中国高铁企业与高铁进口国为核心,结合海外铁路项目建设的项目招投标、项目勘察设计、项目施工准备、项目施工建设、项目竣工验收、项目运营管理6个阶段,构建包括投标单位、技术总承包单位、施工总承包单位、施工分包单位、施工监理单位、材料设备供应单位、竣工验收单位、运营管理单位等多个主体的中国高铁标准"走出去"的知识转移网络结构,为后文知识转移机制与路径的研究奠定基础。

（2）中国高铁标准"走出去"的知识转移网络机制分析。鉴于中国高铁标准"走出去"的知识转移是一个双向互动的过程,故本书基于生产者驱动、购买者驱动、混合驱动三种不同全球价值链驱动模式,结合中国高铁标准"走出去"的典型案例,从知识转移动机与转移内容两方面,对上述知识转移网络结构中的顺向与逆向两种知识转移机制进行分析,并以顺向知识转移为例,从知识源、知识接收方、知识属性、情景因素四个方面,对高铁标准"走出去"知识转移的影响因素进行分析,为下文的系统动力学分析提供理论依据。

（3）中国高铁标准"走出去"知识转移系统动力学分析。在前文的知识转移网络结构与机制分析中可知,中国高铁标准"走出去"知识转移是一个复杂的系统,研究对象具有明确的系统边界,同时其知识转移过程遵循基本规律,且模式较为固定,并存在互动和反馈,适合运用系统动力学方法来探究中国高铁标准"走出去"知识转移运行机制。本书基于中国高铁标准"走出去"知识转移网络和机制分析,运用系统动力学方法构建中国高铁标准"走出去"知识转移系统模型,并通过计算机仿真软件 Vensim PLE 进行模拟仿真分析。根据文献梳理及知识转移理论分析的结果,该系统动力学模型考虑了中国高铁标准"走出去"知识转移的 4 个方面影响因素:知识源、知识接收方、知识特性及转移情境。知识源属性包括转移能力和转移意愿,知识转移意愿高低影响转移能力,因此,知识转移意愿可通过转移能力体现。为了简化模型,我们只考虑知识源的转移能力因素;知识接收方属性包含知识接收方的接受意愿和吸收能力;知识特性包含了知识隐形、复杂性和专用性;转移情境包括文化距离、制度距离、双方关系信任度、竞争者压力和中国制造业在全球价值链中的地位指数(模型中简写为"中国制造业 GVC 地位指数")。

第6章　全球价值链视角下中国高铁标准"走出去"的知识转移路径。本章将在上述研究的基础之上,明确界定中国高铁标准"走出去"知识转移路径的内涵和类别,并从生产者驱动、购买者驱动、混合驱动三种模式出发,结合中泰铁路、南非电力机车订单项目、芝加哥 7000 系地铁车辆采购项目、雅万高铁、亚吉铁路等代表性案例,分析不同驱动模式下中国高铁标准"走出去"知识转移的具体路径。通过分析可知,生产者驱动模式下的中国高铁标准"走出去"知识转移路径以面对面交流的转移路径为主,以信息技术传媒中介为辅;购买者驱动模式下的中国高铁标准"走出去"知识转移路径以信息技术传媒中介的转移路径为主,以面对面交流为辅;混合驱动模式下的中国高铁标准"走出去"知识转移是通过面对面交流、信息技术传媒中介与其他方式三种转移路径合力实现的。

第7章　中国高铁标准"走出去"知识转移策略建议。根据第5章、第6章中全球价值链视角下中国高铁标准"走出去"的知识转移机制与知识转移路径分析结果,针对第3章中总结的中国高铁标准"走出去"的现存问题,本章从中国高铁标准制定、推广、实施三个环节有针对性地提出促进中国高铁标准"走出去"知识转移的策略建议。

第8章,在上述理论和实证研究的基础上,总结出主要的研究结论,并提出可进一步细化研究的方向。主要研究结论包括:

(1)中国高铁标准"走出去"能够促进知识转移,双方实现双赢。在中国高铁标准"走出去"的知识转移过程中,知识源中国高铁企业和知识接收方高铁进口国的知识存量及创新量在系统动力学仿真周期内都呈持续增长态势,由此体现中国高铁标准"走出去"知识转移能够实现双赢的特点。中国标准"走出去"不仅给中国高铁企业带来了飞跃式发展,增强了中国高铁企业的综合实力,还提升了高铁标准进口国的高铁技术水平,带动了输入国的高铁经济发展。可见,中国高铁标准"走出去"知识转移有助于打造合作共赢的全球价值链。

(2)基于全球价值链视角的中国高铁标准"走出去"知识转移理论,实质上是对现有知识转移理论的延伸和拓展。该理论有效结合了全球价值链理论、知识转移理论、复杂系统理论,融经济学、管理学、国际关系学等多学科为一体,能够更加真实地反映中国高铁标准"走出去"的实际状况,并指导中国高铁企业在构建互利共赢人类命运共同体背景下提升中国高铁标准"走出去"的知识转移能力。

(3)基于全球价值链视角的中国高铁标准"走出去"可以分为三种主要模式:生产者驱动模式、购买者驱动模式以及混合驱动模式。生产者驱动模式下,海外高铁项目建设全部或部分采用中国高铁标准,中国高铁企业向高铁进口国转移的知识包括工程造价标准、技术标准、工程建设标准等知识;购买者驱动模式下,中国高铁标准"走出去"主要以产品装备"走出去"的形式实现,中国高铁企业向高铁进口国知识转移内容主要为高铁产品装备品牌、产品专有技术、产品质量信息、产品设计理念、产品生产工艺等知识;混合驱动模式下,中国高铁企业向外转移全套中国高铁标准,以及高铁产品装备品牌、产品质量信息、产品专有技术、产品设计理念、产品生产工艺等相关知识。

(4)中国高铁标准"走出去"知识转移的主要载体是中国承建的海外高铁

项目。这一过程涉及多个主体,形成以中国高铁企业以及高铁进口国为核心的知识转移网络结构,在该网络内,主要有顺向知识转移和逆向知识转移两种机制。中国高铁标准"走出去"知识转移的影响因素包括知识源、知识接收方、知识属性和情境因素。系统动力学分析表明,知识隐性、复杂性和专用性等知识属性以及文化距离、制度距离、竞争者压力等情境因素均对中国高铁标准"走出去"知识转移产生不利影响,知识转移双方关系信任度、中国制造业 GVC 地位指数等情境因素以及知识源企业的转移能力、知识接收方的接受意愿和吸收能力均对中国高铁标准"走出去"知识转移产生有利影响。

(5) 中国高铁标准在"走出去"过程中会面临诸多问题,应有的放矢,采取有针对性的应对策略。在高铁标准制定时期,存在顶层设计不足、核心技术仍需提高等问题,中国应加强高铁标准顶层设计合力,加强中外标准互鉴对标,推动科研与标准协调发展,进一步完善中国高铁标准体系;在高铁标准推广时期,存在标准国际认可度较低、国际兼容性不足、国际化人才缺乏等问题,我们应采取提升高铁标准国际影响力,培育高铁标准国际化人才,对外推广高铁示范工程等举措,加快推进中国高铁标准的国际化进程;在高铁标准实施阶段,存在各项政治风险、经济风险、文化风险、竞争风险,中国应通过分析解决本土化问题,提高运营管理能力,多措并举推动实施等策略,助推中国高铁标准的海外应用实施。

(6) 中国高铁标准"走出去"知识转移路径主要有三种:面对面交流转移路径、信息技术中介转移路径、其他方式转移路径。在生产者驱动模式下,中国高铁标准"走出去"的知识转移路径以面对面交流的转移路径为主,以信息技术传媒中介为辅。购买者驱动模式下,中国高铁标准"走出去"的知识转移路径以信息技术传媒中介为主,以面对面交流为辅。混合驱动模式下,高铁标准"走出去"的知识转移路径不仅包含面对面交流路径,还包括利用信息技术传媒中介和其他方式,知识转移形式更加全面多元化。

　　本书是对全球价值链视角下中国高铁标准"走出去"知识转移问题的初步研究,以期对中国高铁标准"走出去"领域的研究有所裨益。任何研究都是针对局部的改进或发展,由于研究水平的不足,尽管笔者付出了很大的努力,本书肯定还存在许多疏漏粗浅和不当之处。因此本书最后指出本研究的不足,并对未来可能的研究方向进行展望,以期国内外学者进一步关注探讨中国高铁标准"走出去"知识转移问题,并取得更多经得起检验的研究成果。

目　录

第5章　全球价值链视角下中国高铁标准"走出去"的知识转移机制 / 137

第6章 全球价值链视角下中国高铁标准"走出去"的知识转移路径 / 191

第7章 中国高铁标准"走出去"知识转移策略建议 / 206

第8章　结论与展望 / 219

第1章
绪　论

本章是全书的概览导读,首先阐述全球价值链视角下中国高铁标准"走出去"知识转移问题的研究背景、研究意义、研究目的与研究内容,接着介绍全书的研究方法、结构安排与技术路线,并归纳总结本研究的可能创新点,最后对研究中涉及的一些重要概念进行界定和说明。

1.1　研究背景和意义

1.1.1　研究背景

"一带一路"倡议强调"五通",其中设施联通是共建"一带一路"的优先领域,其核心是交通基础设施互通。在"一带一路"倡议和国际化战略推进与实施过程中,中国高铁作为代表中国先进技术与制造实力的高端制造产品,已成为中国外交的靓丽名片。随着中国高铁产业的快速发展和国际格局的重大变化,中国利用传统资源禀赋优势参与国际分工的局势有所改变,输出中国高铁标准被视为中国高铁"走出去"最重要的基石,中国高铁产业正处于从中国制造到世界标准转型升级的重要时期。

中国高铁"走出去"最早开始于 2009 年,最初与俄罗斯以及一些发展中家订立了高铁项目合作协议。2013年，国家主席习近平提出"一带一路"倡议，随着倡议的实施与推进，习近平、李克强等国家领导人在出访欧亚非国家期间当起了高铁"推销员"，对中国高铁标准技术进行广泛宣传。中国高铁作为中国外交的"新名片"，乘着"一带一路"的东风，进入国际高铁市场，①陆续承建亚吉铁路、蒙内铁路、安伊高铁、雅万高铁、中老铁路、中泰铁路、匈塞铁路等海外铁路，迅速引起了国际社会的广泛关注。2015年，李克强总理邀请中东欧国家领导人共同登上"苏北—上海"的高铁列车，为中国高铁带来了一场别有新意的体验式"代言"。2019年5月，作为中国高端装备"走出去"主力军的四方股份有限公司，向新加坡出口无人地铁车辆。同年，中国"天狼星号"列车抵达捷克，该列车作为对欧盟输出的首列高速动车组，具备智能化控制技术等多项创新设计，能够适应多元化欧洲列车运营模式。2020年3月，一批"攀枝花"牌钢轨远渡重洋，到达"一带一路"标志性工程——印尼雅万高铁项目施工现场。总之，高铁作为中国"一带一路"出口的核心产品，是中国改变出口产业结构、更新出口产品形象的一个重要突破口（袁玉青，2016）。现阶段，中国高铁"走出去"处于稳定发展时期，高铁外交已经取得了显著成就，对于海外发展也积累了一定经验。

在经济全球化的背景下，国与国之间的竞争更多地体现为综合国力的竞争。而高端技术等核心知识是衡量国家综合国力的重要指标，高铁标准在中国高铁产业国际市场布局中举足轻重。自2012年开始，在中国铁路总公司主导下，集合国内有关企业、高校科研单位等优势力量展开了"中国标准"动车组研制工作。2017年6月，中国标准动车组"复兴号"率先在京沪高铁两端双向首发，其采用的254项重要标准中，中国标准占到84%，整体设计和关键技术全部自主研发，具有完全自主知识产权。2020年"八纵八横"重要组成部分的盐

———

① 考虑到被投资对象国的经济地理环境等因素，本书研究的高铁泛指现代化铁路，即指技术先进、功能完备，兼具示范意义和实用价值的交通运输线路，包含了介于高铁和普铁之间的"准高速列车"或快速列车。

通高速铁路竣工验收,标志着国铁集团重大科技课题"新型高速铁路接触网装备技术研究"成果首次在工程实践中取得成功应用,表明中国铁路零部件首次实现标准自主化,也标志着中国标准在持续探索中不断完善,为中国高铁标准"走出去"再次注入自主创新活力。中国高铁领跑世界,不仅体现在硬件标准上,更体现在软件服务上,高铁网与互联网的融合创新,让中国高铁驶向一个从中国制造到世界标准转型升级的全新时代。在"一带一路"和全球化背景下,如何推进中国高铁产业及高铁标准实现从区域性发展到全球化发展的跨越,是构建合作共赢人类命运共同体的题中之义。

中国高铁标准是中国在高铁发展过程中获得的经验和认识的总结,具有可表达性、嵌入性、黏性和发展性等特征,其实质属于知识,中国高铁标准"走出去"本质上是一个知识转移的过程。然而,已有的中国高铁"走出去"研究大多从较为宏观的角度切入,很少有人研究中国高铁标准"走出去"知识转移问题,对中国高铁标准"走出去"知识转移网络、机制、路径的深入研究更是少见。全球价值链理论为我们研究中国高铁标准"走出去"的知识转移问题提供了新的思路。本书将引入全球价值链理论,构建一套中国高铁标准"走出去"知识转移理论分析框架,并在该框架指导下研究中国高铁标准"走出去"的模式、知识转移机制和路径。

1.1.2　研究意义

中国高铁"走出去"是国内高端技术装备国际化战略布局的重要组成部分。在现阶段经济全球化的态势下,基于全球价值链视角研究中国高铁标准"走出去"过程中的知识转移问题,揭示中国高铁标准"走出去"的知识转移机制,探寻知识转移的具体路径,具有一定的理论与现实意义,主要表现在:

第一,在过去的研究中,中国高铁、高铁"走出去"、高铁标准、知识转移、全球价值链等词汇频繁出现在各大自媒体、新闻平台中,具备很高的研究热度。但综观国内外文献,鲜有学者从全球价值链视角出发就中国高铁标准"走出去"

知识转移问题进行系统的理论和实证研究。本研究在阐述中国高铁"走出去"和国际援助历史沿革的基础上，从全球价值链视角分析总结中国高铁标准"走出去"的模式，进而构建中国高铁标准"走出去"知识转移理论框架，分析中国高铁标准"走出去"知识转移网络、机制、路径，形成相对系统的研究体系，丰富全球价值链理论、知识转移理论的融合研究。

第二，知识经济时代，高铁企业获取持续竞争优势的关键在于促进高铁标准相关知识的有效转移和流动。本研究探讨全球价值链视角下的中国高铁标准"走出去"的知识转移问题，可以指导中国高铁企业海外承建工程的知识管理和经营管理实践；有助于中国高铁企业重视高铁标准在高铁海外竞争和发展中的作用，从而在高铁产业国际化发展战略规划中注重高铁标准相关知识的培育，促进中国高铁标准"走出去"知识转移，获取持续竞争优势。

第三，"一带一路"倡议以构建合作共赢的人类命运共同体为目标，旨在促进世界经济的共同发展繁荣。当今社会充满着挑战和机遇，为了维持世界的和平稳定，必须要有命运共同体观念，构建合作共赢的全球价值链是与时俱进、应对挑战的唯一正确出路。本研究在全球价值链理论下，探析中国高铁标准"走出去"知识转移问题，可以促使中国高铁企业秉持合作共赢的理念，将中国先进的高铁标准相关知识向他国转移。同时，有助于高铁进口国积极引进中国先进高铁标准知识，缩小与他国之间的知识势差，减少高铁技术开发成本。从而实现互利共赢，构建人类命运共同体。

1.2　研究目的与内容

本研究围绕"从中国制造到世界标准"这一中心命题展开，把中国高铁标准"走出去"过程中涉及的知识转移问题纳入全球价值链这一视角中加以考察，旨在提升中国高铁企业在国际高铁市场上的竞争力，推进中国高铁标准国际化进程,构建合作共赢的全球价值链。课题遵循"现状梳理→理论构架→机制分析→路径研究→策略建议"的研究思路。首先,阐述中国高铁发展历程及"走出去"对沿线国家和区域的影响,分析中国高铁标准"走出去"的现状、模式与问题;其次,在文献研究的基础上,构建全球价值链视角下中国高铁标准"走出去"知识转移多维理论框架,突出理论的创新性;再次,梳理中国高铁标准"走出去"知识转移网络结构,分析中国高铁标准"走出去"知识转移机制、影响因素;接着,对中国高铁标准"走出去"知识转移机制进行系统动力学建模、仿真分析;然后,运用案例分析三种价值链驱动模式下中国高铁标准"走出去"知识转移的具体路径;最后,提出中国高铁标准"走出去"知识转移战略管理的策略建议。

本书研究内容主要从以下几个方面展开:

(1) 中国高铁发展历程及"走出去"对沿线国家和区域的影响。第一,从四个阶段对中国高铁发展历程进行详细梳理,包括起步阶段、提速阶段、发展阶段、外交阶段,阐明中国高铁产业发展是一个厚积薄发的过程。随后,立足于东南亚、西亚、非洲、欧洲以及拉美地区,分析中国高铁"走出去"的国际市场布局。第二,在相关文献梳理研究的基础上,以中国在非洲承建的高铁沿线国家为样本,选择与高铁沿线国家相邻且社会发展水平较类似的非沿线国家纳入对比分析框架,采用多期双重差分法,实证分析中国高铁"走进非洲"对沿线国家经济发展带来的影响,以此论证中国高铁走出去对沿线国家经济发展产生的影响。

(2) 中国高铁标准"走出去"的现状、模式与问题分析。中国高铁标准是中国高铁产品的"灵魂",在中国高铁国际市场布局中的作用举足轻重。中国高铁"走出去"的关键在于促进中国高铁标准的顺利出口,实现从中国制造到世界标准的升华。此模块将在分析中国高铁标准"走出去"现状的基础上,借助中泰铁路、匈塞铁路、雅万高铁和亚吉铁路等海外铁路建设工程典型案例,基于全球价值链视角分析中国高铁标准"走出去"的三种模式:生产者驱动模式、购买者驱动模式和混合驱动模式,进而从高铁标准制定、推广、实施三个环节剖析总结中国高铁标准"走出去"面临的主要问题和风险。

（3）全球价值链视角下中国高铁标准"走出去"知识转移的理论。此模块拟采用全球价值链理论、知识转移理论、高铁标准相关理论等相结合的主导分析方法，构架经济学、管理学、国际关系学等多学科交叉的中国高铁标准"走出去"知识转移多维理论分析框架。首先，界定中国高铁标准的概念和分类。其次，引入知识转移理论，分析高铁标准与知识、高铁标准"走出去"与知识转移的关系，得出高铁标准"走出去"实质上是知识转移的结论。再次，分析接受中国高铁标准的国家和向海外推广高铁标准的中国企业知识进步微观机理，论述中国高铁标准"走出去"与全球价值链升级的关系。最后，构建基于全球价值链视角的中国高铁标准"走出去"知识转移理论框架，为后续章节的研究做好理论铺垫。

（4）全球价值链视角下中国高铁标准"走出去"的知识转移机制。合理的知识转移机制是顺利实现中国高铁标准"走出去"的必要保障。此模块首先分析中国高铁标准"走出去"知识转移网络结构。其次，基于生产者驱动、购买者驱动以及混合驱动三种全球价值链模式，结合中国高铁标准"走出去"的典型案例，从知识转移动机、转移内容两方面分析中国高铁标准"走出去"顺向与逆向知识转移机制，并从知识源企业、知识接收方、知识属性、情境因素四方面进一步分析中国高铁标准"走出去"知识转移的影响因素。最后，运用系统动力学方法对中国高铁标准"走出去"知识转移机制这一复杂系统进行建模和模拟仿真，以验证所构建的中国高铁标准"走出去"知识转移机制的有效性。

（5）全球价值链视角下中国高铁标准"走出去"的知识转移路径。知识转移路径是知识实现转移的通道，是知识转移过程中的关键因素。中国高铁标准"走出去"实质为知识转移的过程，需要通过有效的知识转移路径，才能顺利向其他国家输出中国高铁标准，提升中国高铁标准的国际影响力，实现从中国制造到世界标准的转型升级。此模块将界定中国高铁标准"走出去"知识转移路径的内涵和类别，并从全球价值链生产者驱动、购买者驱动、混合驱动三种模式出发，结合中泰铁路、南非电力机车订单项目、芝加哥7000系地铁车辆采购项目、雅万高铁、亚吉铁路等代表性案例,分析不同驱动模式下中国高铁标准"走出去"知识转移的具体路径。

(6) 中国高铁标准"走出去"知识转移策略建议。知识转移网络结构、转移机制及路径的研究,最终目的在于助推中国高铁标准"走出去"。然而在中国高铁标准对外输出的过程中,也存在着日益突出的问题和风险。此模块在前文研究的基础上,针对中国高铁标准"走出去"存在的主要问题,借鉴中国高铁标准出口的成功经验以及失败教训,从高铁标准制定、高铁标准推广、高铁标准实施三个环节提出中国高铁标准"走出去"知识转移策略建议,旨在进一步推进中国高铁标准的国际化进程,在互联互通中,构建人类命运共同体。

1.3　研究方法、结构与技术路线

1.3.1　研究方法

本书基于全球价值链视角研究中国高铁标准"走出去"的知识转移问题,涉及全球价值链理论、知识管理理论、复杂系统理论等多学科领域。为了保证研究内容的科学性和研究结论的可靠性,在研究过程中,注意多种研究方法的综合运用,主要采纳了以下研究方法:

文献研究法:通过查阅国内外全球价值链、中国高铁标准、知识转移、计量经济学、系统动力学等领域的相关文献,使本研究得以站在已有文献的基础上思考问题。在提出本研究新见解时,吸收了其他学者大量的有益观点和论述,这些科研成果为本书的理论和实证研究提供了有力支持和参考依据。

系统分析法:在研究全球价值链视角下的中国高铁标准"走出去"知识转移问题时,本研究遵循"整—分—合"的系统分析思路。首先,基于全球价值链理论、知识转移理论与高铁标准相关理论,构建全球价值链视角下中国高铁标准"走出去"知识转移理论的总体框架。其次,分别从中国高铁标准"走出去"知识转移机制、路径、策略建议等几个方面展开具体分析。最后，在上述问题分析研究的基础上，总结得出研究结论，并对后续研究的可能方向进行展望。

实证研究法：在研究中国高铁"走出去"对沿线国家经济发展影响的过程中，本书以中国在非洲建设现代铁路的 11 个沿线国家和 11 个非沿线国家为样本，采用多期双重差分法，实证分析中国高铁"走进非洲"对沿线国家经济发展带来的影响，以此推断中国高铁"走出去"对周边国家发展带来的促进作用。

案例分析法：在本书的第 3 章、第 5 章和第 6 章，将选取典型案例分析中国高铁标准"走出去"的现状、模式与问题，知识转移机制以及知识转移路径，案例分析增强了本书阐述观点的可靠性。

系统动力学方法：拟运用系统动力学方法就中国高铁标准"走出去"知识转移机制进行系统动力学建模，并运用 Vensim 仿真软件对其进行模拟仿真，以验证高铁标准"走出去"知识转移机制的有效性。

1.3.2 研究结构与技术路线

1) 研究结构

本书的研究框架共分 8 章，具体结构安排如下：

第 1 章，绪论。该章在阐述选题背景、研究意义的基础之上，从总体上介绍研究目的与研究内容、研究方法、结构安排与技术路线，并总结出本研究的创新点，为全书提供概览和导读。

第 2 章，中国高铁发展历程及"走出去"对沿线国家和区域的影响。本章借鉴已有的国内外文献，对中国高铁发展历程、中国高铁"走出去"和国际援助的历史进行详细梳理。同时，运用双重差分模型定量分析中国高铁"走出去"对沿线国家经济发展的影响。

第 3 章，中国高铁标准"走出去"的现状、模式与问题分析。本章在中国高铁标准"走出去"现状分析的基础上，借助海外高铁建设工程典型案例，基于全球价值链视角分析中国高铁标准"走出去"的模式，进而剖析总结中国高铁标准

"走出去"面临的主要问题。

第 4 章，全球价值链视角下中国高铁标准"走出去"知识转移理论。本章将在现有研究的基础上，整合全球价值链理论、知识转移理论和高铁标准相关理论，构建全球价值链视角下中国高铁标准"走出去"知识转移多维理论分析框架，为后续章节的研究做好理论充实。

第 5 章，全球价值链视角下中国高铁标准"走出去"的知识转移机制。本章在分析中国高铁标准"走出去"知识转移网络结构后，运用典型案例，从知识转移动机、知识转移内容两方面分析不同驱动模式下中国高铁标准"走出去"的知识转移机制。接着，在影响因素分析的基础上，构建中国高铁标准"走出去"知识转移系统动力学模型，并进行模拟仿真分析。

第 6 章，全球价值链视角下中国高铁标准"走出去"的知识转移路径。此模块在前文研究的基础之上，界定中国高铁标准"走出去"知识转移路径的内涵和类别，将中国高铁标准"走出去"知识转移路径分为面对面交流、信息技术中介、其他方式等三种类型。同时结合案例分析方法，分析不同全球价值链驱动模式下中国高铁标准"走出去"知识转移的具体路径。

第 7 章，中国高铁标准"走出去"知识转移策略建议。本章在前文研究的基础上，针对第 3 章剖析总结的中国高铁标准"走出去"面临的主要问题，从中国高铁标准制定、推广、实施三个环节，分别提出中国高铁标准"走出去"知识转移策略建议，以进一步加快中国高铁标准的国际化进程。

第 8 章，结论与展望。本章总结概括全书的研究结论，并在分析本研究不足的基础上，对后续研究方向进行展望。

2）研究技术路线

本研究遵循理论研究与实证研究相结合、定性分析与定量分析相结合的原则，综合运用多种方法，基于全球价值链视角，研究中国高铁标准"走出去"的知识转移问题。首先，笔者在背景分析与文献研究的基础上提出研究拟解决的主要问题，接着建立研究的理论架构，之后在翔实的样本数据基础上，应用系统动力学仿真、案例分析等方法对理论框架进行分析论证。最后，归纳总结本研究的结论、存在的不足及可以进一步研究的方向。研究技术路线如图 1-1 所示。

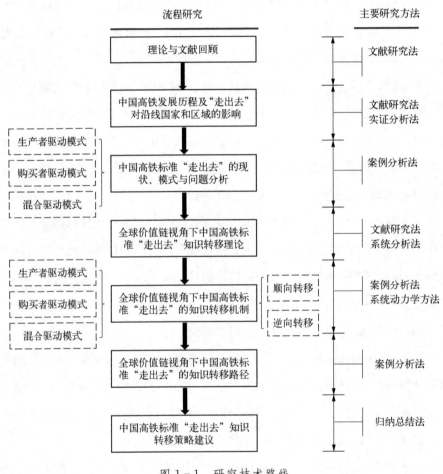

图 1-1　研究技术路线

1.4　研究创新

本书的研究创新主要体现在以下几个方面：

（1）研究视角创新。本研究基于全球价值链视角，梳理中国高铁标准"走出去"的三种模式：生产者驱动模式、购买者驱动模式和混合驱动模式，并分别分析不同全球价值链驱动模式下中国高铁标准"走出去"的知识转移机制、路径，提出策略建议，为中国高铁标准"走出去"战略管理和协同创新提供了全新的视角思路。

（2）研究内容创新。纵观国内外文献，很少有涉及中国高铁标准"走出去"知识转移问题的研究。本研究拟整合全球价值链理论、知识转移理论、复杂系统理论，构建经济学、管理学、国际关系等多学科交叉的中国高铁标准"走出去"知识转移理论分析构架，并综合运用多期双重差分法、系统动力学模拟仿真、案例分析法等多种方法，系统研究中国高铁标准"走出去"的知识转移网络、机制、路径与策略，一定程度上弥补了该领域的研究不足。

（3）研究观点创新。中国高铁领跑世界，不仅体现在硬件标准上，更体现在软件服务上。中国高铁标准是中国高铁"走出去"的根基所在，中国高铁国际布局的关键在于促进中国高铁标准的顺利出口，提升标准的国际认可度，实现中国制造到世界标准的升华。此外，中国高铁产业及中国高铁标准"走出去"，可以在各国互联互通中，促进合作共赢的人类命运共同体的构建。

（4）应用性创新。在中国高铁标准"走出去"的知识转移研究的基础之上，借鉴德法日等发达国家高铁标准和战略管理的成功经验，基于全球价值链升级统筹谋划和推进中国高铁标准"走出去"的战略调整和治理，提出有针对性的策略建议，所有这些都使本书具有重要的决策参考意义和应用推广价值。

1.5　本研究的重要概念界定

本研究涉及了一些重要概念，现对这些概念界定归纳如下：

1.5.1　全球价值链

全球价值链是指在全球范围内为实现商品或服务价值，而连接研发设计、生产、销售、售后服务等过程的全球性跨企业合作组织。一条完整的价值链通常被分为三大环节：第一是研发环节，包括相关产品服务的研发、设计、技术知识的培训提高等环节；第二是生产环节，包括原料购买、半产品的生产、终端加工、测试、质量控制、包装和库存管理等环节；第三是营销环节，涵盖了品牌建设、广告、销售、售后服务等环节。从增值潜力来看，这三种环节呈现出由高到低，再转向高的 U 型形状，这就形成了全球价值链"微笑曲线"模型。

1.5.2　全球价值链驱动模式

全球价值链驱动模式是全球价值链理论中的一个核心组成部分。Gereffi 等(1994)在全球商品链(2000 年改称为全球价值链)研究中给出了生产者驱动以及购买者驱动全球价值链运行模式。然而，在中国高铁标准"走出去"的过程中，一些项目的全球价值链集合了购买者驱动和生产者驱动的特点，形成了混合驱动全球价值链。本书基于中国高铁标准"走出去"的现状和特征，按照主流全球价值链理论，将全球价值链驱动模式分为生产者驱动、购买者驱动以及混合驱动三种模式。

生产者驱动模式下中国高铁标准出口的典型特征是高铁项目全部或者部分采用中国标准建设，涵盖招投标阶段的合同造价标准、勘察设计阶段的技术标准、施工阶段的工程建设标准，但中国企业不参与竣工验收后项目的运营管理。

购买者驱动模式下中国高铁标准出口的典型特征是中国高铁企业是高铁建设项目材料装备的主要供应单位，中国企业向被投资方转移的知识内容主要涉及产品装备品牌、产品质量信息、产品专有技术、产品设计理念、产品生产工艺等。

混合驱动模式下中国高铁实现了全产业链输出，中国高铁标准"走出去"贯穿整个高铁建设运营过程，包括前期设计规划、施工建造、装备调试和后期运营管理等方面。中国企业向被投资方转移全套中国高铁标准，以及高铁产品装备品牌、产品质量信息、产品专有技术、产品设计理念、产品生产工艺等相关知识。

1.5.3 高铁

高铁即为高速铁路,广义的高速铁路指使用磁浮技术的高速轨道运输系统。在中国,时速高达 200 千米以上,并使用 CRH 和谐号列车的称为"动车组";时速 160～200 千米的城际列车称为"准高速",长途列车称为"特快";120～160 千米的称为"快速";120 千米以下的称为"普快";80 千米或以下为"普客列车"。在中国高铁标准出口过程中,考虑到被投资对象国的经济地理环境等因素,高铁时速和标准需要根据东道国的实际情况进行调整。因此,本书研究的高铁泛指现代化铁路,即是指技术先进、功能完备,兼具示范意义和实用价值的交通运输线路,包含了介于高铁和普快之间的"准高速"或快速列车。

1.5.4 高铁标准

高铁标准是指高速铁路设计规范,是高速铁路设计、建设、运营的行业标准体系。在中国高铁蓬勃发展的同时,高铁标准体系也在逐步建立并日臻完善。高速铁路系统包括了诸多子系统,如系统集成、线路、动车组、电源、运行调度、通号和客户服务等,高铁标准为每个系统功能提供支持。高速铁路标准体系的功能取决于每个系统标准的性能以及与相关标准的有机联系和相互影响。实践表明,制定和完善中国高铁标准的过程就是在科学性、先进性、安全性和适用性方面不断加强和系统改进的过程。本书按照中国国家铁路局的标准规范分类,将中国高铁标准分类为技术标准、工程造价标准、工程建设标准。

1.5.5 知识转移

知识转移是在一定情境中实现知识从拥有者转移到接收者的过程。就跨国知识转移而言,是指将知识经验在不同国家或地区进行传播、本土化运用,从而缩小人类个体或组织之间的知识差距,并促进构建人类命运共同体的过程。

知识转移具有动态性、情境性、结果导向性等特征，知识转移的影响因素包括知识属性、知识源、知识接收方、情境因素四方面。本书认为，高铁标准具备知识的可表达性、嵌入性、黏性和发展性等特点，因此本质上属于知识。中国高铁标准"走出去"的过程是以促进人类命运共同体为根本目标，具有动态性、情境性、结果导向性的特点，所以高铁标准"走出去"的过程实质上是高铁标准等相关知识转移的过程。

1.5.6　知识转移机制

一般而言，机制是指一个系统中各元素之间相互作用的结构关系和运作方式。本书研究的中国高铁标准"走出去"知识转移机制包括以下内容：一是，中国高铁标准"走出去"过程中，中国高铁企业在不同阶段作为投标单位、技术总承包单位、施工总承包单位、施工分包单位、材料设备供应商、施工监理单位、竣工验收单位、运营管理单位等不同角色，与高铁进口国之间形成的知识转移网络关系。二是，在铁路项目建设运营的不同阶段，中国高铁企业向高铁进口国顺向知识转移的动机和内容，以及高铁进口国向中国高铁企业逆向知识转移的动机和内容。三是，在中国高铁标准"走出去"的过程中，中国高铁企业与高铁进口国之间知识转移的影响因素，及其作用机理。

1.5.7　知识转移路径

在本书中，知识转移路径是指在中国高铁标准"走出去"知识转移的过程中，为了有效提升高铁标准等相关知识的转移效率和效果而采取的具体转移途径和方式。中国高铁标准"走出去"知识转移路径分析的最终目的在于促进中国高铁标准的可持续出口，提升中国高铁标准的国际影响力和认可度，实现从中国制造到世界标准的转型升级。本书将中国高铁标准"走出去"知识转移路径划分为三类：面对面交流转移路径、信息技术中介转移路径、其他方式转移路径。在不同全球价值链驱动模式下，中国高铁标准"走出去"的知识转移路径不同。

第 2 章
中国高铁发展历程及"走出去"对沿线国家和区域的影响

中国高铁发展历程主要经历了 4 个重要阶段：铁路建设起步阶段、6 次大提速阶段、重要发展阶段以及高铁外交阶段。通过高铁外交，中国高铁"走出去"已经取得了诸多成果，以东南亚、西亚、非洲、欧洲、拉美等地区为核心，中国高铁产业的海外战略布局正在不断延伸。中国高铁"走出去"不仅可以带动中国高铁相关装备、产品、服务的出口，而且对高铁沿线国家区域的人口规模、产业结构、就业结构、经济发展等同样会产生一定的影响。本章详细阐述中国高铁发展历程及中国高铁"走出去"的历史沿革，并从扩大人口规模、提升城市可达性、调整产业结构、完善就业结构以及促进知识经济等角度，就高铁建设对沿线区域发展产生影响的研究文献进行梳理。由此引发思考：在中国高铁"走出去"的过程中，是否同样会对沿线国家经济发展产生影响？接着，以非洲国家为例，利用多期双重差分模型就中国高铁"走出去"对沿线国家经济发展的影响进行实证分析。

2.1 中国高铁发展历程

随着经济的发展，传统货车的运输能力已经很难满足现阶段社会生活的需求，人们对高速铁路的需求日益迫切，中国作为高铁技术大国，其高铁产业的发展历程同样备受关注。回顾中国铁路事业的发展历程，"中国高速铁路"概念萌芽于 20 世纪 90 年代初。当时，国家根据中国经济社会发展的需要，借鉴国外高速铁路发展经验，在《国家中长期科学技术发展规划纲要（2006—2020 年）》中，将高速铁路技术纳入了所附的 16 项重大课题之中。"高速铁路"是从速度的角度描述的铁路系统类型，具有高速快捷的特点，为保证其安全高速运行，其使用的机车、车厢必然有别于一般的普通列车，对基础设施、线路要求也更高。在国际标准中，时速超过 200 千米的，在建时速可达 250 千米的铁路，就是高速铁路。在中国，高速铁路指的是设计时速 250 千米（含预留）及以上、初期运营速度不小于 200 千米/时的客运专线铁路。从尴尬的"马拉火车"到如今的"高铁时代"，中国高速铁路事业的发展称得上是举世瞩目。2019 年 7 月 8 日，世界银行发布《中国的高速铁路发展》报告，用大量翔实的数据向世界展示中国高铁：营业里程超过世界其他国家高铁营业里程总和，相比全球各国，中国建设成本约为其他国家建设成本的 2/3。2021 年 7 月，全球高铁里程排行 TOP5 出炉，中国高铁里程达到 3.815 5 万千米，位居世界第一，差不多是第二名的 8 倍。①

傅志寰（2017）认为中国高铁的孕育和发展经历了一个漫长的过程，从铁路大提速到高铁建设高潮，中间至少经历了京沪高铁论证、技术路线争论、秦沈客运专线建设等历程，这些持续十几年的规划研究、技术攻关和建设实践，是中国高铁发展不可或缺的一个个台阶。肖彦华（2017）将中国高铁发展进程分为 4 个阶段：第一阶段始于 1978 年，持续到 1997 年，该阶段既是中国高铁的筹备以及过渡阶段，也可以认为是起步阶段；第二个阶段从 1997 年左右开始，历经 10 年左右，属于中国整个铁路运输网络的 6 次大规模提速阶段；第三阶段是中国高铁正式发展阶段，该阶段铁路时速稳定在 200 千米，并进一步向更高速度

---

① 全球高铁里程排行 TOP5 出炉：中国高铁孤独求败！［EB/OL］.（2021 - 07 - 07）［2021 - 08 - 01］. https://www.sohu.com/a/476005127_121020224.

的技术发展;第四阶段为中国高铁大规模发展阶段,逐渐形成了完善高效的高铁运营网络。成健等(2019)在对中国高铁发展历程进行研究时,提出将高铁发展进程分为摸索时期、低迷时期、繁盛时期三个阶段。而陈怡(2019)在研究中指出,1978 年,邓小平访日拉开了中国高铁发展的序幕。1990 年,中国开始进行高铁技术攻关。2004 年 6 月,为满足中国铁路第 6 次大提速所需,国内高铁产业开启了高铁动车组的引进、消化、吸收、创新之路。未来,高铁与云计算、大数据、物联网、移动互联、人工智能、北斗导航等新技术的融合,将推进智能高铁发展迈入新阶段。2020 年,在中国科协学会服务中心主编的系列图书——《中国高铁——速度背后的科技力量》中,同样从 4 个阶段回顾了中国高铁发展历程:技术积累阶段(1990—2002 年),致力于夯实技术理论基础、累积试运营经验和探索国内高铁研制;积极推进阶段,以 2002 年为始,历时 10 年,该阶段使中国正式踏上高铁技术引进消化吸收再创新之路;自主提升阶段(2012—2017 年),以中国标准动车组研制为重点,全面推进高铁关键技术自主化,该阶段形成了比较完备的高铁技术体系;智能化阶段(2017 年至今),从 2017 年开始,中国高铁智能化建设进入了飞速发展阶段。[①]

对于中国高铁发展历程的划分和阐述,国内学者有各种各样的看法,但基本均认为高铁发展的序幕为邓小平访日一行,而后经历 6 次大提速、重要高铁线路建设、铁路技术攻克、高铁技术再创新、高铁出口、高铁智能化等过程。本书在上述研究的基础上,将中国高铁发展历程分为 4 个阶段:以 1978 年邓小平率团访日作为高铁发展起步阶段,该阶段持续到 1997 年;将 1997—2007 年间的 6 次铁路大提速归为高铁提速阶段;2008 年国内第一条具有完全自主知识产权的高铁建设完成,中国高铁产业开始进入弯道超车的发展创新阶段;2013 年,中国提出"一带一路"重大倡议,以此为节点,中国高铁成为"一带一路"核心产品,作为中国外交"新名片",正式进入外交阶段。

---

① 中国铁道路,中国科协学会服务中心公共服务处.中国高铁——速度背后的科技力量[M].北京:中国科学技术出版社,2020.

2.1.1 第一阶段：起步阶段（1978—1997 年）

1978 年 10 月，邓小平率团访问日本。当时的日本有世界上第一条高速铁路，称为新干线，也是世界上技术最先进的高速铁路之一。当乘坐这条高速铁路时，他感慨地说道："就感觉到，有催人跑的意思，所以我们现在正适合坐这样的车。"这是中国高铁发展的开端，当时中国政府也正在为加快中国铁路建设做出巨大努力。1990 年，中国铁道部完成了《京沪高速铁路线路方案构想报告》，这也是中国首次正式提出高铁计划。1994 年 6 月至 12 月，为推动京沪高铁项目进程，国内组织成立中国高速铁路技术发展战略讨论会。会议上，京沪高铁的"建设派"和"反建派"、"轮轨派"和"磁悬派"进行了激烈的征讨议论，京沪项目在双方的争辩中飘摇不定。

2.1.2 第二阶段：提速阶段（1997—2007 年）

1997—2007 年中国铁路的 6 次大提速，使中国迈入了高级普铁和快速铁路时代，并探索了中国高速铁路的技术。

在第一次提速之前，中国铁路客车平均的行驶速度仅有 49.5 千米/小时，速度上不去，铁路产业就缺乏竞争力。1997 年 4 月 1 日，运输最繁忙、线路质量最好的京广、京沪、京哈三大干线全面提速，拉开了中国铁路提速的序幕。以沈阳、北京、上海、广州、武汉等大城市为中心，开行了最高时速达 140 千米、平均旅行时速 90 千米的列车，全国旅客列车平均行驶速度提升到 54.9 千米/小时，并首次运行了快速列车和夕发朝至列车。

1998 年 10 月 1 日，中国铁路第二次大面积提速计划开始实施。提速线路进一步延展，列车速度进一步提高，直通快速旅客列车在京广、京沪、京哈三大干线的提速区段最高时速可达到 140 千米至 160 千米。全国旅客列车平均速度提升到 55.16 千米/小时，直通快速、特快客车平均时速达到 71.6 千米。

2000 年 10 月 21 日，第三次提速的重点是亚欧大陆桥陇海线、兰新线、京九线和浙赣线，全国列车平均旅行速度提升到 60.3 千米/小时。2001 年 10 月

21 日,提速范围基本覆盖全国较大城市和大部分地区,全国列车平均旅行速度提升到 61.6 千米/小时。

2002 年 12 月,全国铁路工作会议提出"充分利用后发优势,学习借鉴发达国家铁路技术,同时实现中国铁路的跨越式发展"的国内铁路发展思想。在 2003 年 6 月召开的铁路跨越式发展研讨会上,中国第一次系统地提出铁路跨越式发展的路线方针。其中主要包含两个方面,一是以较短的时间、较少的环节和较少的代价,实现与发达国家相同的目标;二是跳过发达国家曾经经历过而我们不必再重复的一些过程,形成后发优势,最终赶上发达国家水平。同年 8 月至 11 月,在铁道部装备现代化小组的牵头组织下,审议通过了《加快机车车辆装备现代化实施纲要》,为技术引进提供了具体政策支撑。当年,作为国内首条真正意义上的高速铁路——秦沈专线正式开通运营,设计运营时速为 200 千米。2004 年 4 月,在国务院召开的铁路机车车辆装备专题研讨会上,明确提出要落实践行"引进先进技术、联合设计生产、打造中国品牌"的铁路行业建设基本原则。同时,国务院常务会议讨论通过历史上首个《中长期铁路网规划》,首次正式规划"四纵四横"快速客运专线网,总里程超过 1.2 万千米。同年,首列国产快速旅客列车在广深铁路开行,时速达 160 千米,部分列车时速达到 200 千米。全国列车平均旅行速度提升到 65.7 千米/小时。

借由五次铁路大提速的契机,国内快速铁路建设通过先引进来再自主创新,将许多核心技术难题一一突破,探索了高铁发展新方向。

2004 年至 2005 年,唐山客车公司、中国北车长春客车股份、南车青岛四方机车车辆股份有限公司,先后从日本川崎重工、法国阿尔斯通、加拿大庞巴迪和德国西门子引进技术,在高速动车组的合作设计和生产上取得了突破。2007 年 4 月 18 日,中国铁路第 6 次大提速正式落地,全国开始施行新的列车运行图,运行 CRH 动车组,快速铁路总里程达到 6 003 千米。其中,繁忙干线提速区段达到时速 200～250 千米。

从上述 6 次铁路提速来看,采取的提速措施逐步升级并不断深入。初期提速主要集中于开行各种形式的专列和快速列车，到第 5 次大提速之时，提速工作开始聚焦于大规模对既有铁路线进行升级改造，在第 6 次提速中开行城际动车组，大幅度提高了铁路的运输能力和品质。中国铁路 6 次大提速为后续助推中国高铁弯道超车打下了坚实的基础。

2.1.3　第三阶段：发展阶段（2008—2013 年）

历经 1997—2007 年十年的发展，中国铁路产业开始进入自主摸索发展阶段。2008 年 2 月 26 日，中国科技部和铁道部签署合作计划，标志着时速达 380 千米的新一代高速列车进入共同研发阶段。同年 8 月，京津城际高速铁路通车运营，该铁路被誉为国内首条具有完全自主知识产权的高铁，标志着中国的高铁技术初显蓬勃发展之势，为未来高铁出口打下基础。2009 年 12 月 26 日，京广高铁武广段正式运营，时速达到 350 千米，同时它也是全世界在该时速下第一条运营里程最长、施工难度最大最复杂的高速铁路，其最高运营时速可达 394 千米，武汉至广州间旅行时间由原来的约 11 小时缩短到约 3 小时。并且，根据初步制定的高铁"走出去"战略规划图，中国未来将致力于以下三条重要高铁线路的建设：欧亚高铁，始发于黑龙江，以俄罗斯为连接枢纽，通往西欧；泛亚高铁，从昆明出发向南连接越南、泰国、缅甸以及马来西亚等东南亚国家，最后到达新加坡；中亚高铁，从乌鲁木齐出发，经哈萨克斯坦、伊朗、土耳其等国最终到达德国（成健 等，2019）。2010 年 2 月，时速 350 千米的郑西高铁开通运营，该项目是世界上首条修建在湿陷性黄土地的高速铁路，用以连接中国中部和西部。同年 10 月，国内第 15 条高速铁路——沪杭高铁全线完工，其后一年，时速 380 千米的京沪高铁也正式开通运营。至此，中国已拥有高铁专用轨道 8 000 多千米，超过任何国家保有量的两倍之多。与此同时，中国高铁技术站在巨人的肩膀上，通过引进、消化、吸收、创新，开始在国际市场上崭露头角。

然而，2011 年 7 月，宁波至温州的甬温线上发生动车追尾事故，一路高歌猛进的中国高铁产业遭受当头棒喝，国内客运数量缩减，铁路网络规划进度被迫延迟甚至搁置,高速铁路时速被大幅调低。铁路项目的安全性面临来自各方的质疑,加之国内外某些不怀好意的舆论引导,中国刚刚建立起来的良好高铁形象遭遇严重的损害,高铁建设陷入持续的低迷阶段。

但是,中国高铁企业砥砺前行,自 2012 年开始,国内铁路建设重新步入正轨。2012 年 12 月 1 日,哈大高铁正式开通运营,成为世界上首条地处高寒地区的高铁线路。在这条铁路的建设过程中,克服了低温冷冻等多项恶劣的气候条件,它的开通运营将黑龙江、吉林和辽宁等主要城市连接起来,使得冬季从哈尔滨到大连仅需 4 小时 40 分钟,创造了中国奇迹。截至 2012 年底,中国高速铁路总里程达 9 356 千米,高铁产业的折戟而归再次奠定了中国高铁在 21 世纪铁路史上无可争议的先锋地位。

2.1.4　第四阶段:外交阶段(2013 年至今)

早在 2009 年,中国便已启动高铁外交,与俄罗斯、土耳其、泰国、老挝等国发展合作高铁项目,但因众多缘由,高铁海外发展进程异常缓慢。2013 年,习近平主席在中亚和东南亚国家进行友好访问之际,提出"一带一路"重大倡议,得到了全球范围内持续性的高度关注,并在同年被写入中共十八届三中全会通过的《中共中央关于全面深化改革若干重大问题的决定》,上升为国家战略。此外,李克强总理出访欧洲、非洲等国家或地区时,皆不遗余力地推销中国高铁,时常携各国领导人共同参观中国铁路等基础设施及相关装备制造展、实地体验国内高速列车等,俨然成为中国高铁海外推广第一人。

作为"一带一路"出口的核心产品,高铁"走出去"迎来了大发展的时期,"高铁外交"横空出世,中国迎来新的高铁时代。王菲菲(2018)在研究中提出,中国高铁外交在初步发展期,由于技术刚刚成熟,仅与俄罗斯及一些发展中国家签订部分交通装备协议。其后,在"一带一路"背景下,包括铁道、车辆、零件等在内的国内高铁出口逐渐增多。目前,中国高铁外交取得了实质性进展,以亚吉高铁、蒙内铁路、雅万高铁为例,实现全产业链输出。袁玉青(2016)将中国跨境高铁外交分为两个阶段：一是与周边（亚欧大陆）形成丰富多元的经贸联系、文化纽带和人文交往；二是通过高铁技术重塑海外国家对"中国制造"的认知，实现"中国制造"出口产品的换代升级，完成中国高铁标准的蜕变和输出。吴蕊（2019）认为起初中国企业在海外承建的铁路项目主要是工程承包或装备出口。目前，中国铁路企业向投建营一体化模式转变，促进中国铁路项目实现全产业链"走出去"。

结合上述学者对高铁"走出去"进程的梳理，同时考虑中国高铁未来国际市场布局，本书将高铁外交阶段按照时间顺序和战略步骤进一步细分为以下四个阶段：

第一阶段，着力于从单一的轨道交通装备到铁路系统整体出口，即从货物贸易发展成为与服务贸易相结合的阶段。2015年，商务部新闻办指出，铁路设备为中国外贸出口带来了新的增长点，这不仅体现在出口数量的攀升上，还体现为打破了传统的出口方式、丰富了出口产品的类型以及延伸了出口对象。随着中国高铁"走出去"步伐的加快，国内铁路企业不断拓展海外项目，直接带动了铁路设备出口。现阶段，中国铁路设备出口不仅在量上增长，质也在提升。从出口产品类型看，中国铁路设备出口起步于坦赞铁路，原来都是简单的机车车辆出口，近年来高技术含量、高附加值的160千米动车组、双层客车的出口显著增长，实现了从低端到高端的转变。从出口对象看，中国的铁路装备产品出口市场从亚非到欧美，实现了六大洲的全覆盖。从出口方式看，已经由单纯的货物贸易与服务贸易相结合的方式升级为工程、产品以及技术标准等全方位输出的方式。

第二阶段，致力于铁路全方位"走出去"，包括标准、资金、人才、技术、管理等方面的整合输出。在此阶段，从依靠成本优势的产品出口逐渐发展成为依靠标准技术优势的全产业链出口。2015年4月，习近平主席出访印尼，中印两国敲定了关于雅万高铁项目的合作协议。其后，中铁公司与印尼国有企业签署合作协议，中国高铁企业正式获得雅万高铁项目，该项目是中国高铁第一次全系统、全要素、全产业链走出国门，走向世界。2016年，地处西非大陆的尼日利亚第一条现代化铁路——阿卡铁路开始运营，其全长186.5千米，由中土集团承建并提供运营技术支持。该铁路是一条从中国融资、中国标准、中国设计到中国设备、中国运营技术全方位凸显"中国元素"的现代化标准轨铁路。

第三阶段,从国内到国外,借鉴国内产学研产业园区建设经验,加强高铁海外产业的合作发展,共同致力于打造高铁国际化海外发展基地。产业园区是推动地区经济发展的重要载体,在"一带一路"倡议下,海外铁路产业园区的建设,能够为中国高铁标准"走出去"提供政策、设施、专业服务等方面的便利。高铁作为"一带一路"核心产品,其全产业链的国际转移,为合作共赢的全球价值链重塑提供了良好的宏观环境。目前,海外铁路产业园区仍局限于铁路设备,比如中国中车通过构建中车东盟制造中心将机车设备生产价值链平移至马来西亚,一方面转移中国制造的成功经验、成熟技术,增强中车集团本地化生产发展能力,另一方面有利于中国铁路企业未来竞争马新高铁、南部铁路电气化双轨等项目。铁路设备海外生产基地的建立表明国内高铁企业已经开始踏入第三阶段。

第四阶段是以高铁出口带动中国整体高铁科技装备的国际化,依托高铁产业国际化实现电力、航空、通信、金融等配套高科技产业出口,引领国家电力、航空、通信等方面的国际化发展,是中国高铁"走出去"的最终战略目标。

目前,中国高铁产业在轨道交通装备和铁路系统整体出口,以及铁路全产业链出口方面积累了不少成功的经验,而海外产业园区构建仍处于摸索状态,国内高铁产业还需要重视第三阶段的发展,为未来顺利踏入第四阶段,实现中国整体高科技设备国际化打下坚实基础。

2.2　中国高铁"走出去"和国际援助的历史沿革

国内高铁产业从起步阶段,经历 6 次提速阶段、发展阶段,现正处于高铁外交阶段。现阶段,中国高铁企业将着眼于国际铁路市场,探索高铁出口的战略路径。其实,中国高铁"走出去"由来已久,最早可以追溯至对非洲等发展中国家基础设施建设的国际援助。1970 年中国在非洲建造的坦赞铁路是中国铁路走出国门的起点,该条铁路连接坦桑尼亚首都达累斯萨拉姆和赞比亚中部城市卡皮里姆波希,运营里程 1 860.5 千米。坦赞铁路是中国第一条援外铁路,是中国铁路"走出去"的先驱,是中国铁路援建史上的辉煌一笔,坦赞铁路为坦赞两国的社会经济发展和民生改善做出了重大贡献。

中国高铁"走出去"发展战略正式起步于 2009 年。为此国家整合高铁行业资源,创新对外合作模式,探索合资、公私合资等投资运营模式,向有需要的国家提供工程设计、设备供应、施工建设、运营维护等咨询与服务,并通过开展国际合作开拓国际市场,初步获得了一定成果。中国高铁具备了日臻成熟完备的技术和丰富的运营、管理经验,其安全性和标准规范大幅提高。2013 年,随着"一带一路"倡议的提出和推行,中国高铁"走出去"又一次上升到国家战略层面。至此,中国终于迎来了真正意义上的高铁时代。

在"一带一路"倡议下,中国努力开辟全球高铁市场,积极签订海外高铁订单。安伊高铁、雅万高铁、中老铁路、中泰高铁、匈塞铁路、亚吉铁路、蒙内铁路等工程陆续签约。2019 年 8 月,中车为美国波士顿提供了 400 多辆中车制造的地铁车辆;同年 9 月,又与匈牙利签下订单,向其提供满足欧洲货运轨道七国认证标准的两种型号的"火车头";2019 年 12 月,中车株机与菲律宾国家铁路公司正式签署动车组列车供货合同,表明由中国制造的动车组列车首次出口到菲律宾。同年,攀钢钢轨以优异的品质、最佳的技术营销服务和最可行的物流运输解决方案,赢得雅万高铁项目全部供轨合同,2020 年 3 月,其提供的近 4 000 吨百米长定尺钢轨正式远渡重洋。

目前,中国高铁"走出去"主要有两种形式:第一,以中国为起点,修建跨境高铁,如规划建设中的"欧亚高铁";第二,帮助其他国家在该国境内修建高铁,例如,印度尼西亚的雅万高铁、泰国的中泰铁路、非洲的亚吉铁路等。前者旨在加强中国与周边国家在交通基础设施领域的互联互通,加强中国与邻国在经贸、文化等领域的沟通与协作,更好地推进"一带一路"倡议,共同构建人类命运共同体。后者的目标是开拓中国高铁的海外市场,增加中国高铁在国际高铁市场中的份额。中国高铁"走出去"对目标国、中国以及相关区域、国际而言都有着重要意义。对目标国来说,有利于完善基础设施建设,实现国内的互联互通,改善投资环境。有利于拉动其相关产业发展,促进沿线开发,拉动就业,提高经济发展质量与水平,提升国家的整体竞争力与影响力;对中国而言,参与到国际高铁市场的竞争中,有利于中国高铁在竞争中学习先进经验与技术,加强技术交流与合作,打造中国高铁品牌,提升中国高铁的竞争力,拓展更广阔的市场。有利于推进"一带一路"倡议,实现互利共赢,打造人类命运共同体(鲁涓涓,2019)。

近年来,作为"后起之秀"的中国高铁受到世界越来越多国家的青睐。尤其是在"一带一路"倡议提出以来,中国高铁标准"走出去"的速度和质量在不断提升,其海外版图已经扩展至亚、欧、非、美、大洋等五大洲数十个国家,中国高铁的海外市场份额不断拓展,国际影响力不断增强。目前,主要战略地区有东南亚、西亚、非洲、欧洲和拉美地区。

2.2.1　东南亚市场

东南亚是中国对外推广高铁标准的首发地。在中国高铁"走出去"战略下,欧亚铁路、中亚高铁和泛亚高铁三条线路纳入了长期规划,其中泛亚高铁主要面向东南亚地区,分为东线、中线、西线,目前东线部分已连接昆明和吉隆坡,中线和西线还在筹建中。东盟十国的《东盟互联互通总体规划 2025》也高度重视"泛亚铁路网"的建设,已经被列为中国和东盟合作的重要战略规划,为中国高铁开拓东南亚市场提供了战略支持。目前,中国在该地区已修建了雅万高铁、中老铁路及中泰铁路等基本参照中国高铁标准的代表性工程。

2015 年,印尼与中国签署协议共同运营和建设雅万高速铁路,这条路线以最高 350 千米的时速连接雅加达和万隆。线路建设完成后,两地之间的行程将从 3 小时以上缩短至 40 分钟。该铁路完全采用中国标准和技术,是中国高铁第一次全系统、全要素、全产业链走出国门、走向世界，代表了中国高铁技术的先进水平。目前雅万高铁站后工程正式进入施工阶段，为雅万高铁的顺利开通打下坚实基础。另外中国与印度近期洽谈的项目有新建德里—金奈高铁、改造金奈—迈索尔既有线。

中国与东南亚的很多国家是邻国，地理距离很近，也是中国高铁走出国门的重要目标，发展空间十分广阔。中国高铁在东南亚市场乃至亚洲市场都具有很强的竞争优势，不论是在运营管理还是技术层面，中国高铁都处在前列，在整体比较稳定的亚洲市场上，占据了地利与人和优势。所以，面对亚洲市场，中国企业应该继续深耕，同时不断增加中国高铁在这一市场的影响力，细化国家对比优势，制订差别化方案，同时以国际联运、技术扶持、物流运输等作为依托，继续加大和周边国家的沟通合作（兰雅文，2018）。

2.2.2 西亚市场

2014 年 7 月 25 日通车的安伊高铁，设计运营速度达到每小时 250 千米，运营里程为 533 千米，起点是土耳其首都安卡拉，终点是伊斯坦布尔，这是中国在海外承建的第一条高速铁路。由中国铁建作为牵头方，中国机械进出口有限公司、土耳其成吉思汗公司以及土耳其益兹塔斯公司组成的联合体（简称"CCCI 联合体"）中标。这条高速铁路成为中国高铁"走出去"的标志性工程，但是在建造过程中也遇到了许多问题和考验，为中国高铁"走出去"积攒了许多宝贵的经验。

在西亚市场还存在一个比较典型的负面例子，2009 年 2 月，中国企业与沙特阿拉伯签订了沙特高铁的铁路建设协议，该高速铁路运营里程为 450.25 千米，最高设计时速 360 千米/时。但是由于中国企业在铁路规划和建设过程中管理水平低下，忽视了诸如合同合规、执行能力不足和法律观念薄弱等严重问题，导致该项目停工。原本计划 2017 年建成的目标也无法达成，预计亏损将高达 40 亿元人民币，这也是中国铁路"走出去"的一个惨痛教训。

西亚是重要的能源来源地,作为连接欧亚大陆的通道,是中国高铁标准"走出去"的重要战略地区。中国在西亚拥有坚实的投资基础,但铁路项目面临来自德国和法国的巨大竞争。同时,该地区武装冲突仍在继续,增加了铁路建设的风险。中国铁路行业应充分利用施工技术和机车制造业的优势,在风险可控的前提下,按照"项目规划—融资—建设—经营"的方式,积极参与西亚各种铁路建设项目的投标,并最大限度地发挥典型工程的示范作用,从而助推中国高铁标准走进欧洲。

2.2.3　非洲市场

作为人类命运共同体的典范,中非一直以来互帮互助、共同发展。目前,中国已在非洲 54 个国家中的 46 个国家开展业务,在 41 个国家设立了 87 个驻外机构,成功建设了一大批港口、铁路、公路、桥梁和机场等基础设施工程品牌项目。中国主动对非洲市场进行战略布局,从单一工程承包商向输出标准、资本、管理的综合服务提供商转变,产业资本与金融资本结合度逐步提高。中国把最好的基础设施产品和服务送进非洲,是非洲市场连续多年的最大国际承包商(梁青山,2018)。在高铁方面也有许多合作成果(吴传华,2020),已建成了亚吉铁路、蒙内铁路等基本全面采用中国标准进行建设的典型项目,实现了中国高铁全产业链"走出去"(张宇翔 等,2020)。

2014 年 5 月 5 日,中尼双方签署了尼日利亚沿海铁路(拉各斯—卡拉巴)项目的框架合同,该条铁路西起尼日利亚经济重镇拉各斯,东至卡拉巴,全部里程长达 1 402 千米,设计运营时速达 120 千米,全线共设车站 22 座,而且该条铁路贯穿了重要的产油区,战略和经济意义十分重大。一方面,整个沿海铁路线采用中国的铁路技术标准,这将带动近 40 亿美元的中国设备出口,如工程机械、轨道车辆、钢铁和机电产品。另一方面,由于建筑工人的本地化,尼日利亚可以在建筑过程中提供近 50 000 个直接就业机会和 150 000 个间接就业机会,以及在运营期间提供 20 000～30 000 个固定工作岗位,这对降低尼日利亚的失业率有重大意义。

2016年10月5日通车、2018年1月正式投入商业运营的亚吉铁路是非洲第一条全线采用中国电气化铁路标准施工的现代电气化铁路,全长752.7千米,设计时速120千米,总共设置了45个站,总投资约40亿美元。全程由中国铁路总公司和中国铁路建设总公司负责建设,是中国公司在国外建造的第一条"全产业链"铁路。亚吉铁路是一条以货运为主的客货运铁路,完工后从吉布提到亚的斯亚贝巴的运输时间从公路的7天减少到10小时。

2017年5月31日建成通车的蒙内铁路,东起肯尼亚东部港口蒙巴萨,西至首都内罗毕,全长约480千米,线路共设33个车站,设计旅客运输时速120千米,货运速度为每小时80千米,设计运载能力为2 500万吨,总投资逾38亿美元。该铁路是肯尼亚独立后的最大基础设施建设项目,是全部采用中国国铁一级标准进行设计施工的内燃机铁路。

非洲地区一直是中国对外承包工程企业重点关注的市场。非洲大多数国家都是发展中国家,经济相对落后,包括铁路系统在内的各种基础设施很不完善,但是所有国家追求发展和改善人民生活的愿望是一致的。近年来,随着经济建设的稳步发展和政治形势的日渐稳定,非洲正在努力发展铁路事业,力求实现交通运输现代化和标准化。在许多非洲国家,已采用特许经营权和其他方式来发展铁路运输。同时非洲拥有相对丰富的资源,可以保证铁路建设和发展所需的一定程度的资源。因此非洲市场潜力巨大,正在成为全球新的投资热点地区。根据非洲市场的特点,中国应着眼于非洲一般普速旅客运输和货车的承包建设,将一些资源丰富的非洲国家作为主要市场,支持融资、运营和维修服务,进而推进整个高铁产业链乃至高铁标准的输出。

2.2.4 欧洲市场

中国高铁第一次进入欧盟市场是在2013年,当年的11月25日,中国与塞尔维亚、匈牙利宣布共建布达佩斯至贝尔格莱德的匈塞高速铁路,该条高速铁路设计时速达 200 千米,线路里程达 350 千米,铁路建成后两地运行时间将缩短 5 个小时,从布达佩斯到贝尔格莱德仅仅需要 3 个小时。但是由于匈牙利、塞尔维亚方面在项目资金上不足,中方企业需要承担更大比例的项目建设资金,再加上资金回收期长,中国企业需要承担更多的财务风险。

2015 年,中国和俄罗斯正式签署莫喀高铁规划设计合同,该条铁路起点是莫斯科,终点是鞑靼自治共和国首府喀山,全长约 770 千米,设计运营时速达 400 千米,途径气候条件恶劣、高寒冷冻的西伯利亚地区。这条高铁的建设需要克服高寒、冰冻等复杂的地理地质条件,对于中国高铁的技术攻关提出了更高的要求。一旦该高铁建成后,将对沿线地区的经济社会发展带来巨大的影响,会使得沿线的 7 个地区、2 500 万人受益,同时两地运行时间将大大缩短 8.5 个小时,从莫斯科到喀山仅需 3.5 个小时。

对于欧盟市场而言,欧盟内各成员国经济水平比较高,其国内高速铁路的建设需求也比较多,高铁建设的恶性竞争较少。但是欧洲高铁发展历史较为悠久,已具备成熟的高铁标准体系,进入壁垒较高,要做好分步骤推动中国高铁标准走进欧洲的战略计划。中国高铁企业应该树立核心技术标准,以高质量低价格设备装置作为依托,逐渐进入并占据这部分欧洲国家市场。伴随着发展经济的需求,一些欧洲国家正在大力推进高铁布局和高铁建设,中国企业应该抓住这个机会,乘势而上,对欧洲国家设置的技术标准进行研究,积极开展符合欧洲高铁建设标准的前期工作,同时在项目建设过程中注重节能环保和绿色低碳,提高项目的个性化和定制化水平,满足欧洲高端市场的需求。但是,我们也应该看到,欧盟有严格的市场准入限制,对中国高铁走进欧洲市场产生了一定的阻碍,中国目前在欧洲地区的铁路产品出口并不理想。而且,由于欧洲铁路产业自成体系,中国企业全盘承建欧洲国家铁路建设的任务不太现实。所以,中国铁路产业对欧洲市场的出口应主要以符合当地标准的机车车辆、装备和零部件制造为主。

2.2.5 拉美市场

2009 年开工建设的委内瑞拉迪阿铁路项目,原计划 2012 年建成通车,但由于多方面因素,项目一度搁置。委内瑞拉位于南美洲,由于长期受到美国的经济制裁,同时也面临着全国电力紧缺的困境,经济困顿和电力不足引发了一系列经济和社会问题,最终导致了高铁建设的失败。由于高铁运行需要较多的电力供应,如果供电无法满足需求,则高铁将无法正常运行。同时,委内瑞拉的原油产量不断下降,经济发展面临的不确定性很大,无法为该项目提供足够的资金支持,这导致委内瑞拉高铁项目无法如期开展的风险加大。相关风险点包括东道国的经济发展风险、东道国相关技术支持水平的风险、东道国的自然灾害风险以及项目决策风险等。

2014 年 11 月,中国铁建赢得墨西哥城—克雷塔罗高铁订单后的第三天,墨西哥单方面宣布取消竞标结果。据报道,墨西哥城—克雷塔罗高铁的运营里程为 210 千米,合同金额为 178 亿元人民币。以国内京津城际高铁为参照,全长 117 千米,建设成本 197 亿元人民币。如果项目正常进行,则会造成损失超过数百亿。因此该项目终止,未尝不是件幸事。与项目相关的风险是东道国缺乏针对外部投资者的法律和法规,以及中国的项目决策错误。

2015 年 5 月 19 日,中国与巴西签署了未来 5 年共同行动计划,并着手进行巴西—秘鲁两洋铁路的前期可行性工作,这条铁路规划西起秘鲁北部太平洋港口,东至巴西里约热内卢州,线路总长 5 500 千米。但建设这条铁路,巴西也面临着许多问题,如项目征地、项目资金、铁路建设必要性、环境污染等问题。巴西虽然是金砖五国之一,但是近年来经济发展放缓,财政赤字较为严重,能否提供必要的项目资金支持也是考验这条铁路是否可以建设的重要因素。

拉丁美洲自然资源丰富,大部分国家的政府政权基本稳定,经济发展快速,基础设施和资源开发力度加大。当前,拉丁美洲与中国贸易往来频繁,人员流动性提高,客货运需求显著增加。此外,拉美城市化转型升级发展,对城际铁路和地铁的需求也有所增长。但该地区的高铁承建项目尚处于起步阶段,有着广泛的潜在铁路市场。

在研究中国高铁产业全球战略布局的基础上,本书认为高速铁路作为一种新型客运交通基础设施,可以扩大区域可达范围,带动沿线地区的商业和旅游业蓬勃发展,进而促进沿线国家的经济发展。本章将进一步梳理高铁建设对区域发展影响的相关研究文献,进而实证分析中国高铁"走出去"对沿线国家经济发展的影响。

2.3　中国高铁"走出去"对沿线国家区域的影响

2.3.1　高铁建设对区域发展影响的相关研究

1) 高铁对区域人口规模的影响研究

Murayama(1994)提出日本新干线的建设使得部分城镇获得了巨大的区位优势,但也使得非新干线城市发展边缘化,双方人口集聚和人口扩散极大地影响了日本城市现代化进程。Kim(2000)检验了韩国首尔到釜山的高铁发展对首都都市圈空间结构变化的影响,研究显示,人口结构从空间上表现出向首尔及其腹地持续地集聚,而就业结构则显示出不断地扩散。Vaturi 等(2011)分析以色列特拉维夫都市区铁路网络对地区经济的影响作用,最终发现铁路网络可以提升城市的可达性水平,从而带来城市人口增长。然而 Kotavaara 等(2011)运用 GIS 技术及 GAMS 模型,对荷兰的公路和铁路交通及人口数量之间的关系进行研究发现,公路交通设施对于人口数量有着非常重要的影响,而铁路交通与人口的数量并没有太大的关系。Diaz 等(2016)在系统动力学建模的基础上发现,活跃的交通设施投资活动能够增强当地的社会活力,从而吸引外来人口不断流入,同时交通基础设施建设还能显著降低相应城市的拥挤程度。

尹冰等(2010)认为高速铁路的建设能够改变城市的人居空间,引导人口向高铁站口等地方集聚。王姣娥等（2011）同样认为地面交通网和高速铁路的站点分布，能够引导人口和产业集聚的趋势，对城市的空间格局产生一定的影响。李涛等（2012）定量分析了 1980—2009 年珠江三角洲陆路交通网络与人口规模的关系，发现随着铁路网络的扩展以及铁路运输服务水平的提高，其与人口规模的关系逐步增强。覃成林等（2014）认为高速铁路通过提高城市可达性影响城市人口增长。1997—2011 年，在铁路提速的影响下，城市可达性每提高 1％，可引起城市人口增长 0.67％。全国高速铁路网建成后，城市人口将向高速铁路沿线城市集聚，尤其是向高速铁路密集区域的城市集聚。宋晓丽等（2015）基于铁路提速的实证分析，研究交通基础设施质量提升对城市人口规模的影响，结果显示铁路提速促使沿途站点城市人口规模增加了 35.2％。汤晋（2016）认为高速铁路对区域或城市的空间影响效应是全方位的，尤其是对区域人口增长、就业、产业发展等均会产生积极影响。蓝宏等（2017）立足于日本东海道新干线发展与沿线城市人口变化的关系，发现铁路干线能够重塑沿线城市的区位性能，推动以服务为主的第三产业的发展，促使人口从向三个都市圈聚集到局部扩散，最终又向东京都市圈集聚。王赟赟（2018）认为高铁的开通促进了沿线城市的人口集聚，城市开通高铁会增加 2.18％的常住人口，这一结果表明，高铁对于城市人口集聚有着重要作用。邓涛涛等（2019）以 286 个地级及以上城市为研究对象，选取城市常住人口指标衡量城市人口规模，并从人口增速与人口增量两方面探讨高速铁路对中国城市人口规模变化的影响。研究表明，高速铁路开通有助于城市人口的增加，然而由于高速铁路开通时间较短，城市人口的增长并不明显；高速铁路开通后，大城市的人口增加数量明显大于中小型城市，高速铁路大规模建设将进一步导致人口分布的极化发展；高速铁路的开通有利于五大国家级城市群人口的集聚，第三产业占比高的城市人口增加更多，但对这些城市的人口增长率并没有表现出显著的作用。王彩圆（2019）在其研究中指出高铁开通能够增强城市对周围人口的吸引力，促进人口重心向站点方向移动，从而改变城市人口规模和产业布局，影响城市空间结构。

2）高铁对区域可达性的影响研究

高速铁路建设与区域可达性具有显著的相关关系,而区域可达性又必然会改变相关城市的空间布局。对此国外许多学者进行了深入研究。Spiekermann 等(1994)认为欧洲大陆间的可达性,因有高铁通过而得到有效的提升。Daluwatte 等(1995)认为,高铁建设实现区域扩张,提升区域可达性,主要通过高铁站点连接多个城市实现。Gutiérrez 等(1996)以运行时间作为衡量标准,研究高速铁路的建设是否能够缩短城市间的时空距离,结果显示,随着出行时间的缩短,区域可达性随之升高。Blum 等(1997)研究发现,高速铁路会带动沿线城市的经济发展,形成区域性的经济走廊,而经济走廊内的可达性在高铁的助推下,大大地提升了。Vickerman(1997)对泛欧高铁网络的研究表明,高铁带来的可达性的变化,最显著的是一些原有交通基础设施落后的地区,同时还可能加大核心地区与边缘地区之间的可达性差距。Kim(2000)根据日本和欧洲的一些高铁实例,提出高铁能够提升区域可达性,而可达性的提升又进一步影响地区人居环境和方式,最后对当地经济发展产生影响。Chang 等(2008)使用差分分析测试和基于地理信息系统的制图审计作为评估工具,对韩国高铁的可达性进行分析,认为乘客数量的增加和区域可达性的提升休戚相关,对于致力于增加乘客需求量的地区,应当以高铁建设改善地区可达性。BELIBAEVA(2010)从国际视角出发,以包括葡萄牙在内的许多已运营高速铁路的国家为分析对象,发现高速铁路的通车压缩了欧盟国家之间的时空距离,提高了区域间的可达性,方便了人口及信息技术等资本的流动,促进了被连接国家的经济增长。Ahlfeldt 等(2010)研究了科隆—法兰克福高铁对位于两城市之间的两个小镇(Montabaur 和 Limburg)的区域可达性影响,发现高铁的开通使得两个小镇到法兰克福和科隆的旅行时间缩短到 30 分钟以内。Kotavaara 等(2011)利用 GIS 软件说明了芬兰 1970—2007 年间道路及铁路网的可达性与当地人口迁移之间的相关关系。Jiang 等(2014)讨论了京沪高速铁路影响下道路可达性的空间差异,提出高速铁路明显提高了整个道路可达性水平,但存在空间发展的可达性格局更加两极分化的现象。Kim 等（2015）利用加权平均旅行时间和潜在可达性指标对韩国高速铁路网络拓展各阶段的可达性进行测算，研究结果发现，各个阶段内高速铁路扩展和可达性的相关关系是不同的，可达性的改善集中在首尔沿线城市，如果省际没有更大范围的高速铁路网络，改善的相对程度将不足以增加空间的公平性。Jin F 等（2017）通过对当前运营和规划规模最大的东亚地区高速铁路对区域的可达性演化机制进行了研究，发现高速铁路网大大提高了可达性，长三角、珠三角、东京、首尔沿线铁路形成了核心城市 1 小时经济圈，但同时也增加了中国大陆某些节点的可达性不平等的问题。蒋海兵等（2010）通过潜力值、日常可达性、加权平均时间等指标构建评价体系，对比分析了京沪沿线城市，在高速铁路开通前后的可达性变化及空间结构调整，以此来探讨高速铁路对区域可达性的影响。方大春等（2014）认为，京广高铁的建设与运营对城市空间结构的影响，主要体现在提高可达性、优化资源重新配置以及增进城市间的经济互动等方面。冯长春等（2013）在借鉴其他专家学者研究方法的基础上，通过加权平均旅游时间来研究当代中国省际可达性及空间格局问题，得到省际可达性呈"中心—外围"模式的结论，高速铁路建设不仅可以缩减省与省之间的关联用时，延伸可达性最优区域，还可以使各省间的可达性均衡化。李保超等（2016）以皖南国际文化旅游示范区为例，以旅游客源地和目的地两个角度为切入点，分析了高速铁路建设与区域内旅游可达性和区域间旅游联系的内在关系。黄洁（2016）分析高铁网络对中国省会城市经济可达性的影响，认为高铁网络不同程度地提升了省会城市铁路服务价格，降低了铁路服务价格与时间可达性的相关性。文娉等（2017）研究指出城市间的经济关联、沿线城市的经济增长潜力，均与高铁建设带来的区域可达性提升有关。李彭（2019）基于成渝城市群的视角，综合运用面板回归预测模型、DID 双重差分模型和加权平均旅行时间等方法，从实证角度验证了成渝高速铁路的建设运营大幅度提高了沿线所有区域的可达性水平。韩燕等（2020）对甘肃省高速铁路对城市可达性及经济联系格局的影响进行探究，提出高速铁路开通后，加权平均旅行时间缩短,甘肃省城市可达性得到提升。朴杰等(2020)选取可达性模型与经济联系模型,测算出高速铁路的开通不仅提升了延边地区区域交通可达性水平,而且加强了各个城市间的经济联系,促使了延边地区区域经济格局的良性演变。

3) 高铁对区域产业结构的影响研究

国外关于高铁(或铁路)对产业影响的研究中,大部分研究都认为高铁建设有助于产业结构的提升和第三产业的发展,比如 Kiyoshi 等(1997)建立的系统模型中涵盖了多个城市的高速铁路系统,不单可以为城市间交流提供更多机会,而且能够促进区域内各大产业发展。根据 Nakamura 等(1989)的研究可以发现,日本新干线对产业最为显著的影响是促进了商业的发展,比如资讯、调查、广告业的发展,其中以资讯业的发展最为明显。除了商业服务外,高速铁路对金融、房地产、研发和高等教育等的发展也有所影响。Albalate 等(2016)则认为高铁建设因为替代了部分航空业的市场,改变了旅游业的发展。而 Chen 等(2017)发现高铁建设将导致知识经济产业的就业人数分布发生变化。国外学者较少谈及高铁建设的作用机理,更注重高铁对产业发展的影响结果分析。Goel 等(1999)研究发现,高铁建成以后,会对周围的人口具有一定的吸引作用,人们会逐渐地向高铁站点周围集中,使该区域地价上升,沿线房地产价格上升,对当地的产业结构产生一定的影响。Pol(2003)指出,高铁通过提高城市的通达性降低了运输费用,推动了城市服务业的发展。Givoni(2006)等研究表明,生产服务业和旅游业的发展需求将很大程度由高铁建设填补。Chen 等(2011a)认为高铁提升了曼彻斯特和里尔地区传统工业区和核心城市之间的联系,核心城市在创新方面发挥带动作用,推动传统工业区逐步向知识经济转型升级。Chen 等(2011b)对伦敦周边城市产业结构状况进行了分析,发现信息技术提升了经济主体之间的显性知识扩散,而高速铁路的开通提高了主体之间的面对面交流频率,加快了隐性知识的传播,促进了知识、技术密集型产业的发展,改变当地的产业结构水平。Han 等(2012)发现日本新干线的开通促进了房地产、商业和服务等多个行业的发展。Vickerman(2018)通过对西北高速铁路网络和英国第一条高速铁路 HS1 进行详细研究，发现交通基础设施与相关政策的合力，能够有效地促进产业结构转型升级。Chen 和 Vickeman（2017）认为，地区知识就业水平、知识就业增长率与高铁发展水平存在正相关关系，个别地区会以第二产业快速发展的形式出现，并以英国肯特地区和中国珠三角地区两个案例验证了这一结论。

国内也有不少学者展开了高铁（或铁路）对产业影响的研究。张楠楠等（2005）从交通系统、经济系统和区域空间三个方面分析指出高铁可以创造新的区位优势，给沿线产业发展及产业结构提升带来促进作用，并可能形成新的产业带。陈春阳等（2005）研究指出铁路能提高运输能力、降低社会运输成本、带动高新产业和第三产业发展。赵娟等（2010）认为高铁有助于缓解运输状况、节约旅行时间、促进经济一体化和高新产业发展。苏顺虎（2010）认为高速铁路的发展通过改变城市之间的交通运输条件，有利于服务业水平的提升，可以有效带动相关联产业上下游之间的协同创新，促进国家产业结构的优化升级。王宏顺等（2010）指出，高速铁路的开通促进了沿线不同城市之间的物流、资金流、人流和信息流，推动了不同区域之间的产业合作与互补，推动了市场竞争，也可以避免沿线区域的产业结构趋同，促进区域经济协同。胡芬等（2010）基于湖北省旅游业的实证分析，总结高铁建设下当地旅游产业面临的市场挑战和机遇。胡静等（2015）利用赫芬达尔指数和空间基尼系数分析武广等高铁对湖北省旅游业的影响，发现高铁建设增强了当地旅游业的集聚效应，其中对商业服务业、住宿餐饮业的集聚影响程度最大。周怡然（2015）认为高速铁路能够优化当地的产业结构，并提出相应的对策与建议。覃成林等（2016）利用 2003—2012 年 10 年间全国 218 个地市的数据，发现高速铁路通过影响城市生产线服务业的集聚效应，来加强城际的经济沟通。邓涛涛等（2016）构建双重差分模型，将长三角地区 25 个城市 8 年间的高速铁路网建设情况进行实证分析，发现高铁开通初期对区域旅游业的促进作用较弱。随着时间的推移，相关促进作用才逐步开始显现，并呈现出逐渐增大的趋势。彭雪（2017）认为高铁建设对城市产业结构的影响遵循以下路径：首先影响产业间关联效益,再通过其改变沿线城市产业建构。蒋华雄等(2017)运用市场潜力模型分析高速铁路对中国城市产业结构的影响,结果表明城市市场潜力的提升、产业分工与地理集聚的优化以及中心城市产业的转型升级,均得益于高铁的发展。马荣(2019)从高铁建设对城市产业结构发展的作用机理出发,以劳动价值论为基础,系统地研究高铁开通和产业发展的内在逻辑关系,发现高铁开通对产业结构升级过程的影响存在时间效应和空间效应上的差异。王俊蒙(2019)在其研究中指出,开通高铁对产业结构升级有着正向的促进作用,可以显著地优化包含第一、二、三产业在内的产业结构。

4）高铁对区域就业结构的影响研究

Nakamura 和 Ueda(1989)研究发现,新干线建成前后,第三产业的就业人数明显增加。Kingsley(1997)从建设高速铁路动机作为出发点展开研究,指出高速铁路的建设运营对就业改善有一定的影响,使区域就业结构发生了转变,导致了不同就业问题的出现。Li 等人(2016)在对日本两条主要高铁干线的研究中发现,沿线区域服务业就业人数下滑的同时,制造业的就业人数却显著增加。Albalate 等(2016)利用 182 个欧洲地区面板数据,跟高速公路和航空建设相比,高速铁路建设对就业的影响相对不显著。Liu 等(2016)以湖南祁阳县做案例研究,发现武广高铁运营降低农民外出就业意愿的重要原因,在于高铁票价的攀升,但其为低技能、低学历就业人员提供了大量的就业机会,对就业的促进效用高于对人口流动的负向作用。尹冰、吕成文等人(2010)则研究了高速铁路与房地产行业的关联性,结果表明：京津城际铁路建设为房地产业建设、销售、管理等提供了大量岗位。张汉斌(2010)研究得出高速铁路能够促进区域劳动力重新分配,进而带动就业。罗英恒(2010)通过波特钻石模型探究了京津冀城际铁路对当地旅游业劳务需求的影响,同时还更进一步地分析了旅游业劳务需求对就业规模的影响。林上(2011)发现日本新干线对沿线城市的"虹吸效应"主要体现在,加强了站点城市对地方的劳动力等各种生产要素及优势资源的集聚作用。何凯妮(2016)定性分析了铁路建设和区域劳动力就业之间的关联关系，发现不同建设阶段影响的行业主体有差异，在铁路项目建设期，主要带动区域内与建筑业相关行业的就业增长；而在运营期，则是交通运输业在区域社会经济这一复杂大系统内，与区域经济、区域就业等相关因素互相影响，从而带动区域内的就业增长。高华荣(2017)认为高速铁路不管是在建设前、建设中或者是后续运营中，均对沿线城市的就业供给有促进作用。

5) 高铁对区域知识经济的影响研究

现阶段的很多研究认为高速铁路跟区域知识溢出之间存在相关关系。Okabe(1979)、Sands(1993)的研究发现，新干线的开通能够提升诸如商业服务、研发、教育等面对面的知识交流活动。Chen，Hall(2011)认为，高速铁路的便捷性为个体间或者群体间面对面交流提供了极大的便利，从而促进了以人为载体的知识的创造与扩散，可以有效推动知识密集型行业与商业、服务业等第三产业的发展，进而促进产业结构转型升级。Chen(2012)指出，高铁的建设与运营，为其主要服务对象——知识经济和第三产业，提供了进一步发展的广阔空间。赵云等(2015)使用空间面板数据模型分析了高速铁路开通前后的知识溢出效应。王雨飞等(2016)指出知识溢出在原有空间范围上的限制被互联互通的交通基础设施网络打破了，而且还带来了各类要素运输成本的下降，加快了要素流动性，提高了知识和技术的传播速度。张克中等(2016)认为区域中心城市技术和知识外溢效应的增强，在很大程度上得益于高铁建设带来的交通便利性。罗桑等(2018)从知识溢出视角探讨高速铁路对区域发展的影响，发现高铁对区域知识溢出的作用，主要归因于快速地面交通的出现和发展，人们互动交流更加频繁。

纵观国内外研究文献，高铁建设能够从扩大人口规模、提升城市可达性、调整产业结构、完善就业结构以及促进知识经济等方面对高铁沿线区域发展产生重大影响。由此，引发思考：在中国高铁"走出去"的过程中，是否同样会对沿线国家经济发展产生影响？本节将采用多期双重差分模型，并以非洲国家为例，对上述问题做实证分析论证。

2.3.2　中国高铁"走出去"对沿线国家经济发展的影响——以非洲国家为例

近几年,中国高铁的发展引人注目,中国高铁"走出去"对实现"一带一路"倡议有积极的助推作用。本节以中国在非洲建设现代铁路的 11 个沿线国家和 11 个非沿线国家为样本,采用多期双重差分模型,实证分析中国高铁"走进非洲"对沿线国家经济发展带来的影响。

2.3.2.1　双重差分模型的构建

双重差分法(difference-in-differences model,DID)是评价某一事件或政策的影响非常有用并且惯常使用的方法。本书运用双重差分法,对所搜集的数据进行实证分析,验证高铁对沿线国家经济发展的影响。样本数据利用 Stata 软件处理,并对所得的结果进行实证分析。研究样本包括非洲 22 个国家,将这些国家样本分为实验组和对照组,其中,实验组国家实施高铁开通政策,对照组国家则没有实施高铁开通政策。双重差分法是指先分别计算实验组和对照组在高铁开通政策实施前后的变化量,再计算这两个变化量之间的差值,即倍差(邓涛涛 等,2016),目的是通过实验组和对照组在高铁开通前后某个观测值变化量的差额来反映实验组受到的高铁净影响,即高铁政策的影响效果。DID 模型的基本回归方程如下:

$$\text{GDP}_{it} = a + \beta_1 T + \beta_2 R + \gamma(T \times R) + \delta Z_{it} + \varepsilon_{it} \tag{1}$$

式(1)中,GDP_{it} 是 i 国家在 t 时期人均 GDP 的观测值,R 为政策虚拟变量,开通运营高铁的国家为实验组取 1,没有开通运营高铁的国家为对照组取 0;T 是时间虚拟变量,中国高铁沿线开通以后取 1,开通以前取 0。实际上,本书所分析的实验组和对照组国家样本之间很多方面有着差异,为确保研究的有效性,必须严格控制其他异质变量产生的影响,所以在模型中添加了控制变量的集合 Z_{it},以控制经济发展的一些基本因素。ε_{it} 是误差项,这个公式的系数 γ 被解释为高铁开通运营对沿线国家经济发展的影响,若其估计值显著大于 0 的话,说明中国高铁促进沿线非洲国家经济发展。

非洲国家样本在2006—2017年之间数据相对齐全，有利于本书进行实证分析，因此本书确定研究的起止时间为2006—2017年。非洲高铁建设在2006—2017年内是分阶段依次建成通车的，通车运营高铁的时间集中在2015年、2016年和2017年，为精确测度高铁逐步通车运营对沿线国家经济发展产生的影响及时间上的变化趋势，本研究涉及三个时间节点，分别是2015年、2016年和2017年。由此，本书构建了一个多期DID模型，专门考察中国高铁在非洲逐步开通对沿线国家经济发展的影响。多期DID模型的回归方程形式如下：

$$\text{GDP}_{it} = a + \gamma_1 G_{it} + \gamma_2 DT_{it} + \delta Z_{it} + \lambda_i + \varepsilon_{it} \tag{2}$$

式(2)中，G_{it}表示i国家在t年高铁是否开通运营的虚拟变量，也就是式(1)中的$T \times R$项，当i国家归属实验组样本，并且t是高铁开通运营当年和以后的年份时，G_{it}取1，否则取0；γ_1是差分后的系数，表示高铁开通运营对实验组和对照组国家经济发展的影响差异，如果该系数值显著为正，那么表明高铁开通运营对该国家的经济发展有正向促进作用；DT_{it}表示高铁开通运营第T年的虚拟变量(其中，$T = 1,2,3$)，可反映高铁未开通运营时或许会出现的时间趋势效应，在高铁开通运营的第T年取1，否则取0；Z_{it}是其他控制变量，λ_i为个体固定效应，ε_{it}是随机扰动项。

2.3.2.2　变量选取及变量构建

由于中国高铁"走出去"战略最近几年才开始推行，且高铁建设是一项长期、庞大和繁杂的工程，因此中国在非洲投资建设并通车运营的铁路并不多。本书选择6条中国在非洲建成并已通车的现代铁路：亚吉铁路、安哥拉本格拉铁路、阿卡铁路、蒙内铁路、莫桑梅德斯铁路和亚的斯亚贝巴轻轨，并把2015年开始中国在非洲承建并已陆续开通高铁的11个沿线国家(埃塞俄比亚、吉布提、安哥拉、刚果民主共和国、尼日利亚、肯尼亚、乌干达、卢旺达、布隆迪、坦桑尼亚和赞比亚)作为实验组样本，这些样本从高铁政策实施后至今已经过去一定的时间，积累的数据有助于统计分析。为了准确判断高铁开通政策的影响效应，本书还选择了与 11 个高铁沿线国家相邻且社会发展水平较类似、在所研究的时间段内未开通高铁的 11 个非沿线国家样本(喀麦隆、多哥、尼日尔、布基纳法索、贝宁、马拉维、马里、中非共和国、加纳、莫桑比克和津巴布韦)作为对照组样本。

表 2-1 显示,截至 2014 年,非洲没有中国投资建设开通的高铁,2015 年开通高铁的非洲国家有安哥拉、埃塞俄比亚、刚果民主共和国、赞比亚,2016 年开通高铁的国家是吉布提、尼日利亚,2017 年开通的国家有乌干达、卢旺达、坦桑尼亚、布隆迪、肯尼亚,2006 年至 2017 年从未开通高铁的周边国家分别为喀麦隆、多哥、尼日尔、布基纳法索、贝宁、马拉维、马里、中非共和国、加纳、莫桑比克和津巴布韦。

表 2-1　非洲 22 个样本国家高铁开通时间

2006—2014 年	2015 年	2016 年	2017 年	2006—2017 年
无高铁	有高铁	有高铁	有高铁	无高铁
	安哥拉、埃塞俄比亚、刚果民主共和国、赞比亚	吉布提、尼日利亚	乌干达、卢旺达、坦桑尼亚、布隆迪、肯尼亚	喀麦隆、多哥、尼日尔、布基纳法索、贝宁、马拉维、马里、中非共和国、加纳、莫桑比克、津巴布韦

本书实证分析将选取 22 个国家 2006—2017 年的面板数据,所有的样本数据从世界银行数据库、全球经济数据库(CEIC)、经济合作与发展组织(OECD)数据库、非洲开发银行、世界发展指标(WDI)等国内外数据官方网站搜集,结果经由计算和整理而得。

测算一个国家的经济发展水平,GDP 显然是首要测量指标。由于本书研究的是不同的非洲国家,各个国家人口总量不同,因此,为了研究的有效性,本书选择人均 GDP 作为国家经济发展的衡量指标。若人均 GDP 逐年增加,则高铁促进沿线国家经济的发展;若人均 GDP 逐年减少,则高铁对沿线国家经济发展起抑制作用或影响不明显(金水英 等,2020)。

对控制变量的选择,本书参考了 Durlauf 等(2005)、张俊(2017)、高华荣

(2017)等人对经济增长影响因素的研究。首先，要考虑的控制因素就是有效劳动(EL)。根据世界银行数据库的规定，一般将15岁（包含15岁）以上人口视为劳动适龄人口，因此本书将15岁（包含15岁）以上总就业人口与总人口的比率作为有效劳动的代理指标。其次，思考与经济发展水平相关的其他因素，如居民消费水平(CL)、城镇化水平(UL)、人口因素(PD)，本书纳入了消费者价格指数、城镇人口与总人口的比率、人口密度三个代理变量，其中，消费者价格指数指一般消费者在规定的时间段内采购固定或变动的一揽子商品和服务的成本变化率，它通常使用Lasper公式计算。根据世界银行数据库的规定，设定2010年为100。最后，其他控制变量采用与经济发展水平密切相关的产业结构变量(MSR)，其代理变量为第二产业和第三产业从业人员之比（王垚 等，2014）。各解释变量的含义及说明如表2-2所示。

表 2-2　主要解释变量的含义及说明

变　量	变量名称及符号	指　标　含　义	单　位
高铁建设变量	政策虚拟变量(G_{it})	当i国家归属实验组且t在高铁开通运营当年以及之后的年份，$G_{it}=1$，否则为0	—
	时间虚拟变量(DT_{it})	DT_{it}在高铁开通运营的第T年为1，否则为0	—
控制变量	有效劳动(EL)	就业人员数/总人口	%
	消费水平(CL)	消费者价格指数	设定2010年为100
	城镇化水平(UL)	城镇人口/总人口	%
	人口密度(PD)	总人口/以平方千米为单位的土地面积	人/千米
	产业结构(MSR)	第二产业与第三产业从业人员之比	%

注：对于影响地区经济发展控制变量的选取，参照了 *Growth Econometrics*、《高铁建设与县域经济发展——基于卫星灯光数据的研究》《高速铁路对区域经济发展的影响研究》《高铁带动区域经济发展了吗?》等多篇文献。

2.3.2.3　中国高铁"走进非洲"对沿线国家经济发展影响的实证分析

1) 非洲高铁沿线与非沿线国家经济发展水平的对比

通过对高铁沿线国家样本和非沿线国家样本的经济发展水平做简单对比（见表 2‑3），可以发现：在常住人口增长率方面，沿线国家样本组的平均常住人口增长率普遍高于非沿线国家样本组，但是该增长率的差距有逐渐减小的趋势；在运营高铁以前和以后，沿线国家样本组的平均常住人口规模和人均 GDP 都比非沿线国家样本组大。由此可见，高铁建设往往选择在经济发展水平相对比较高的国家。

表 2‑3　沿线国家与非沿线国家之间经济发展水平的简单对比

年份	常住人口年增长率/‰			常住人口/万人			人均 GDP/美元		
	沿线国家样本组均值	非沿线国家样本组均值	两组均值差距	沿线国家样本组均值	非沿线国家样本组均值	两组均值差距	沿线国家样本组均值	非沿线国家样本组均值	两组均值差距
2006	28.592	27.239	1.353	3 959.7	1 341.4	2 618.3	685.5	514.0	171.5
2017	27.830	26.548	1.282	5 436.0	1 823.2	3 612.8	1 356.2	787.3	568.9
两组均值差距	−0.762	−0.692	−0.070	1 476.3	481.8	994.5	670.7	273.4	397.3

资料来源：根据世界银行数据库、世界发展指标数据整理而得。

由于表 2‑3 只选择本书所研究阶段的首年和末年的数据进行比较，而这两个年份相隔较远，并不能完整反映所研究时间段内沿线与非沿线国家之间经济发展水平的差异。因此，为进一步分析两组样本国家的经济发展水平，本书对于沿线国家和非沿线国家的年人均 GDP 均值逐年变化（见图 2‑1）和年GDP 总量均值逐年变化（见图 2‑2）情况进行了比较。

本书所研究的 22 个非洲国家经济水平受高铁影响不一，由图 2‑1 可以看出沿线国家的人均 GDP 高于非沿线国家，且随着时间的推移，两者之间差

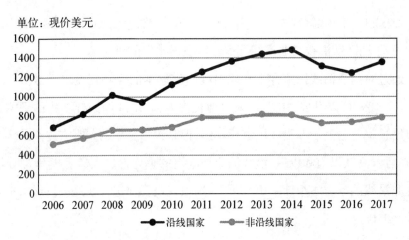

图 2-1　沿线国家样本组与非沿线国家样本组年人均 GDP 均值
资料来源：依照世界银行数据库各个国家 2006—2017 年 GDP 数据计算整理得出。

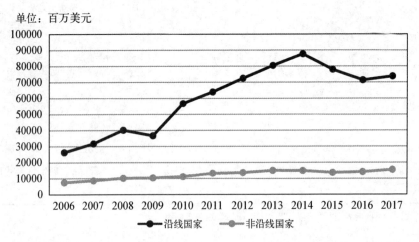

图 2-2　沿线国家样本组与非沿线国家样本组年 GDP 总量均值
资料来源：依照世界银行数据库各个国家 2006—2017 年 GDP 数据计算整理得出。

距越来越大，尤其在 2014 年高铁开通运营之后更为明显。图 2-2 显示沿线国家的年 GDP 总量远高于非沿线国家，而且沿线国家的年 GDP 总量增长速度比非沿线国家快得多。这表明沿线国家经济发展水平普遍高于非沿线国家，进一步证实了上述高铁建设往往选择在经济发展水平较高的国家的论断。同时，根据图 2-1 和图 2-2，在 2014—2017 年期间，沿线国家年人均 GDP 和年

GDP 总量从 2014 年开始有一个下跌的过程,直至 2016 年开始回升,这表明在高铁开通运营初期,由于前期投资建设高铁成本消耗过大,高铁产生的经济效益为零甚至为负,在经过一段时间运营后才会产生正向经济效益。

2) 基于全体样本的描述性统计分析

各变量的描述性统计结果如表 2-4 所示,该表中的 D1、D2、D3 为 DT 的取值。对于整体样本(即非洲所有开通运营高铁的沿线国家及相应的其他未开通运营高铁的非沿线国家)来说,高铁沿线国家中最早开通运营高铁的时间为 2015 年,截至 2017 年开通运营高铁的最长时间为三年,因此 DT 的取值为 D1、D2、D3。2015 年开通运营的本格拉铁路、莫桑梅德斯铁路和亚的斯亚贝巴轻轨(以下简称"本-莫-亚线路"),截至 2017 年开通运营高铁的最长时间为三年,所以 DT 的取值也为 D1、D2、D3。2016 年开通运营的亚吉铁路和阿卡铁路(以下简称"吉-阿线路"),截至 2017 年开通运营高铁的最长时间为两年,所以 DT 仅取 D1、D2。2017 年开通运营的蒙内铁路(以下简称"蒙内线路"),DT 的取值只有 D1。

表 2-4 变量的描述性统计

变　量	观测值	均　　值	标准差	最小值	最大值
G_{it}	264	0.079 545 5	0.271 102 1	0	1
D1	264	0.083 333 3	0.276 910 3	0	1
D2	264	0.083 333 3	0.276 910 3	0	1
D3	264	0.083 333 3	0.276 910 3	0	1
GDP_{it}	264	942.185 2	819.892 9	165.879 4	4 804.634
EL	264	70.207 47	8.539 741	50.244	85.568
CL	264	116.163 8	41.044 23	36.415 76	342.179 2
UL	264	34.202 17	15.009 9	9.617	77.523
PD	264	99.148 77	109.295 8	6.744 611	494.868 5
MSR	264	51.420 77	41.928 84	17.607 8	263.036 2

资料来源:根据世界银行数据库、世界发展指标(WDI)、全球经济数据库(CEIC)、经济合作与发展组织(OECD)数据库、非洲开发银行等国外官方网站搜集和整理而得。

由表 2-4 知，各个变量的观测案例数都为 264，且无缺失值；同时根据均值和标准差分别可以看出各个变量数据的集中趋势和离散程度，此表充分显示本书研究数据并无明显异常值。

3) 高铁影响沿线国家经济发展的实证估计与分析

为考察中国高铁对沿线国家经济发展的影响效应，本书运用多期双重差分法。在实证检验中，分别从整体样本和特定铁路线路两个层面进行分析，并以人均 GDP（GDP_{it}）作为衡量国家经济发展的代理变量。在研究过程中，由 Hausman 检验结果可知，为了消除国家的个体影响效应，模型应选择固定效应估计。由表 2-5 中的各个模型估计结果可知，R^2 基本稳定在 0.54～0.90 之间，这表明模型的拟合程度比较好。

从整体样本层面来看，模型(1)中 G_{it} 是高铁是否开通运营的政策效应代理变量，其系数为 0.15，在 10% 的水平上显著为正，说明高铁的开通运营促进了非洲沿线国家的经济发展。从其他控制变量分析结果来看，对非洲沿线国家经济发展水平影响较大且显著的控制变量主要有有效劳动(EL)、居民消费水平(CL)、城镇化水平(UL)和产业结构(MSR)。居民消费水平及城镇化水平的提高对沿线国家经济发展产生明显的正向影响，它们每提高 1%，高铁开通运营将间接地提高居民消费水平和国家城镇化水平，进而对国家经济发展起到一定的促进作用。此外，有效劳动和产业结构这两个变量对沿线国家经济发展则起到了一定的负向作用，虽然第二、第三产业就业人员比例增加了，但由于非洲各方面发展水平较为落后，非洲人的思想进步缓慢，认为就业只是为了养家糊口，没有太大的追求和抱负，因此大部分非洲人工作的效率和效果并不理想，没有很好地为国家经济发展做出应有的贡献。人口密度(PD)的统计系数并不显著，说明提高人口密度并不能有效地提高沿线国家经济发展水平。

从特定铁路线路层面来看，对比模型(3)、模型(5)和模型(7)可知，模型(3) G_{it} 的系数值为 0.22，且在 5% 的水平上显著，表明高铁开通这一政策因素对本-莫-亚线路上的沿线国家的经济发展起到了一定的正向促进作用；而模

表2-5 双重差分法的实证估计结果

变量	总样本		本-莫-亚线路		吉-阿线路		蒙内线路	
	模型(1)	模型(2)	模型(3)	模型(4)	模型(5)	模型(6)	模型(7)	模型(8)
G_{it}	0.15 (1.80)*		0.22 (2.32)**		-0.19 (-1.19)		0.19 (1.37)	
D1		-0.11 (-1.30)		-0.07 (-0.59)		-0.07 (-0.81)		-0.09 (-0.65)
D2		-0.20 (-2.12)**		-0.12 (-1.07)		-0.08 (-0.59)		
D3		-0.19 (-1.97)**		-0.07 (-0.66)				
EL	-0.74 (-3.72)***	-0.73 (-3.76)***	0.03 (0.04)	-0.13 (-0.17)	0.90 (3.98)***	0.89 (3.80)***	-1.26 (-4.48)***	-1.25 (-4.39)***
CL	0.35 (4.01)***	0.55 (5.88)***	0.25 (2.95)***	0.42 (5.35)***	0.93 (6.21***)	0.85 (4.82)***	0.23 (1.88)*	0.30 (2.46)**
UL	0.87 (19.88)***	0.90 (19.80)***	1.09 (12.77)***	1.07 (10.74)***	-0.67 (-1.96)*	-0.52 (-1.36)	0.65 (9.54)***	0.66 (9.61)***
PD	0.04 (1.53)	0.04 (1.65)	-0.17 (-3.70)***	-0.17 (-3.49)***	0.55 (7.31)***	0.52 (6.08)***	0.07 (3.47)***	0.07 (3.70)***
MSR	-0.51 (-9.17)***	-0.52 (-9.22)***	-0.94 (-14.88)***	-0.94 (-14.60)***	0.84 (3.33)***	0.71 (2.53)**	-0.11 (-2.04)**	-0.13 (-2.30)**
Cons	6.81 (6.67)***	5.83 (5.21)***	5.70 (1.69)*	5.72 (1.59)	-3.31 (-3.54)***	-2.92 (-2.80)***	8.60 (6.42)***	8.26 (5.99)***
R^2	0.6739	0.6795	0.8534	0.8487	0.9032	0.8964	0.5484	0.5440
N	264	264	96	96	48	48	120	120

注:模型采用稳健性标准误进行统计推断;括号中数值为t值;***、**和*分别表示在1%、5%和10%的显著水平下通过显著性检验。

型(5)的 G_{it} 系数值为 -0.19，且在 10% 的显著水平上仍不显著，说明高铁开通这一政策因素对吉-阿线路上的沿线国家的经济发展影响不显著，其原因可能是吉-阿线路上可取的样本国家较少，导致样本数据容量不够大，所得分析结果不显著。也可能是由于现实因素的影响，如亚吉铁路，虽然 2016 年开通，但由于电力等配套设施跟不上，一直到 2018 年 1 月 1 日才投入运营，因此对沿线国家经济的影响尚未显现；模型(7)的 G_{it} 系数值为 0.19，但不显著，证明高铁开通这一政策对蒙内线路上的沿线国家的经济发展虽有正向影响，但是由于蒙内铁路在 2017 年 5 月 31 日才开始投入运营，本书研究所观察时间较短，所以分析结果还不显著。从其他控制变量上来看，对于本-莫-亚线路、吉-阿线路和蒙内线路沿线国家经济发展都有显著的正向影响的变量为居民消费水平(CL)，高铁的开通运营可以间接地影响居民消费水平，进而对于沿线国家经济影响具有一定的促进作用。

从高铁通车运营的时间效应来看，根据模型(2)(4)(6)(8)的回归结果，总体样本国家(即非洲所有通车运营高铁的沿线国家及相应的非沿线国家)通车运营高铁的时间效应 $D1$、$D2$、$D3$ 大多为负效应，其他线路上的时间效应 DT 也都是负效应。总体而言，考虑高铁开通时间效应后的分析结果与只考察高铁开通政策效应而不考察时间效应所得的结果基本一致。

4) 稳健性检验

为了验证上述实证结果是产生于高铁开通运营，研究中运用反事实检验的方法对实证结果进行稳健性检验。反事实检验采用变更政策的实施时间来对模型(1)和模型(2)进行检验，即假定没有高铁开通运营这一事实，实验组和对照组之间的差异也会随时间的推移而变化(HUNG et al.，2014)。就总体样本中 11 个实验组国家(即上述开通运营高铁的沿线国家)而言，最早开通运营高铁的时间为 2015 年，由此，可有两种处理方法：一是分别假设实验组国家在高铁通车实际年份前后的第 1 年为设想的高铁开通运营的时间节点，其他控制变量的设置保持不变，并对其进行与式(2)相同的回归；二是假设实验组的所有国家在 2014 年都已开始运营高铁,并且同样进行与式(2)一样的回归。

从表 2-6 中可以看出,无论是哪种处理方式,G_{it}(即高铁是否开通运营的政策效应虚拟变量)的系数在 10% 的水平下都不显著,并且与原模型相比,各个模型的显著性水平均有一定程度的降低,因此拒绝原假设,说明高铁开通运营确实会影响沿线国家经济发展。本研究采用多期 DID 模型进行实证研究的结果具备稳健性。

5) 研究结论与政策建议

根据上述实证分析结果,可以得出以下结论:① 中国高铁的投资建设需要拥有充足的"人、财、物"三方面的资源,因此,目前中国高铁在非洲选择的投资对象,经济水平普遍较高;② 中国高铁的开通运营,改善了非洲沿线国家的交通基础设施,加强了区域之间的沟通与联系,对非洲沿线国家的经济发展具有显著的促进作用;③ 居民消费水平也影响着沿线国家的经济发展,高铁的开通运营可以提高居民消费水平,进而有利于扩大内需,刺激消费,促进国家经济发展;④ 城镇化水平作为国家经济发展程度的重要标志,也是影响沿线国家经济发展的重要因素。城镇化水平越高,国家经济水平越高,投资建设高铁的各方面资源越丰富,越有利于促进沿线国家的经济发展。

基于以上研究结论,得出相关的政策建议:

一是从中国角度看,中国高铁应慎重选择投资对象国,尽可能选择在经济发展水平相对较高的国家和地区。由于中国高铁的投资建设需要足够的"人、财、物"三方面资源,且投资回收期较长,因此需要东道国有充足的经济实力支撑高铁投资项目。由此可见,中国高铁在选择"走进"国家和地区时,需对东道国进行深入考察,确定投资项目的可行性。

二是从非洲国家角度看,政府要充分重视本国的交通基础设施建设,在本国实力承载范围内积极与中国达成合作,共同投资建设高铁项目,满足居民的出行要求和对美好的生活需要,从而提高居民的消费水平,带动本国的经济发

表2-6 反事实检验估计结果

变量	提前1年		推迟1年		2014年	
	模型(9)	模型(10)	模型(11)	模型(12)	模型(13)	模型(14)
G_{it}	-0.03(-0.80)		-0.08(-1.57)		0.02(0.44)	
D1		-0.02(-0.58)		-0.20(-4.97)***		0.06(1.47)
D2		-0.18(-4.22)***		-0.19(-4.50)***		-0.08(-1.88)*
D3		-0.28(-6.03)***				-0.16(-3.55)***
D4		-0.27(-5.62)***				-0.14(-3.00)***
EL	-0.31(-0.79)	-0.52(-1.48)	-0.32(-0.84)	-0.46(-1.26)	-0.29(-0.75)	-0.41(-1.25)
CL	0.10(1.61)	0.10(1.76)*	0.11(1.73)*	0.10(1.68)*	0.09(1.43)	0.26(5.15)***
UL	1.06(2.92)***	1.01(3.07)***	1.06(2.94)***	1.02(3.01)***	0.99(2.66)****	1.40(8.94)***
PD	0.76(2.96)***	1.57(5.83)***	0.76(3.00)***	1.20(4.77)***	0.73(2.89)***	0.27(3.48)***
MSR	-0.33(-4.07)***	-0.34(-4.60)***	-0.33(-4.07)***	-0.35(-4.49)***	-0.33(-4.00)***	-0.37(-5.47)***
Cons	1.94(1.08)	-0.14(-0.08)	1.97(1.11)	1.02(0.61)	2.24(1.24)	2.57(1.62)
R^2	0.513 1	0.605 5	0.516 8	0.573 2	0.512 2	0.578 6
N	264	264	264	264	264	264

注：***，**和*分别表示在1%、5%和10%的显著性水平下通过显著性检验；括号中数值为t值。

展。此外,城镇化水平也是影响国家经济发展的一个重要因素,非洲国家应注重城镇化发展。新型的城镇化建设要求大、中、小城市和小城镇共同协调发展,从而提高国家经济发展的整体水平。

三是从全球角度看,"一带一路"倡议下,"区域经济一体化"是大势所趋,它将会促进国家产业结构优化升级。中国高铁作为影响区域经济发展的重要因素,为增强在国际市场上的竞争力,应努力完善与发展自身优势,积极构建合作共赢的全球价值链,这样才能在国际分工中获得丰厚利润。目前中国高铁在世界高铁领域中拥有价格优势,如何在其他方面产生吸引力则是中国高铁输出需要考虑的首要问题,比如在高铁服务输出上是否能够更全面,在后期维护中能否更完善等,这些都关系着中国高铁能否顺利实现国际化。此外,还要充分认识自身的不足以及竞争对手的优势,知己知彼才能让中国高铁迈向非洲乃至世界的各个角落。

本节通过运用多期双重差分方法就中国高铁"走进非洲"对沿线国家的经济发展影响进行研究,分析发现中国在非洲国家承建的高铁项目对其沿线国家经济发展具有一定的促进作用。立足于建立合作共赢的全球价值链视角,本书将上述研究结论延伸至中国高铁"走出去"的全球市场布局,认为促进中国高铁进一步"走出去",是实现合作共赢、构建人类命运共同体的题中应有之义。在中国高铁"走出去"的过程中,作为国际竞争话语权的象征,中国高铁标准的向外推广和输出被视为最高追求。现阶段,中国高铁"走出去"的关键在于促进中国高铁标准的顺利出口以及提升标准的国际认可度,实现从中国制造到世界标准的升华。

第 3 章
中国高铁标准"走出去"的现状、模式与问题分析

中国高铁标准是中国高铁产品的"灵魂",同时也是中国高铁"走出去"的根基所在,在中国高铁产业国际市场布局中举足轻重。中国高铁领跑世界,不仅体现在硬件标准上,更体现在软件服务上,高铁网与互联网的融合创新,让中国高铁驶向一个中国标准的全新时代。采用全套中国高铁标准的埃塞亚吉铁路正式通车、印尼雅万高铁开工建设,极大推进了中国高铁标准在国际上的认可度。然而在中国高铁标准出口快速增长的背后,也存在着日益突出的问题和风险。本章在中国高铁标准"走出去"现状分析的基础上,借助中泰铁路、匈塞铁路、雅万高铁和亚吉铁路等海外铁路建设工程典型案例,基于全球价值链视角剖析中国高铁标准"走出去"的三种模式:生产者驱动模式、购买者驱动模式和混合驱动模式,进而从高铁标准制定、推广、实施三个环节分析总结中国高铁标准"走出去"面临的主要问题和风险。

3.1   中国高铁标准"走出去"的现状

随着中国高铁行业的迅速崛起,高速铁路技术突飞猛进,中国已拥有了成熟的自主高铁标准体系,实现了从"引进来"到"走出去"的完美转身。在 2016

年 9 月的第三十九届国际标准化组织大会上,中国标准正式被确定为世界通用标准,中国高铁标准在世界范围内的认可度日益提升,极大加快了中国高铁标准"走出去"的战略步伐。总体而言,中国高铁标准"走出去"的现状可以从两个角度进行分析:一是中国参与国际高铁标准制定的情况,二是按中国高铁标准承建的国外铁路的情况。

3.1.1　中国参与国际高铁标准制定的情况

3.1.1.1　国际高铁标准体系

积极参与有影响力的国际高铁标准组织的相关活动,主持或参与国际标准制定工作,是不断实现"交通强国、铁路先行"口号,全面提升中国高铁标准的话语权和国际影响力的重要举措。中国高铁标准在技术不断进阶的基础上,需要有计划按步骤参与国际标准化组织(ISO)、国际铁路联盟(UIC)和国际电工委员会(IEC)等国际高铁标准组织的标准化工作,这些举措对服务"一带一路"倡议和中国高铁"走出去"意义非凡。这些国际高铁标准组织构成了中国高铁标准"走出去"工作的主要平台,也是中国在了解并合理运用国际贸易规则的基础上有效避免无谓争端和纠纷的评判平台,因此,在开拓市场前中国高铁企业有必要了解国际高铁标准体系架构。

1) ISO 铁路标准

ISO 成立于 1947 年,是独立于政府的全球最大最权威的国际标准组织之一。总部设在瑞士日内瓦,中国是 ISO 的正式成员,并担任常任理事国。截至 2019 年 10 月,ISO 共有 164 个成员国,发布 22 824 项国际标准和相关文件(于冰 等,2019)。ISO 国际标准是全球公认的标准识别和认证的权威,在高铁标准方面亦是如此。

ISO 铁路应用技术委员会(ISO/TC269)是 ISO 在轨道交通领域设立的专门技术委员会,中国国内与之对接的技术对口单位是中国铁道科学研究院集团有限公司(刘春卉,2019)。ISO 铁路应用技术委员会的主要责任是有关交通领域的产品体系的标准化，外延至交通领域的各项组成部分，包括车辆设备、对外服务和技术标准等多种因素。

2) UIC 铁路标准

UIC 是成立于 1922 年的另一个非政府性铁路联合组织，总部设在法国巴黎，下设系统部、客运部、货运部等部门，负责各自领域的科研、标准及相关工作。作为长期与中国铁路合作且最具影响力的铁路国际组织之一，UIC 在编制相关铁路技术文件、标准方面比其他一般组织更有经验，在高铁领域有着自己的独特贡献，主要体现在其立足于国际化角度进行各国高铁标准的鉴别和认证。UIC 标准化活动主要包括标准制定、词典编纂、标准图编制（杨思博，2019）。

UIC 制定的国际标准从形式上分，包括早期制定的 UIC 活页（UIC Leaflets）和最近正在大力推广的 IRS 国际铁路方案（International Railway Solutions，简称 IRS）两类。其中 UIC 活页分为 10 个部分，各国运营商的经营要求和地理环境等因素各不相同，此标准涉及标准因素的方方面面，包括设计的规章制度、预算规划、机械设备和技术标准等。IRS 是经过多方共同讨论、协商一致的产物，能够满足铁路运营单位的商业需求，对铁路的高效设计、施工、运营和维护等提出通用方法和评判标准（夏焱，2019）。UIC 铁路领域技术和谐有三大因素，一是政府或国际组织（如欧盟）制定强制性的法律，二是各标准化组织制定的关于铁路系统各基本组成部分（机械、电子、信息、能源等）的标准，最后是铁路部门自制的标准（杨思博，2019）。

UIC 欧洲铁路工业服务和机械产品相关标准的制订、修订及监管工作由作为欧洲标准化委员会（CEN）下属的欧洲铁路应用标准化技术委员会（CEN/TC 256）直接负责（刘春卉，2019）。目前欧洲铁路标准化活动以欧洲标准化委员会（CEN）和欧洲电工标准化委员会（CENELEC）为主导，主要职责是制定机车车辆部件和线路设备等的欧洲标准（EN），多为铁路用产品标准（杨琦，2011）。

3) IEC 铁路标准

IEC 是世界上成立最早的非政府性国际电工标准化机构,主要负责有关电气工程和电子工程领域中的国际标准化工作,于 1906 年成立。其中,国际电工委员会牵引电气设备与系统标准化技术委员会(以下简称 IEC/TC 9)成立于1924 年,主要负责轨道交通相关领域的国际标准化工作,涵盖了高速铁路标准工作范围。IEC 的出发点在于促进电气、电子工程领域中标准化及有关问题的国际合作,从而提高工作效率与准确性。目前,承担 IEC/TC 9 工作最多的国家和地区主要集中在欧洲和日本。

3.1.1.2 中国积极参与国际高铁标准制定

在全球都重视标准国际化的浪潮下,为了更好地推进中国高铁标准"走出去",中国积极通过各种高铁标准的外文翻译、标准词汇专用词典编辑等工作参与国际高铁标准的制定,为中国高铁标准的国际化进程减少障碍。此外,中国也开始有针对性地利用高铁标准国际组织平台,在提升自身高铁标准的基础上对标国际化要求,以缩小中国高铁标准与国际标准的差距,为中国高铁标准进一步"走出去"打好基础。

1) 参与 ISO 标准研究与制定工作

自 ISO/TC 269 成立以来,中国作为其分委员会成员,积极参与其高铁标准研究与制定工作,成效卓著。截至 2019 年 10 月,中国主持 7 个工作组/特别工作组工作,参与 16 个工作组/特别工作组工作。中国主持的国际标准项目有6 项,并参与其他全部 22 项国际标准,参与率 100%(于冰等,2019)。

在 ISO/TC 269 主要成员国中,欧洲国家占比较高,国际会议多数由欧洲成员国承办,其中法国在承担领导职务方面较为突出,亚洲地区则是日本承担较多。由于其成员特殊性,ISO/TC 269 存在将相关领域的欧洲标准上升为国际权威标准的现象,此举为大量的欧洲标准升格地位、引导国际标准趋势打通了道路,这在很大程度上给中国的高铁标准国际化工作制造了障碍。

针对 ISO/TC 269 的情况，中国应积极关注 ISO/TC 269 在高铁标准领域的相关工作动态，掌握其他竞争对手的动向，在知己知彼的情况下制定合适的高铁标准"走出去"策略。另外从自身角度而言，必须在高铁设备性能、技术和独特服务等标准体系方面建立无法替代的核心优势，才能让中国高铁标准在国际市场中独树一帜，占据无法撼动的一席之地，提升国际影响力。

2）参与 UIC 标准研究与制定工作

为进一步加强与 UIC 的标准化合作，中国响应 UIC 组织号召，在近些年积极举办与高铁相关的会议，2010 年召开第七届世界高速铁路大会，2016 年和 2017 年连着承揽两届铁路合作发展论坛。此外，为更好地融入 UIC 组织，中国派出相应技术人才在该组织担任要职，比如中国铁路总公司和中国铁道科学研究院等均有代表参与其中。此举可以有效增加中国在 UIC 中的参与度和话语权。最为重要的是，在遵循 UIC 标准规则的同时，中国高铁标准正以自身的过硬实力和独特性逐渐融入 UIC，开辟了一些高铁标准新领域。例如，2017 年中国独立编写的 UIC《高速铁路实施系列标准》，前瞻性地采用无砟轨道等具有中国自主知识产权的核心技术，在提升 UIC 标准技术经济性的同时，以其综合性和完整性得到了 UIC 组织成员的一致认可。

另外，中国也与其他国家积极合作，共同完善高铁标准体系。近期，由中国和西班牙共同提出的《高速铁路实施系列标准》已经被审核通过，该系列标准结合了两国在高速铁路标准领域的最新规范，主要以两国经验角度出发，对高速铁路的全过程进行分阶段分析与综合，成为 UIC 认证的可以为其他国家提供借鉴和指导的最佳模板。其中，中国铁路经济规划研究院有限公司负责编制《高速铁路实施项目提出阶段》《高速铁路实施可行性研究阶段》《高速铁路实施设计阶段》《高速铁路实施施工阶段》，中国铁道科学研究院负责编制《高速铁路实施定义和特点》《高速铁路实施运营阶段》（杨思博，2019）。同时，中国与德国、法国等高铁技术标准大国也加强合作，计划区分不同高铁标准要素编制《高速铁路设计系列标准》。

总之,UIC 是中国参与高铁标准国际化的一个重要平台,需要给予持续关注。中国应立足于自身的高铁标准,加大 UIC 标准研究与制定工作的参与广度和深度,利用国际标准化平台积极推动中国铁路优势、特色技术纳入国际标准,助力中国高铁"走出去"。

3)参与 IEC 标准研究与制定工作

IEC/TC9 现有 28 个积极成员和 14 个观察成员,中国是 IEC/TC9 的积极成员,于 1991 年成立国内技术对口单位并正式开展工作。IEC/TC9 现有工作组和特别工作组 29 个,其中由中国专家担任召集人的有 5 个,占 17%,位居第 4 位。

近年来,在国家铁路局的精心组织和铁路相关单位的支持配合下,经过不懈努力,中国在国际电工委员会轨道交通电气设备与系统标准化技术委员会(IEC/TC 9)中的标准贡献率位居第 5 位,仅次于意大利、德国、法国和日本。截至 2019 年,IEC/TC9 已发布国际标准 113 项,其中中国主持了 11 项标准,参加了 101 项标准的编制工作。2019 年由中国负责编制的两项 IEC 国际标准《轨道交通机车车辆电气隐患防护的规定》和《轨道交通机车车辆无轨电车电气设备安全性要求与受流系统》获得投票通过正式公布(杨亚力,2020)。

2020 年 10 月,IEC/TC9 第 60 届全体大会召开,中国国家铁路局科法司组织中车株洲电力机车研究所有限公司、中车株洲电力机车有限公司、中铁第四勘察设计院集团有限公司等单位 11 名专家组成中国代表团参加本次会议。会议期间,中国积极参与大会各项议题的讨论,认真听取各方意见,充分表达我方观点,有力提升了中国铁路标准的国际影响力。

总体而言,在国际化战略和"一带一路"倡议带动下,中国高铁标准在世界范围内的认可度日益提升。但是,目前 ISO、IEC、UIC 制定的高铁国际标准大多由德、法、英、日、美等国主导制定,特别是欧洲的铁路技术标准体系有着难以撼动的地位,某些国家和地区已经将其作为权威铁路标准,在短时间之内很难改变其固有观念。现阶段,中国高铁标准的影响力与欧美等国家相比还是稍逊一筹。为此,应继续通过参加国际标准化组织的活动、主持和参与国际标准的制订和修订工作、建立无法替代的核心优势等举措，大力提升中国高铁标准的国际影响力。

3.1.2　按中国高铁标准承建的国外铁路的情况

目前，中国高铁标准"走出去"已经取得实质性进展，主要战略地区有东南亚、西亚、非洲、欧洲以及拉美地区。东南亚是中国对外推广高铁标准的重要目标地区之一，目前，中国在该地区已修建了雅万高铁、中老铁路及中泰铁路等基本参照中国高铁标准的代表性工程；西亚地区作为连接欧亚大陆的通道，是中国高铁标准"走出去"的重要战略地区，中国需要进一步推进高铁标准走进该地区，并最大限度地发挥典型工程的示范作用；作为人类命运共同体的典范，中非一直以来互帮互助、共同发展，在高铁方面也有许多合作成果（吴传华，2020）。由于受非洲地区地理经济社会等因素的影响，中国在非洲建设的铁路时速都低于中国定义的高铁时速，是介于高铁和普铁之间的"泛高铁"或快铁。但非洲的亚吉铁路、蒙内铁路、阿卡铁路都是中国企业在海外建设的全产业链"走出去"的铁路，获得充分重视（张宇翔、赵国堂，2020）；欧洲地区高铁发展历史较为悠久，已具备成熟的高铁标准体系，进入壁垒较高，要做好分步骤推动中国高铁标准走进欧洲的战略计划，应首先通过出口低价高质的高铁设备抢占市场，再以此为依托，助力中国高铁标准走进欧洲；拉美地区经济发展稳定，自然资源丰富，人员流动性强，且与中国贸易往来频繁，存在巨大的客货运输需求，有着广泛的潜在铁路市场。中国参建的海外高铁主要项目汇总如表 3-1 所示。

表 3-1　中国参建的海外高铁主要项目汇总

东南亚地区					
开工时间	项目名称	起止线路	国　家	采用标准	项目进度
2016 年	雅万高铁	雅加达—万隆	印度尼西亚	中国标准	在建
2016 年	中老铁路	昆明—万象	老挝	中国标准	在建

续　表

东南亚地区					
开工时间	项目名称	起止线路	国　家	采用标准	项目进度
2017 年	中泰高铁	曼谷—呵叻	泰国	中国标准	在建
2017 年	东海岸铁路项目	鹅唝—瓦卡巴鲁	马来西亚	英国标准+马来标准+中国标准	在建
2018 年	帕德玛大桥铁路连接线项目	达卡—杰索尔	孟加拉国	印度标准+中国标准	在建

西亚地区					
开工时间	项目名称	起止线路	国　家	采用标准	项目进度
2009 年	麦麦高铁	麦加—麦地那	沙特阿拉伯	美国标准+欧洲标准	建成通车
2008 年	安伊高铁二期	安卡拉—伊斯坦布尔	土耳其	欧洲标准+土耳其标准	建成通车
2016 年	德黑兰—马什哈德铁路电气化改造项目	德黑兰—马什哈德	伊朗	欧洲标准	在建

非洲地区					
开工时间	项目名称	起止线路	国　家	采用标准	项目进度
2011 年	阿卡铁路	阿布贾—卡杜纳	尼日利亚	中国标准	建成通车
2012 年	亚吉铁路	亚的斯亚贝巴—吉布提	埃塞俄比亚—吉布提	中国标准	建成通车
2014 年	蒙内铁路	蒙巴萨—内罗毕	肯尼亚	中国标准	建成通车
2016 年	内马铁路项目	内罗毕—马拉巴	肯尼亚	中国标准	一期工程建成通车
2017 年	拉伊铁路	拉各斯—伊巴丹	尼日利亚	中国标准	建成通车

欧洲地区					
开工时间	项目名称	起止线路	国　家	采用标准	项目进度
2015 年	匈塞铁路	布达佩斯—贝尔格莱德	匈牙利、塞尔维亚	欧洲标准+中国标准	贝尔格莱德至旧帕佐瓦段左线通车
未开工	莫喀高铁	莫斯科—喀山	俄罗斯	将基本采用中国标准	勘测阶段

续　表

拉美地区					
开工时间	项目名称	起止线路	国　家	采用标准	项目进度
2009 年	迪阿铁路	迪那科—阿那科	委内瑞拉	国际标准＋欧洲标准＋调整过的中国标准	项目中断
未开工	墨克高铁	墨西哥城—克雷塔罗	墨西哥	国际标准＋墨西哥标准＋中国标准	墨方取消
未开工	两洋铁路	里约热内卢—秘鲁港口	巴西、秘鲁	未确定	拟进行招标

注：以上数据根据网上公开信息整理。

　　从表 3-1 中可以看出，尽管中国高铁标准具备"走出去"的实力和潜力，但也面临着诸多困难与挑战。分析近几年中国在亚洲、欧洲、美洲以及非洲地区承揽的铁路项目，发现中国高铁标准主要应用于东南亚和非洲国家，而欧美国家大多数项目都是采用国际标准、欧洲标准，结合使用中国标准这一混合的标准体系。在欧洲和拉丁美洲，中国高铁标准"走出去"项目并不多，虽然前期有部分国家有合作倾向，但后期因为诸多因素而半途中断，很多项目延期滞后，带来了不少经济损失（徐飞，2016）。此外，中国高铁标准"走出去"，还需要考虑对方国家的国情，进行本土化调整。比如埃塞俄比亚的亚吉铁路道砟问题，由于埃塞俄比亚当地合格道砟严重缺乏，所以无法应用中国标准的Ⅰ级道砟，中方不得不依据这一现实情况进行调整。而对于一些发达国家，中国高铁标准体系也不能完全适应。如莫喀高铁，俄方根据本国国情要求修建时速 400 千米的客货共线铁路，但是中国已有的技术标准中只有 350 千米的客运专线技术体系，因此需要开展大量的研究工作。

　　可见，中国高铁标准在"走出去"的过程中会存在一些不可忽视的障碍，需要中国政府部门和高铁企业多方位不懈努力，提升中国高铁标准的国际认可度与影响力，进一步助推中国高铁标准的国际化进程。

3.2 中国高铁标准"走出去"的模式

中国高铁标准出口旨在积极打造合作共赢的全球价值链,在互联互通中构建人类命运共同体,促进世界共同繁荣。本节将基于全球价值链视角,分析中国高铁标准"走出去"的模式和特征。

3.2.1 全球价值链的驱动模式

全球价值链(global value chain,GVC)起源于 20 世纪 80 年代由 Porter(1985)提出的有关价值链的观点。其后 Kougut(1985)在 Poter 的基础上,对价值链理论进行了完善,把价值链从单个企业层面延伸到了国家或区域,突出了价值链的垂直分离和全球空间的再配置。进入 20 世纪 90 年代以后,Gereffi(1994)在结合价值链和价值增加链的基础上,提出一个新的概念——全球商品链(Global Commodity Chain,GCC)。之后,Gereffi(2001)在分析全球范围内产业联系以及产业升级问题时,在 GCC 基础上提出了全球价值链(Global Value Chain,GVC)的概念。GVC 概念的提出重点关注价值在哪里、价值创造与分配主体是谁等问题,在价值网络基础上,对国际性生产地理和组织特征进行深度剖析。自 2001 年 Gereffi 提出 GVC 概念至今,全球价值链理论已经发展了 20 年。

关于全球价值链的驱动模式,Gereffi 的"全球价值链二元驱动力"观点得到普遍接受,该观点将价值链分为购买者驱动(Buyer-driven)的价值链和生产者驱动(Producer-driven)的价值链,并对两者进行了比较研究。前者是基于全球购买者在全球生产体系中的特殊地位,强调其在全球生产运作体系中的研发和市场销售方面的重要性,并确认其在全球生产体系中的初步作用。后者是跨国公司在全球范围内对同一价值链上不同生产环节进行空间整合的过程,包括公司的全球合并和全球范围内的资源重新分配等方面。

Henderson (1998)在此基础上对全球价值链的驱动力进行了更深入的研

究,指出生产者驱动是生产者为促进市场需求而进行的投资,形成了全球范围内生产供应链的垂直分工体系。在生产者驱动的全球价值链中,跨国公司通过全球市场网络组织研发、商品生产、销售、外包和海外投资,以形成由生产者领导的全球生产网络系统。在这种类型的全球价值链中,大型跨国制造公司(如波音、通用汽车等)起着主导作用。一般资本和技术密集型产业(比如汽车、飞机制造、计算机、半导体和装备制造等)的价值链主要是生产者驱动的价值链。购买者驱动,是指由具有强大品牌优势和国内销售渠道的组织通过全球采购和贴牌加工等生产方法组织起来的跨国商品流通网络。它可以形成强大的市场需求,并刺激那些以出口为导向战略的发展中国家工业化。传统的劳动密集型产业,例如,鞋类、服装、自行车、玩具、家具、农产品、陶瓷等大多属于这种价值链,而发展中国家的大多数企业都参与这种价值链。Henderson 认为,在生产者驱动的全球价值链中,生产环节创造了最大的产品增值。而在购买者驱动的全球价值链中,流通环节的营销活动创造了最大的附加价值。这一结论为产业升级指明了道路(周康,2015)。

中国学者张辉(2006)修正了全球价值链二元驱动力理论,提出了生产者驱动型、购买者驱动型、混合驱动型三元驱动模式。他从动力、核心能力、进入壁垒、行业分类、典型行业、制造公司、产业联系、产业结构和辅助支持系统等九个角度对生产者和购买者驱动型全球价值链进行了比较研究,提出全球价值链的动力机制基本上可以分为生产者驱动、购买者驱动和混合驱动。不同动力驱动的全球价值链的竞争优势不同,生产者驱动的竞争优势来源于生产领域,购买者驱动的优势源于流通领域,两者兼顾的混合型则要根据具体情况,再决定其取向。于明超等(2006)进一步将生产者驱动和购买者驱动的价值链划分为技术驱动型、品牌驱动型和混合型 GVC。翁春颖等(2015)将全球价值链驱动模型分为三种类型:生产者驱动、购买者驱动和中间驱动。

本书借鉴上述学者的观点,结合中国高铁标准"走出去"的实际情况,将全球价值链驱动模式分为三种：生产者驱动、购买者驱动和混合驱动。三种驱动模式的全球价值链在价值形成中并非均匀或线性分布。在购买者驱动的全球价值链中，主要价值增值份额都偏向于流通环节，从生产环节转向流通环节的过程中，价值增值率是边际递增的，如图3-1(a)所示。在生产者驱动的全球价值链中，主要价值增值份额都偏向于生产环节，从生产环节转向流通环节的过程中，价值增值率是边际递减的，如图3-1(b)所示。而在混合驱动的全球价值链中，价值增值既存在于生产环节也存在于流通环节，在将生产环节变为流通环节的过程中，首先表现为价值增值率边际下降，然后表现为价值增值率边际增长，如图3-1(c)所示。

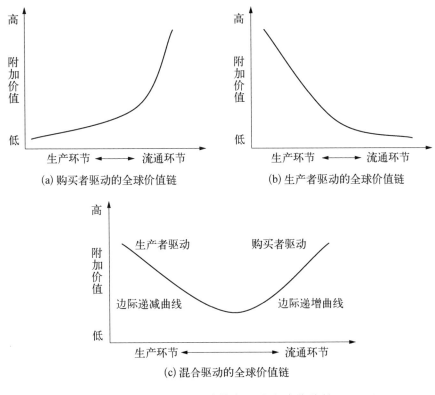

图3-1 不同驱动模式下的全球价值链

3.2.2 中国高铁标准"走出去"的模式

结合前文全球价值链驱动模式分析,基于全球价值链视角和中国高铁标准出口的实际情况,中国高铁标准"走出去"模式亦可以分为生产者驱动模式、购买者驱动模式以及混合驱动模式。

生产者驱动模式下的海外高铁项目建设全部或部分采用中国高铁标准,包括技术标准、工程建设标准和工程造价标准,主要涵盖招标、勘察设计、施工、竣工验收等过程,但中国企业不参与竣工验收后项目的运营管理。在生产者驱动模式下推进的高铁项目,主要通过构建自身的高铁标准体系刺激全球市场需求,形成高铁标准供应链的垂直分工体系。亚洲地区的中老铁路、中泰铁路全线采用中国标准建设,此为生产者驱动模式的典型代表。

在购买者驱动模式下,作为主导企业的大型高铁专业设备零售商、品牌营销商,利用自身拥有的品牌优势或销售渠道形成强大的市场需求,并促进各个地区交通网络的升级。中国高铁企业主要承担的角色是高铁建设项目材料设备的供应单位,为项目提供全部或部分符合被投资方标准要求的铁路装备产品,中方企业向被投资方转移的知识内容主要涉及产品装备品牌、产品质量信息、产品专有技术、产品设计理念、产品生产工艺等。在购买者驱动模式下推进的高铁项目,主要以高铁产品"走出去"的形式实现,以自身的产品和服务为独特卖点,来引流市场需求,拉动各地区交通网络的发展。欧洲地区的匈塞铁路建设模式为典型的购买者驱动模式,由中国按照购买方的设备要求为其提供高质量产品。

混合驱动模式是兼具生产者驱动和购买者驱动特征的全球价值链驱动模式。该模式下中国高铁实现了全产业链输出,中国高铁企业同时集贷款方(以占股方式提供资金支持)、工程师、承包商及运营服务商为一体,提供包含勘测设计、机车制造、运营管理、工程建造、人才培养及高铁技术标准在内的一整套服务。双方主要转移的知识包括技术标准(机车车辆、工程建设、通信技术、供电装置、运营服务等)、工程建设标准(勘察、设计、施工、验收等)、工程造价标准

（工程预算、概算、费用标准等）以及品牌优势、产品质量信息、企业文化和销售渠道等。例如，非洲的亚吉铁路、蒙内铁路、阿卡铁路都是中国企业在海外建设的全产业链"走出去"的铁路，这类铁路为混合驱动模式。本书对不同高铁标准"走出去"模式特征归纳如表 3-2 所示。

表 3-2　中国高铁标准"走出去"模式特征对比分析表

模式名称	生产者驱动模式	购买者驱动模式	混合驱动模式
高铁标准	以中国高铁标准为主	以欧洲标准或国际标准为主	全部采用中国高铁标准
融资模式	以东道国独立融资为主，多种融资方式并存	中外合作融资	中外合作融资
物资装备	以东道国装备为主，中外装备结合	多采用中国装备	中外装备结合，多采用中国装备
运营管理	东道国运营管理	东道国运营管理	中国参与运营管理
沿线开发	东道国开发	东道国开发	中国参与开发
代表铁路	中泰铁路	匈塞铁路	雅万铁路、亚吉铁路

3.2.2.1　生产者驱动模式

生产者驱动模式主要是指海外高铁项目建设全部或部分采用中国标准建设，包括技术标准、工程建设标准和工程造价标准等内容，但中国企业后期不参与运营的模式。在此模式中，科技研发和产品特殊性是区别于其他竞争者的关键。对于高铁行业而言，开发和生产部分的核心在于高铁标准的规划、制定和运用。其中采用中国标准进行建设的中泰铁路是生产者驱动模式的典型代表。

1）中泰铁路实例分析

中泰铁路是泰国的第一条标准铁路，也是中国在东南亚修建的第一条标准轨铁路。它全盘采用了中国的技术、设计方案和建设标准，但是后期由于泰国对于管理权的要求，所以中国不参与后续管理。

泰国国内铁路设施落后，总里程仅有 4 400 余千米，以曼谷为中心只有

4 条干线，而且沿用 19 世纪的窄轨设计，距今有 120 年历史，泰国境内铁路急需升级改造。中泰铁路作为"泛亚铁路"中线的关键一环，总长度约 867 千米，北部连接老挝的万象，南北纵贯泰国 10 府。对于中国，中泰铁路的合作和建成，将有利于稳定中国与周边各国的关系，同时中泰铁路合作也是中国高铁标准实力向外输出的重要证明，中国铁路部门将通过向该地区出口和转让技术来帮助提升中国的国家形象。下面将从中泰铁路建设进程和建设模式两方面进行详细介绍。

（1）中泰铁路建设进程。

中泰铁路从达成合作意向到真正开工修建历时 8 年，历经了大小数十次谈判，其线路走向、合作规模与条件、建设标准、合同方案等都多次更改，可谓一波三折，大致可以分为 5 个阶段。

第一阶段：2009 年，泰国总理阿披实出访中国，温家宝总理也访问了泰国。中方表示有意愿在各方面对泰国进行投资，而泰方也希望同中方扩大在交通基础设施上的合作。2010 年，泰国政府通过了中泰铁路紧急项目规划，希望通过该规划对泰国原有铁路进行升级。但是由于泰国当时经济低迷，只与中方开展了米轨修建的合作。阿披实在任期间，开创了中泰之间的铁路合作，为后来中泰在高铁项目上的合作奠定了基础。

第二阶段：2011 年，泰国总理英拉在进行相应规划后发出建立泰国高铁系统的号召。2012 年英拉与中国签署备忘录，其中包括中泰铁路建设项目的规划。2013 年，泰国国会通过此项议案。但是由于英拉政府没有预算，无法提供资金支持，于 2014 年 3 月被泰国法院判决此议案违反宪法且无效（常翔 等，2018），导致项目被迫暂停。同年 5 月，泰国发生政变，原政府时期所有安排全部被推翻，因此中泰高铁合作项目中止。

第三阶段：2014 年 8 月，泰国的政治局势有所好转，所以将注意力转到内部建设上来，当时的巴育政府对中国高铁建设现状相当倾慕，所以与中国签订备忘录，意味着中泰高铁项目将要继续实施下去，并随即展开了谈判，最终宣布两国将合作建造此条铁路,项目全长约 845 千米,其中一期工程曼谷至呵叻段全长 252.3 千米,设计时速 250 千米,采用中国铁路技术标准设计建造。

第四阶段:自此之后,中泰双方就高铁合作展开了多轮谈判,但是由于泰方数次变更线路、合作模式以及资金来源,并且泰方由于缺乏对超大型国际合作项目的掌控能力,屡次拖延动工时间。

第五阶段:中泰两国政府基本确定了合作模式,即中方向泰方提供政府贷款,整个项目的建设期由中方负责,前期的管理运营由中方负责,中期由中泰双方负责,到泰方能全权负责管理运营时,运营权限将全部交由泰方。2017 年 9 月,厦门金砖国家峰会上中泰双方签署了项目一期土建工程详细设计合同和施工监理合同,2017 年 12 月 21 日,中泰高铁正式开工典礼举办,中泰铁路合作项目开始进入全面启动阶段。2020 年 11 月 26 日,中泰铁路一期项目(曼谷—呵叻段)举行承包商合同签署仪式,此次签署的合同铁路工程总长度为 101.15 千米,预计 2025 年建成投入运营。中泰铁路合作项目的成功落地会为中国高铁标准的对外推广打下坚实基础。

(2) 中泰铁路建设模式。

中泰铁路建设模式中包括该铁路的技术标准、融资方式、物资装备、运营管理和沿线开发五大板块,以下为该条铁路每个板块的详细内容。

技术标准:建立特殊目的企业(special purpose vehicle,SPV)负责项目运营,采用政府和社会资本合作 PPP 模式开展线下的土木工程建设,建设期间为 3~4 年。中国政府把项目交给由中国铁路总公司牵头的企业,负责线上部分包括高架、隧道、建筑设施、轨道、电力、车辆等设备的总承包,泰国完全采用中方道路设计方案和技术标准。中国也没有故步自封,而是在把握重要核心技术的基础上积极宣传中国高铁标准,在实施过程中与泰方工程师积极合作,帮助其理解和熟练掌握中国高铁标准。

融资方式:泰国政府承担中泰铁路 52 亿美元的工程资金,负责项目的独立贷款融资。2016 年 3 月,泰方表示中泰铁路将采取设计—采购—施工 EPC

合作模式,泰国通过国内贷款和国家预算拨款两种方式独立融资。2019 年 1 月 8 日,泰国内阁批准了财政部的提案,同意拓宽中泰铁路的融资渠道,将仅在国内融资变为国内外融资均可,预计国内外贷款的比例为国内 15％、国外 85％。泰国国内金融机构的平均贷款年利率为 2.86％,中国进出口银行给泰方提供的贷款方案是：年利率 2.3％,还款期 20 年。

物资装备：泰方在合同中约定,在高铁建设过程中要尽可能多地使用泰国的原材料和设备,以此降低建造成本和提升本国资源材料利用率。但是由于高铁建设工程的特殊性,中泰铁路的大型机车设备主要来源于中国。

运营管理：铁路建设完成之后的运营管理模式是确保高铁项目盈利可持续的关键因素之一。运营管理包括多个方面,需要在建设前期与中国达成项目规划之后才能有效实施。在中泰铁路项目中,泰方强调在中泰铁路竣工之后,最终的运营管理权限将全部交由泰方。

沿线开发：实施铁路沿线土地综合开发,能够助推区域经济的发展,同时高效集约化利用土地将有效解决土地闲置问题。为此,探寻土地综合开发的模式非常关键,是适应地区发展、增强地区经济的核心关键点。而在中泰铁路沿线开发方面,泰方选择独立开发沿线经济带,其主要目的在于铁路建设完成后,能够独立掌握该条铁路所带来的经济大权。

2) 生产者驱动模式特征及适用范围

中国高铁标准"走出去"生产者驱动模式主要关注全球价值链中的技术链节,以高铁新产品的研发、生产技术的改进和生产效率的提高为主要落脚点。对于有着高度垄断特点和庞大运作体量的高铁行业而言,应以核心技术与标准为基点,在技术的最前端抓住高铁的关键命脉(吕铁 等,2017),从而在高铁研发、生产和制造环节提高质量和效率,进一步形成自身的高铁标准品牌优势。

在生产者驱动模式下,中国高铁标准的优势在于研发和生产环节,是众多高铁强国所想要占据的利润关键点。该模式适用于资金、人力和运营管理能力较强,但高铁研发和建设能力较弱,缺乏成熟完善的高铁标准体系,从而不得不向外寻求高质量高铁标准和施工技术支持的国家或地区。

3.2.2.2　购买者驱动模式

中国高铁建设发展迅速,不论相关装备、技术,还是施工经验都愈加成熟,尤其是在与新兴市场国家合作后,进一步提高了高铁装备的质量和服务水平,性价比优势明显。在购买者驱动模式下,进口国高铁项目全部或部分采用中国装备产品的模式,这是中国起步最早、规模最大、国际化发展相对成熟的领域(于腾群,2019)。中国高铁企业的核心作用仅在项目实施阶段作为材料设备供应单位,为项目提供全部或部分符合业主要求的铁路装备产品,现阶段中方企业向东道国转移的装备设施有铁轨设备、机车车辆和某些机械设备。

1) 匈塞铁路实例分析

匈塞铁路(匈牙利至塞尔维亚)的修建是中国高铁成套装备首次进入欧洲市场的一次重要尝试,在中国铁路出口史上具有重要里程碑意义。匈塞铁路是"一带一路"倡议重点项目,是中国与中东欧"17+1"合作的旗舰项目。中国铁物(中国铁路物资股份有限公司)承运的匈塞铁路物资确保了铁路建设物资的及时供应,体现了中国铁物在铁路物资集成供应领域的优势。匈塞铁路连接两国首都,线路全长342千米,设计时速200千米/小时,改造既有线并增建二线,预计修建成客货通用的电气化铁路,可以有效缩短两地来往时间。因此匈塞铁路的开通将对两国人民出行带来诸多方便,也将促进两国间的交流。匈塞铁路作为中国以购买者模式在中欧的一次成功尝试,也是中欧互联互通合作的重要组成部分,对"一带一路"倡议与欧洲发展战略对接、深化中欧合作、实现共同发展具有重要意义。

(1) 匈塞铁路建设进程。

匈塞铁路自2013年宣布确定以来,项目进程时间较长,具体关键时间点如表 3-3 所示。

表 3-3　匈塞铁路建设进程时间表

2013 年 11 月	在中国—中东欧国家领导人第二次会晤期间,中、塞、匈三国领导人就开展匈塞铁路项目合作达成共识
2014 年 12 月	中国、塞尔维亚、匈牙利三国共同签署《中、匈、塞三国合作建设匈塞铁路的谅解备忘录》,三方达成共识
2015 年 11 月	中国铁总国际、中交股份与塞尔维亚政府及公共铁路基础建设管理股份公司正式签署了《关于匈牙利—塞尔维亚铁路塞尔维亚境内路段的现代化改造及重建项目总合同》
2015 年 12 月	匈塞铁路项目塞尔维亚段在塞第二大城市诺维萨德举行启动仪式,标志着中匈塞铁路合作进入实施阶段
2016 年 5 月	欧盟启动了对匈塞铁路匈牙利段调查程序的预备阶段
2017 年 2 月	欧委会对匈塞铁路匈牙利段的招标程序正式展开调查
2017 年 11 月	匈塞铁路项目匈牙利段进入公共采购程序阶段,要求项目中使用的机械、设备和材料必须符合欧盟有关规定,并经过认证
2020 年 4 月	匈牙利段取得新的重要进展,中国进出口银行与匈牙利财政部签署匈牙利段贷款协议,标志着匈牙利段即将进入实施阶段
2020 年 5 月	匈牙利国民议会通过了匈塞铁路升级改造工程法案,并对中匈两国签署的《关于匈塞铁路项目匈牙利段开发、建设和融资合作的协议》表示支持
2020 年 10 月	匈塞铁路贝尔格莱德至泽蒙段左线正式开通运营
2020 年 11 月	匈塞铁路泽蒙至巴塔吉尼卡段左线开通运营
2021 年 3 月	匈塞铁路巴塔吉尼卡至旧帕佐瓦段左线开通运营

(2) 匈塞铁路建设模式。

同样,匈塞铁路建设模式主要包括该铁路的技术标准、融资方式、物资装备、运营管理和沿线开发等五大板块,以下为该条铁路每个板块的详细内容。

技术标准：匈塞铁路作为中东欧合作的标志性项目,是中国高铁进入欧洲的第一单,是中国高铁技术和装备"走出去"的重要组成部分。为了更好地向欧洲输送相关设备,降低运输成本,中国在塞尔维亚建立了首个国外欧洲列车运行控制系统二级系统实验室,该实验室全部由中国通号自主化装备构成,包括全套信号系统和符合欧洲技术标准的先进技术装备,完全符合欧洲通用系列标准,为匈塞高速铁路建设提供坚实保障。

　　融资方式：2020 年 5 月 16 日,匈塞铁路匈牙利段项目 EPC 主承包合同正式生效,标志着匈牙利段进入实施阶段。中国进出口银行与匈牙利财政部克服疫情影响,签署匈塞铁路匈牙利段贷款协议,标志着匈牙利段即将进入实施阶段。在协议中,双方拟定匈塞铁路的总造价预计在 21 亿美元左右,其中大约 85% 的融资来自中国的贷款,另外 15% 由匈牙利提供。

　　物资装备：在匈塞铁路项目中,中国铁物充分发挥物资供应专业优势和集成服务能力,主要体现在负责高铁装备项目招标、物资制造、运输管理和仓储服务等,其集成服务形成了独具中国特色的购买者驱动模式。匈塞铁路物资的顺利供应标志着购买者对中国铁路价廉质优的商品和服务商价值的认可。

　　运营管理和沿线开发：匈塞铁路建设完成之后,最终的运营管理权限将全部交由匈牙利—塞尔维亚方。为此,匈牙利—塞尔维亚组建铁路运营管理预备培训班,并派学员代表团到中国实地参观学习。在匈塞铁路沿线开发方面,匈牙利—塞尔维亚选择独立开发沿线经济带,旨在铁路建设完成后,能够独立掌握该条铁路的经济大权。

　　2) 购买者驱动模式特征及适用范围

　　中国高铁标准"走出去"购买者驱动模式区别于生产者驱动模式,主要涉及全球价值链战略环节中的营销环节,中方企业向被投资方转移的知识内容主要涉及产品装备品牌、产品质量信息、产品专有技术、产品设计理念、产品生产工艺等,其载体是高铁产品及与之对应的服务。该模式下,中国高铁企业应始终以高铁产品为基础打造优质产品品牌,联合营销措施的创新和营销渠道的扩展等方式提高企业销售绩效。

　　购买者驱动模式下,在保证产品基本质量的情况下,要积极关注高端铁路设备装置的产品研发和创新,清晰掌握中国在高铁设备方面具有的优势,包括成本低、质量高和效率高等,对接相应国家或地区的高需求。一来可以向原先的高铁标准强国证明中国高铁设备和技术的优越性,二来也可以将中国在高铁领域的剩余产能进行外移,从而在拓宽市场的基础上倒逼高铁产品和技术产品的升级。

目前，德国、法国等欧洲发达国家的技术标准、建设能力和运营管理能力等普遍属于较高水平，所以要在此类高铁标准已经较成熟、自主规划建设能力较强的国家和地区，进行全产业链进入是有较大困难的。为此中国高铁企业需要另辟蹊径，从其消费者特质属性出发，明确在该类市场实现销售突破是提供低价质优、可以有效降低高铁建设成本的高铁设备与装置(朱颖 等,2017)。所以购买者驱动模式是中国现阶段向该地区输送中国高铁标准的主要形式。该模式下，中国企业可以用先进装备和设施作为敲门砖，以产品价格为宣传点、以产品质量为基础点，将两者相结合来实现高铁标准的输出。

3.2.2.3　混合驱动模式

中国高铁标准"走出去"混合驱动模式集合生产者驱动模式与购买者驱动模式中的优势，形成了一条从技术研发、勘察设计、工程施工、装备制造、物资供应到运营管理、人才培训、沿线开发的全产业链化"走出去"道路。此种模式需要高铁企业以技术研发为开端，进一步深化至后续的高铁产品制造、工程建设、营销和运营管理等环节进行全方面把控，做到在高铁行业中的绝对话语权与控制权，以一种全局性的眼光看待整个商业流程，从而能在各个阶段最大限度地获取相应的利润。混合驱动模式是最为理想化同时难度最大的一种高铁标准"走出去"模式。在中国高铁标准"走出去"过程中，典型的混合驱动模式有雅万高铁、亚吉铁路等项目。

1) 雅万高铁实例分析

雅加达—万隆高速铁路(简称雅万高铁)是印度尼西亚的第一条高铁，中方参与高铁技术研发、勘察设计、工程施工、装备制造、物资供应、运营管理、人才培训、沿线综合开发等全过程，是中国高铁真正实现全系统、全要素、全产业链输出海外的标志性工程，也是混合驱动模式"走出去"的代表铁路之一。

该高铁具有加强中国和印尼经贸往来、政治互信和文化互联的重要意义，为中国高铁标准走向世界提供了一个绝佳展示平台。作为中国高铁全要素、全生产链系统性走出国门的"第一单",雅万高铁是新时代中国、印尼发展战略对接和务实合作的旗舰项目,它的建成将有助于缓解雅加达和万隆这两座人口密集城市通勤的交通压力,优化当地投资环境,推动印尼经济快速发展,增进广大印尼民众福祉。在为印尼带来诸多红利的同时,雅万高铁也让世界各国再次见证中国高铁的强劲实力,中国高铁在国际上将赢得更好的口碑,中国高铁这张名片将擦得更亮、打得更响,为中国高铁出口提供强劲加速度,进而推动中国高铁标准"走出去"迈向更高的台阶。

(1)雅万高铁建设进程。

雅万高铁全长 150 千米,连接雅加达和万隆两座城市,设计时速可以到达350 千米。预计完成后,雅加达到万隆的车程将缩短到 40 分钟左右。雅万高铁建设进展情况如表 3-4 所示:

表 3-4　雅万高铁建设进展情况

时　间	进　程
2014.11	中印尼两国合作建设雅万高铁的议程正式开启
2015.10	中印尼正式签署雅万高铁项目
2015.12	开工仪式在西爪哇省瓦利尼举行
2016.3	中印尼合资公司在雅加达和印尼交通部签署特许经营协议,雅万高铁的全面开工建设获得重要法律保障
2017.4	雅万高铁总承包合同正式签署,雅万高铁进入全面实施阶段
2017.5	中国开发银行与中印尼高铁公司正式签署贷款协议
2018.5	印尼雅万高铁桥梁桩基 2 号大桥特大桥管段率先实施破土动工,标志着雅万高铁项目正式展开主体工程施工
2018.7	征地拆迁工作基本完成,项目进入全面开工建设阶段
2020.3	雅万高铁最大跨度连续钢构桥 2 个主墩零号块顺利完成混凝土浇筑,进入节段施工阶段,标志着雅万高铁项目建设取得积极进展

(2)雅万高铁建设模式。

雅万高铁建设模式包括该铁路的技术标准、融资方式、物资装备、运营管理和沿线开发等板块，以下为该条铁路每个板块的详细内容。

技术标准：雅万高铁项目曲线半径、线间距、隧道净空截面积、设计活载、列控系统等主要技术标准均采用中国高速铁路技术标准规定（杨忠民，2018）。由于当地国情复杂，为了更好地进行雅万高铁项目建设，就得将中国高铁技术标准按照当地地理环境、风俗习惯和运输需求等方面进行适用性分析和调整。在此过程中，中国对轨道、地质、桥梁、路基、隧道、通信、牵引供变电、电力、接触网、检测养护维修模式等主要技术标准进行了适应性研究（赵斗，2018），大部分研究成果已成功应用于项目中。

融资方式：印度尼西亚国企牵头成立的企业联合体与中国企业建立的企业联合体成立项目公司，中方企业拥有 40% 的股份，印度尼西亚方拥有 60% 的股份，总投资为 56 亿美元，其中中国国家开发银行贷款占总投资的 75%。在融资方案上采用了混合贷款方式，其中美元和人民币各占 50%，具体为：25.2 亿美元，利率 2%；107.52 亿元人民币，利率 3.46%。贷款期限 50 年，其中偿还年限为 40 年，宽限年限 10 年。

物资装备：雅万高铁关键的机械装备均由中国提供，少数原材料和辅料在节约成本的前提下采用当地货源。例如，雅万高铁轨道重要组成部分的钢轨，全部使用中国的攀钢钢轨，全系列 9 个品种，正线铺轨 279.4 千米，站线铺轨 28.9 千米，道岔铺设 79 组，共计约 3.8 万吨钢轨。[①] 为了更好地输出中国高铁技术与装备，攀钢钢轨严格按照国际化 350 千米钢轨要求来进行量化生产，保证其质量和后续服务的质量。

运营管理：雅万高铁建成后，其特许经营权将被移交给由中国铁路总公司牵头的合资企业，特许专营权时间为 50 年。这种运营管理外移的方式在高铁建设历史上不常见，需要两个国家在高铁运营管理方面达成高度的一致和配合。这表现了雅万高铁所采用的混合驱动模式的又一重要特征：高铁标准"走

---

① 彭莉、陈君.攀钢钢轨独家供货雅万高铁：首批 4 000 吨发往印尼[N].四川日报,2020 - 03 - 29(01).

出去"着眼于高铁的全过程,不仅局限于建设完成交付,还包括后续运营管理服务,以进一步保障双方的权益。

沿线开发:中印尼双方就雅万高铁"高铁＋沿线产业配套"的经济开发模式达成共识(盛黎明 等,2017),结合雅万铁路沿线城镇的特点,中方有针对性地参与高铁沿线地区商业区、工业区和运输港口等配套产业的规划开发,以形成独特的雅万经济带。此种综合配套与沿线开发的高铁后续商业运营模式,可以有效地将当地的交通运输、工业化和商业化等结合,使得高铁的建设影响范围进一步外扩。不仅可以进一步保障高铁运营的人流量和货运量,还可以增加高铁经济带外溢价值,并且随着时间流逝,此种收益会愈加明显。

2) 亚吉铁路实例分析

亚吉铁路是混合驱动模式下中国高铁标准"走出去"的另一个旗舰项目,是东非地区首条标准轨距电气化铁路,由中国铁建和中国中铁承建。该铁路再次证明了中国高铁全产业链走出国门的可行性和有效性。亚吉铁路项目的成功实施,可以将中国质优价廉的高铁装备物资和产品以项目载体的方式输出到海外市场,还可以证明中国高铁标准的优质和可复制性,助推中国高铁标准进一步走出国门。

(1) 亚吉铁路建设进程。

亚吉铁路全长 752.7 千米,设置 45 座车站,承担着客货双运的职责。设计速度 120 千米/小时,建设完成后大大缩短了两地的来往时间,从原来需要将近 7 天降为仅需近 10 小时,在很大程度上便利了沿线人民的工作生活和沟通交流。具体建设进程如表 3‑5 所示。

表 3‑5　亚吉铁路建设进程时间表

时　间	进　　程
2012 年	亚吉铁路开工建设
2014 年 5 月	中国承诺愿帮助非洲修建铁路,实现用高铁连接非洲各国首都的美好梦想

续　表

时　间	进　程
2014 年 5 月	铁路正式铺轨
2015 年 6 月	750 千米长铁轨全线铺通
2016 年 7 月	中国中铁和中土集团正式签约亚吉铁路 6 年运营权
2016 年 10 月	亚吉铁路埃塞俄比亚段建成通车
2017 年 1 月	亚吉铁路吉布提段建成通车
2018 年 1 月	亚吉铁路开通商业运营

（2）亚吉铁路建设模式。

同样，亚吉铁路建设模式包括该铁路的技术标准、融资方式、物资装备、运营管理和沿线开发五大板块。

技术标准：亚吉铁路作为混合驱动模式下的另一旗舰项目，全线采用中国二级电气化铁路标准设计。以中国的技术标准作为建设的基础，再结合当地具体情况和要求进行适用性分析与调整，这是中国高铁技术标准"走出去"的必经之路。在最初的商讨中，埃塞俄比亚方提出时速 160 千米、预留 225 千米的双线电气化铁路不符合其国情的建设要求，为此中国结合中国标准及自身高铁发展经验向埃塞俄比亚方面进行解释说明，并结合当地实际进行属地化改良。通过数年的艰苦谈判最终形成了符合埃塞俄比亚国情的技术标准方案，从而为接下来的亚吉铁路建设实施打好基础。

融资方式：亚吉铁路建设里程较长，总投资体量高达 40 亿美元。亚吉铁路的主要投资方为中国进出口银行，其中埃塞段铁路资金的 70％来自中国进出口银行贷款，30％来自埃塞政府。吉布提段铁路资金的 85％来自中国进出口银行贷款，15％来自吉布提政府支持（李志远，2017）。在吉布提段项目建设后期，由于吉布提政府付不起项目建设的款项，吉方将铁路 10％的股权出让给中方企业，作为还款的抵押。同时为了更好保证双方利益不受损害，两国与中方保险公司签订了额度为 95％的信用保险，作为进一步融资的保障。

物资装备：亚吉铁路项目承包施工方为中国国际工程咨询公司和铁道第三勘查设计院组成的联合体，符合混合驱动模式下全产业链外移的特征。该条铁路中使用的关键物资装备全部来源于中国。在亚吉铁路建设运营中，高达4 亿多美元来自中国的建设施工材料和机械设备等物资装备已经成功转移进入非洲市场，外移中国高铁行业中富余的物资资源成为中国高铁企业新的经济利益增长点。

运营管理：2016 年，双方签署了"亚的斯亚贝巴—吉布提铁路运营管理服务合同"，该合同明确了亚吉铁路未来 6 年的运营管理方法。基于埃塞俄比亚和吉布提较为落后的现状，在亚吉铁路完工一定时期内，需要中国运营管理技术的参与，形成了"6＋2"模式。在此模式中，中国中铁和中土集团组成的联合体需要提供项目完成后前 6 年的主要运营管理技术支持和随后 2 年的维护工作，直到对方掌握亚吉铁路的运营管理方法，可以自主承担后续运营管理工作为止。在 8 年时间内，中国需要明确双方的责任和权利、界定对于中国高铁建设和管理的评价指标、进行运营管理经验培训等工作。在此过程中会存在许多潜在风险，是对高铁标准"走出去"运营管理环节的又一挑战。

沿线开发：中国与埃塞俄比亚、吉布提政府协商建立了以铁路带动沿线经济带协同发展的"亚吉模式"，欲以亚吉铁路为核心点建立"一体两翼"的经济战略，其中"一体"就是亚吉铁路沿线经济带。两翼为北翼和南翼，北翼为亚的斯亚贝巴到马克雷的铁路经济带，南翼为亚的斯亚贝巴到阿瓦萨的铁路经济带（高凯，2019）。埃塞俄比亚政府对亚吉铁路设定的规划主要是以沿线工业园区建设为主，深化落实其发展规划中提出的以沿线工业园区带动工业化发展的政策。现行建设或规划的工业园区多数坐落于铁路附近，一来可以有效降低运输成本，提高效率；二来可以促进附近地区工业发展，提高当地经济水平。

3）混合驱动模式特征及适用范围

在高铁标准"走出去"的征途中，中国高铁在自主创新的基础上，吸收 UIC、IEC、ISO 等国际先进高铁标准作为补充，形成了具有中国特色的高铁标准体系。这为混合驱动模式下的中国高铁标准的推广提供了坚实的基石。混合驱动模式下中国高铁标准"走出去"贯穿整个高铁建设运营历程，从前期设计规划、施工建造、装备调试到后期运营管理等，该模式可以站在全局角度进行信息与资源的整体分配和规划，使得商品价值链结构更扁平，运营效率更高。混合驱动模式将对外高铁业务的利润点定位在前端规划设计、技术研发和后端运营管理等更具有附加值的环节，能够有效改变过往中国以低廉人工成本和原材料来承包对外业务的刻板印象，是接下来中国标准"走出去"的方向。

中国高铁标准"走出去"混合驱动模式适用于原有基础设施比较落后、铁路运输需求比较迫切但自身又缺乏建设技术和资金的国家和地区。中国高铁标准走进这些国家或地区，需要中国对其提供多方位的支持，混合驱动模式以其全过程系统性的援助方式脱颖而出。相比生产者驱动模式和购买者驱动模式，混合驱动模式下的中国高铁技术、装备品牌和运营管理经验等可以凝结成一套具有中国特色的可复制的高铁标准体系，并且能够根据不同国家的国情进行因地制宜的标准体系战略调整，可以在最短时间内完成相应的高铁建设运营任务。因此全产业链输出的混合驱动模式，是中国高铁标准走进这类国家或地区的最佳选择。

3.3 中国高铁标准"走出去"存在的主要问题

近年来，中国高铁标准出口成为世界关注的热点。但是，当中国高铁标准出口由过去的勘察设计、工程建设、装备制造等单个环节的局部"试水"进入产业链整体"出海"阶段时，高铁标准出口的一系列深层次问题也逐渐浮出水面。下文将分别就中国高铁标准制定、推广和实施环节，分析中国高铁标准在开拓国际市场中面临的诸多问题。

3.3.1　高铁标准制定时存在的问题

1) 顶层设计合力不足

中国高铁标准"走出去"是一项复杂而庞大的系统工程,涉及项目谈判、勘察设计、投融资、设备供应、项目实施、竣工验收、运营管理等诸多方面。如今,海外高铁市场的竞争越来越激烈,仅仅依靠高铁企业自身的力量,很难实现中国高铁标准"走出去"的目标,需要在国家层面设置领头部门,进行顶层设计,促使各方资源统一协调,各方力量共同努力,才能实现既定目标。最近十几年,中国高铁部门充分发挥社会主义市场经济集中力量办大事的优势,进行高铁技术引进、消化、吸收、再创新,使中国高铁技术能够在很短的时间内战胜一些高铁强国数十年技术水平积累的优势。

但中国高铁标准制定环节还缺乏顶层设计统筹协调,一定程度上影响了中国高铁标准"走出去"预期目标的实现。首先,在实施高铁海外项目的时候,中国高铁标准和国外国际标准之间会存在兼容互通问题(许佑顶 等,2016)。然而,现在高铁出口项目,很多是中国高铁企业与进口国之间的合作,对于单一高铁企业来说,很多技术资源不够完备,使得制定的高铁标准无法真正覆盖到各个层面,依靠自身的力量很难完成与国外国际标准的兼容互通工作。其次,对于一些高铁出口项目来说,企业很少对标准进行系统收集整理,而且在高铁项目实施过程中,因为所属的企业主体不同,随着竞争日益激烈,会引发内耗问题,还会形成专利丛林的问题。比如,中国南车、北车在还没有合并之前,在海外市场就发生过相互恶性竞争的现象。最后,中国高铁已经采取自主创新的方式创建了属于自己的标准体系,然而欧美等国外标准体系已经拥有多年的发展历史,并且得到了国际市场的广泛认可,中国高铁标准面临巨大的竞争压力。

2) 核心技术仍需提高

中国通过从国际著名高铁制造企业(如加拿大庞巴迪、法国阿尔斯通和德国西门子等)引进高铁技术,并进行吸收、消化、再创新,在一些高铁技术上实现了重大突破,并形成了自主知识产权,使高铁发展成为中国的支柱型产业。尽管在一些技术指标上，中国高铁在国际排名比较靠前，但是必须认识到，法国、德国、日本等国家高铁行业起步早，拥有相当成熟的标准体系，中国的高铁技术标准在一些核心技术上还与其存在一定差距。

首先，对于欧洲国家和其他使用欧洲标准的国家来说，一般很难接受其他国家的高铁标准。因此，中国高铁会面临一定的标准差异风险。例如：标准不够细致，还需要进一步完善，这使得企业在海外项目谈判和可行性研究中缺乏谈判的筹码；对于中国的自主知识产权高速动车组技术而言，配套轴承的国产化并没有得到有效应用，高铁车轮基本上都是依靠进口来完成，也没有实现国产化；另外，早期中国的高铁技术是根据引进、吸收、再创新的方式形成的，对于高铁核心技术的掌握还不够，会受到外国企业的牵制。自中国提出高铁标准"走出去"的国家战略之后，一些居心不良的国外企业以及媒体对中国高铁技术消化吸收后申请的专利提出了质疑。

其次，因为中国高铁标准是在经过不断引进、消化、吸收和再创新的前提下逐渐形成的，一些高铁企业在引进高铁技术的过程中，和对方签订了只在中国国内使用的条款（亏道远 等，2017），所以中国高铁标准的输出受到一定的约束。尽管中国高铁在多个领域中拥有自己独立的创新技术（如高速动车组、牵引供电和工务工程等），并且拥有完全的自主知识产权，然而，因为取得的技术成果经历了吸收的过程，在具体的实践中，很难快速识别出哪些是引进的技术，哪些是再创新的技术成果。因此有些时候，中国高铁标准在输出过程中面临一定的知识产权风险，中国高铁人还需要不懈奋斗，凭借自身的实力获得外界的肯定。

最后，高铁核心专利的价值和数量可以展示出高铁标准的潜在价值，如果拥有高铁核心专利技术，且技术价值比较高，在激烈的国际高铁市场竞争中就能够拥有自己的核心竞争力，从而拥有一定的话语权。但是，由于中国高铁在基础性研发方面和国际水平还相差甚远，使得中国高铁标准"走出去"受到一定的约束。中国需要对国外核心技术的动态变化进行实时跟踪，在高铁核心技术的创新和研发方面做出不断努力,以提升工艺水平和核心技术,进一步提升全生命周期产业标准体系,形成自己的核心竞争力。

综上而言,中国高铁如何通过研发创新提高高铁核心技术的含量和工艺水平,成为行业标准的制定者,在激烈的竞争中脱颖而出,是中国高铁标准"走出去"需要重点关注的问题。

3.3.2　高铁标准推广时存在的问题

最近几年,中国高铁标准国际化发展的速度非常快,取得了十分显著的成效。但是,因为起步时间比较晚,和国际上高铁强国相比还相差甚远,其影响力还不够,使得中国高铁标准在海外宣传推广时面临较大的问题。

1) 中国高铁标准国际认可度较低

通过引进、消化、吸收、再创新的方式,中国已经拥有相对比较完备的高铁标准体系和规范,然而和欧美高铁强国相比,整体技术水平和标准体系还存在很大的差距。加拿大庞巴迪、法国阿尔斯通、德国西门子、日本川崎重工等高铁企业很早就进入了国际市场,其高铁标准体系已高度国际化。比如德国的高铁技术标准大体上可以分成五个层次,即铁路公司标准、行业协会标准、国家标准、欧洲标准以及国际标准,以其完整性和权威性得到了国际上的高度肯定。而中国高铁发展时间比较短,高铁标准想要得到国际认可还需要花费一定的时间和精力。

一些国家对中国高铁标准体系并不熟悉,无法识别出中国标准和国际标准相比所存在的优势,即使存在中国标准比某些国际标准更优秀的情况,也因为不了解实际情况而失之交臂。此外,很多发达国家都拥有自身的高铁标准体系,对外部进入者要求比较严格。如果中国高铁想要进入海外市场,高铁装备设施和技术标准都要获得进口国家的审批,需要耗费一定的时间和精力,不仅延长了建设周期,而且在很大程度上增加了项目成本。

2) 中国高铁标准国际兼容性不足

中国高铁标准是在借鉴欧美强国先进标准的基础上,基于中国高铁多年的建设运营实践，进行研究创新的结果，在技术水平上已经居于世界领先水平。但中国高铁标准同世界发达国家的高铁标准相比，在有些方面仍然存在差距，如标准不够细化和规范，在标准的规范性和严谨性等方面仍然有上升空间等，这使得中国高铁标准在"走出去"的过程中，国际兼容性不足。

一是，中国标准涵盖了高铁建设领域中的所有环节，以期实现"完全闭环"，但国外通常仅制定线路、轨道、信号和电力牵引等与铁路特性直接相关的标准，其他方面如地质、电力、隧道和桥梁等通常采用对应的行业通用技术标准。二是，中国的铁路工程建设标准由中国国内标准组成，基本上没有引用国际标准。而一些欧洲国家直接采用欧洲标准，或国际标准。三是，中国标准的内容侧重于在实际工作中总结，标准中规定了实践结论和实施技术要求。而国际标准的内容侧重于原则和标准，通常仅提供概念定义、公式和指导原则等，很少提供具体结论。中国高铁出口项目面临着越来越多的中外标准对接的问题，给中国高铁标准在海外的推广带来了不少困难。

3）中国高铁标准国际化人才缺乏

随着中国高铁不断走出国门，中国中铁、中国铁建等企业的国际化业务正呈现迅猛发展的态势，中国海外高铁建设里程已经居于全球前列。伴随着国际化业务的大力拓展，中国高铁标准走出国门需要大批具有出色的外语水平和高铁专业技术技能，并熟悉国际标准规则，能够适应"一带一路"发展要求的国际化专业人才。但是，目前同时具备以上要求的高端复合型国际化高铁人才较为缺乏，无法满足中国高铁标准"走出去"日益增长的人才需求。首先，当前高铁国际标准组织基本上使用英语作为官方语言，并且许多采用欧洲标准的国家其官方语言是当地母语。但是目前熟练掌握多门外语的中国高铁专业人才缺乏，不利于中国高铁标准的海外推广。其次，中国高铁标准的国际化需要掌握和遵守国际化规则和程序，了解国际标准机构制定高铁国际标准的形式和相应的法律程序，以及高铁引进国的相关法律法规，但是目前精通国际贸易法规的法律人才仍然短缺。最后，"一带一路"沿线国家的铁路建设、运营和管理的基础薄弱,现有技术和管理人员的知识不能满足高铁建设运营的要求,所以也需要大量的高铁专业技术管理人才。

3.3.3　高铁标准实施时存在的问题

在中国高铁标准"走出去"的实施过程中,目标国特别是"一带一路"沿线国家的国情具有多样性,不同目标国的政治环境、地理环境、运营条件、企业要求各不相同,与中国往往存在较大差异。虽然中国高铁标准已走在世界前列,但并不意味着就是通用标准,所以不能生搬硬套中国标准去建设目标国的高铁。中国高铁标准要真正走进目标国,需要认清目标国的具体国情,精准把握其高铁需求。尤其是在一些落后的国家,既没有足够的资金支撑,也没有充足的电力供应,已有的铁路系统陈旧且损坏严重,这对中国高铁标准"走出去"带来了极大挑战。比如埃塞俄比亚的亚吉铁路道砟问题,由于埃塞当地合格道砟严重缺乏,所以无法应用中国标准的Ⅰ级道砟,中方需要依据这一现实情况进行调整。而对于一些较发达的目标国,中国高铁标准体系也不能完全套用。例如,莫喀高铁俄方需求为时速 400 千米的客货共线铁路,但是中国已有的技术标准中只有 350 千米的客运专线技术体系,因此需要开展大量的研究调整工作。这些都增加了中国高铁标准输出的实施难度和风险。

1) 政治风险

政治风险是指因东道国发生的政治事件或世界各国的政治关系,对海外投资者的投资活动造成的不利影响,具体包括因法制环境不健全、政府违约、蚕食性征收、战争、政府干预、不良国际舆论等带来的投资风险。

在中国高铁标准向外拓展的过程中,由于东道国发生战争、政权不稳等原因,经常使得高铁建设发生停工等问题,从而造成巨大的经济损失。当前的全球政治局势不可预测,全球治理体系正变得越来越复杂。与此同时,"一带一路"沿线国家的国情复杂,很多国家正进入敏感的社会转型时期。这些国家的国内政治局势不太稳定,持续的内战和冲突以及国家政策的重大变化都会影响中国高铁标准在这些国家的顺利实施。而中国高铁海外项目建设周期较长，有时要经历几届政府的更迭，这使得不确定因素大幅增加。例如，中泰高铁由于泰国政府的更替、政变等原因，历经多年来回反复，使得高铁合作项目屡次暂停，极大影响了项目的实施。

随着中国经济的快速发展，诸如"中国威胁论"之类的负面舆论甚嚣尘上。为了解决高铁进口国的融资困难，中国为其在海外的高铁建设项目提供融资服务，但是这种行为被一些不怀好意的国际舆论污蔑成中国正在骗取他国的政治信任；更有甚者，污蔑中国的"一带一路"倡议是在推行经济霸权和新殖民主义，这些谣言极大影响了中国与其他国家互惠互利的合作，使得有些国家对中国高铁输出产生排斥心理和担忧情绪。例如，墨克高铁是墨西哥政府批准的迄今为止最大的高铁项目，列车控制系统等核心技术均采用中国高铁成套技术标准，全长 210 千米，设计时速 300 千米，项目总投资约 43 亿美元。2014 年 11 月 3 日，该项目由中国铁建股份有限公司牵头的联合企业中标。然而，中标三天后，墨西哥政府取消了与中国铁建公司的合同，并宣布对高铁项目重新规划和招标。墨西哥政府解释说，参与此次高铁项目竞标的公司太少，竞标过程太短，招投标过程的透明度和合法性问题让国会和公众舆论产生了质疑。2015 年 1 月 30 日，墨西哥发布公告，宣布无限期搁置墨克高铁项目。从墨克高铁项目的失败中可知，国际舆论在一定程度上会对中国高铁标准国际化产生不利影响。

2）经济风险

高铁行业的特点是规模大、固定资产比率高、投资周期长，中国高铁标准"走出去"容易受到东道国宏观经济低迷、恶性通货膨胀、金融体系不稳定、信贷和债务等不良经济环境的影响。在以自然资源为基础的国家中，经济环境对高铁投资的影响更加明显。

委内瑞拉迪阿铁路项目的失败是经济风险的典型例证。2009 年 3 月，由中国铁路总公司承建的委内瑞拉迪阿铁路开工启动，合同总成本约为 75 亿美元。然而，在项目开始之后，委内瑞拉政府并没有立即为项目付款，工程款项支付出现了严重拖延,这极大地影响了第一阶段建设的进度。自 2012 年以来,委内瑞拉的国内经济经历了急剧的下滑,同时恶性通货膨胀、失业率飙升等问题也逐渐显现,导致项目陷入停滞状态直到最终关停。迪阿铁路项目失败的直接原因是东道国委内瑞拉缺乏支付能力,深层次原因是该国的经济状况恶化。在中国高铁标准"走出去"的初始阶段,中国企业通常利用经营关系网了解各国高铁需求信息,以中标为目的,有时对国外市场的调研不够深入。但是在项目中标并开始实施后,由于前期对目标国的经济风险考虑不充分,就会出现成本超出预期、资金不足等问题,造成项目的停滞、违约或亏损等后果。所以,在高铁标准"走出去"之前,我们需要评估目标国的经济风险并针对诸多可能出现的风险提前做好防范策略,这有利于中国高铁企业明确投资方向、节约经营成本、找准突破点、提升高铁海外建设项目的成功率。

3）文化风险

社会文化、宗教习俗、历史传统等是一个地区或国家在漫长的历史进程中形成的,中国高铁标准在海外实施过程中必然会出现中国与东道国社会文化不一致的情况。如果处理不当,不仅会影响中国高铁项目在当地的施工进度,而且会影响中国高铁标准的国际认可度。因此,文化风险也是一个不可忽视的风险因素。

不同国家的语言和思维方式存在差异,当中国向目标国输出高铁标准时,中方与当地的技术人员的沟通交流障碍时有发生。在非洲等一些国家地区,由于缺乏完善的铁路技术教育体系,当地技术人员对铁路技术知识的掌握十分有限,无法很快掌握中国高铁技术标准,高端技术人才缺口大。

就宗教习俗而言,不同国家的宗教信众分布不同(金水英等,2019a)。东南亚的泰国、缅甸等国大部分民众信仰佛教,南亚的巴基斯坦人以信仰伊斯兰教为主,印度则是印度教、伊斯兰教等多教并存,西亚地区大部分居民信仰伊斯兰教,非洲人的宗教信仰也呈多元化特征。中国在不同国家进行高铁标准输出时,会面临不同宗教文化差异产生的摩擦。

4）竞争风险

如今，中国高铁标准已步入世界先进水平，但却面临激烈的全球竞争风险。德国、法国、日本等发达国家是高铁技术与标准的发源地，也是最早建设运营高铁系统的国家。这些国家的相关高铁企业（如德国的西门子、法国的阿尔斯通、日本的川崎重工等）逐步成为全球高铁行业的标杆，不仅拥有大量的专利技术储备，还广泛参与全球铁路运输系统标准的制定，在各自技术领域都有自己的比较优势。欧盟已全面启动构建未来铁路系统联合行动，该计划旨在联合全球铁路发达国家的创新能力，加速先进技术与高铁的融合，保持全球领先的地位。各国高铁领域颠覆性技术不断涌现，日本的超高速磁浮计划于 2027 年试运营，美国的超级高铁设想旨在打造一种全新的交通工具。

中国高铁标准出海，必定会面临激烈的全球市场竞争和严峻的挑战。例如，2014 年墨西哥高铁项目招标，就有 17 家企业高度重视，其中还包含很多老牌高铁强国，竞争的激烈程度可想而知。2015 年，在印度"孟买—艾哈迈达巴德"高铁项目的争逐中，日本从政治利益考量以极低利率（0.1％）、极长还款期限（50 年）的高额贷款（高于 120 亿美元）击败中国，取得项目修建权。目前，中国高铁标准"走出去"仍处于起步阶段，与同行业国际先进企业相比，中国高铁标准影响力还需不断提高，以获得更大的海外市场。

第4章
全球价值链视角下中国高铁标准
"走出去"知识转移理论

在经济全球化的背景下,为了维持并加强自身竞争优势,越来越多的国家和企业开始了基于价值链的全球布局。中国高铁企业要想摆脱价值链低端嵌入带来的种种不利影响,就需要构建一套合作共赢的全球价值链,这样才能在国际分工中获得丰厚利润。中国高铁标准"走出去"的过程本质上是高铁标准相关知识转移的过程。本章将从全球价值链这一视角出发构建一套中国高铁标准"走出去"知识转移理论。首先,界定中国高铁标准的概念和分类,并对中外高铁标准进行对比以及对中国高铁标准"走出去"文献进行梳理。其次,引入知识转移理论,分析高铁标准与知识、高铁标准"走出去"与知识转移的关系,得出高铁标准"走出去"实质上是知识转移的结论。再次,界定全球价值链的概念,梳理全球价值链治理研究的文献,分析全球价值链与命运共同体的关系,进而分析接受中国高铁标准的国家和向海外推广高铁标准的中国企业知识进步微观机理,论述中国高铁标准"走出去"与全球价值链升级的关系。最后,构建基于全球价值链视角下的中国高铁标准"走出去"知识转移理论框架,为后续章节的研究做好理论铺垫。

4.1　中国高铁标准

4.1.1　中国高铁标准的内涵

4.1.1.1　标准

我们可以先从词源学的角度分析"标准"一词的含义。"标"字最早的含义是树梢，引申为末梢，再引申为事物的枝节。后来，逐渐引申为目的、要求乃至行为规则的含义。古汉语中"准"字表示遵照某种行为方式，规范某种行为，可进一步引申为"基本的""起码的"。"标"和"准"二字皆有目的、依据、尺度的含义，都对事物起到衡量、要求的作用，都具有行为规范方面的特征。"标""准"二字结合在一起最早的词义，应是榜样、范例的意思。

标准的概念最早是由约翰·盖拉德(John Gailard)于 1934 年在《工业标准化——原理与应用》一书中提出的。他将标准定义为："对计量单位或基准、物体、动作、程序、方式、常用方法、能力、职责、办法、设置、状态、义务、权限、责任、行为、态度、概念和构思的某些特性做出规定和详细说明。它是用语言、文字、图样等方式或模型、样本及其他表现方法所做出的统一规定。"桑德斯(1974)将标准定义为："标准是通过权威当局批准的一个个标准化工作成果。它可采用① 文件形式，内容记述一套必须达到的条件；② 规定基本单位或物理常数。"

国际标准化组织(ISO)的国家标准化管理委员会(STACO)先后以指南的形式给"标准"的定义做出统一规定：标准是由一个公认的机构制定和批准的、对活动或活动的结果规定了规则、导则或特殊值的文件，以实现在预定领域内达到最佳秩序的效果。

国家标准 GB/T 3935.1—1996《标准化和有关领域的通用术语 第一部分：基本术语》中对标准的定义是：为在一定范围内获得最佳秩序，以科学、技术和实践经验的综合成果为基础，以促进最佳社会效益为目的，对活动或其结果规定共同的和重复使用的规则、导则或特性的文件。

国家标准 GB/T 20000.1—2014《标准化工作指南 第一部分：标准化和相关活动的通用词汇》条目 5.3 中对标准描述为：通过标准化活动,按照规定的程序经协商一致制定,为各种活动或其结果提供规则、指南或特性,供共同使用和重复使用的一种文件。

中国国家技术监督局发布的《中华人民共和国标准化法条文解释》将标准定义为："经过有关方面协商一致,由主管机构批准的对重复性事物和概念所做的统一规定,它以科学、技术和实践经验的综合为基础,作为共同遵守的准则和依据。"

综上所述,我们可以将标准基本的含义理解为：衡量事物的依据和指导行为的准则。就其目的性而言,还具有"要求"的意义,既是衡量某一事物的尺度,又是事物发展的目的、方向,还是某一事物或行为所遵循的模式。

4.1.1.2　中国铁路标准

1978 年改革开放以来,中国经济迅速发展,国民消费水平不断提高,铁路事业也突飞猛进。建立了较完备的铁路技术政策、运输模式和产品标准,以及基础设施设计、施工标准和相关规范等铁路标准体系。经多年实践检验,这些铁路标准运行良好,并且在铁路技术提升的推动下不断发展完善。

结合本书对标准做出的定义,我们可以将中国铁路标准理解为以中国几十年铁路设计、建设、运营和管理的经验为基础,为了维护铁路项目建设的秩序和保证铁路项目建设的效率,提升整个铁路建设系统的管理水平,经原铁道部、国家铁路局等相关部门批准,出台的用语言、文字、图样等方式对铁路勘测设计、造价、工程施工和管理等做出的统一规定。中国铁路标准根据不同的依据可分成不同类型：

1) 按照标准制定主体分类

(1) 国家标准。国家标准是由国家标准机构通过并发布的标准。[①] 中国国

---

① ISO/IEC 第 2 号指南。

家标准代号为 GB，主要是指由国务院标准化行政主管部门制定，需要在全国范围内统一并实施的标准（胡海波，2013）。例如，住建部公告第 1478 号发布的《Ⅲ、Ⅳ级铁路设计规范》（GB 50012—2012），建设部公告第 434 号发布的《铁路工程抗震设计规范（2009 版）》（GB 50111—2006）等。

（2）行业标准。行业标准是指由行业组织通过并公开发布的标准。中国当前实施的《中华人民共和国标准化法》规定，需要在全国某个行业范围内统一技术要求，但又没有国家统一标准的，可以制定行业标准。不同的行业有不同的标准代号，铁路运输行业的标准代号是 TB。铁路行业标准涵盖了铁道行业技术标准、工程建设标准和工程造价标准。如《机车车门通用技术条件》（TB/T 3266—2011）、《铁路货车承载鞍及弹性定位件》（TB/T 3267—2019）、《铁路客运服务信息系统工程施工质量验收标准》（TB 10427—2020）等。

（3）企业标准。《中华人民共和国标准化法》规定：企业生产的产品没有国家标准和行业标准的，应当制定企业标准，作为组织生产的依据。有国家标准或行业标准的，国家鼓励企业根据实际需要，制定比国家标准或行业标准更严格的企业标准，在企业内部运用实施。

2）按照国家铁路局的标准规范分类

按照国家铁路局官网标准规范，我们可以将中国铁路标准分为技术标准、工程建设标准和工程造价标准。截至 2019 年 9 月 24 日，《国家铁路局关于发布铁道行业技术标准复审结果的公告》称保留作为铁路行业管理的铁道行业技术标准共 970 项，在之后的时间内陆续发布相关技术标准，汇总到 2021 年 6 月 7 日第 2 批技术标准公告，总共达 1 045 项技术标准。截至 2021 年 3 月 17 日，铁路工程建设标准数量达到 133 项，铁路工程造价标准数量为 47 项。①

（1）技术标准。技术标准是指对标准化领域中需要协调统一的技术事项所制定的标准。技术标准是中国铁路标准体系的重要组成部分。中国铁路技

---

① 标准规范_国家铁路局［EB/OL］. http://www.nra.gov.cn/jglz/bzgf/. 2021 - 7 - 22.

术标准可细分为以下几大部分。

通用及综合技术标准：该标准具有广泛的适用性，包括通用、兼容性、RAMS、节能环保、卫生及健康、应急及安全防护、综合信息化。例如，《铁道客车转向架通用技术条件》(TB/T 1490—2004)、《轨道交通可靠性、可用性、可维修性和安全性规范及示例》(GB/T 21562)、《中机车车辆 RAM 的应用指南》(TB/T 3278—2011)等。

机车车辆技术标准：该标准是对机车整车与部分的设计原则、设计方案及主要参数所做出的规定，包括基础通用、机车车辆整车、车体及车内环境、走行系统、牵引电气系统、制动系统、柴油机、辅助系统、列车网络及控制系统。例如，国铁科法〔2020〕2 号文件批准发布的《机车车辆用铸钢件 第 1 部分：技术要求及检验》(TB/T 2942.1—2020)[①]对机车车辆所用的铸钢件做出了明确的规定。铸钢件在铁道行业中被大量使用，摇枕、侧架、车钩、钩尾框、承载鞍、缓冲器、客车用构架、下心盘、抱轴箱、轴箱体、连杆箱体等铁道机车车辆重要的零部件很多采用铸钢件制造。因此，铸钢件的质量直接影响到铁路运输的安全性。该标准的发布实施，能够有效控制和提高铸钢件的产品质量。《铁路车辆制动机 第 1 部分：分配阀》(TB/T 2951.1—2019)对分配阀的基本要求、性能要求以及使用的环境条件要求等都做出了明确的规定，适用于新造铁道 103、104 及 F8 型分配阀。例如，该标准规定客车分配阀的工作环境温度要求为 −50～50℃，货车分配阀的工作温度要求为 −50～70℃，还详细写明了分配阀不应发生制动、应发生常用制动功能、不应发生紧急制动作用、应发生紧急制动作用的情况。在列车的运行过程中，分配阀的作用极其重要。它通过改变列车管中的压力来控制风缸的充气和排气，并通过变向阀和作用阀来实现机车的制动、压力维持或释放。空气制动机中分配阀的重要性与人的心脏相同，如果分配阀发生故障，则整个车辆空气制动机的功能将完全丧失，无法保证行车安全。

[①]　本书中的标准资料来源于国家铁路局官网、铁路技术标准信息服务平台、全国标准信息公共服务平台。

工务工程技术标准：该标准涵盖了轨道、路基、桥梁、隧道等的技术条件、技术要求、实验方法和零部件要求。轨道工程提出了高平顺性、高稳定性、高安全性和高舒适度的目标要求，对无砟轨道、有砟轨道、轨道部件（钢轨、道岔扣件）等技术方案和主要技术指标都做了明确规定。桥梁工程最主要包括设计原则、设计荷载、设计标准、结构形式和孔跨选择，提出桥梁上部优先采用预应力混凝土、在适宜条件下优先采用连续结构、桥梁主要承重结构满足 100 年使用寿命的要求等。

通信信号技术标准：该标准是对铁路通信及信号，包括信号系统、通信系统、通信信号接口规范、安全防护等所做出的规定。通信系统主要包括有线通信和无线通信两大网络构成，集成为一个有机整体。信号系统包括车站连锁、自动闭塞、调度集中和列车运行控制等子系统。明确故障导向安全、以车载速度信号作为行车凭证、运行调度采用分散自律调度集中（CTC）系统控制等设计原则。如列控系统借鉴 ETCS 技术规范，在时速 300 千米及以上客运专线中确定 CTCS3＋CTCS2，其中基于 GSMR 无线传输方式的 CTCS3 级确保高速动车组的安全运行，CTCS2 级兼容了既有列车的上线运行，实现不同线路的互联互通，并作为 CTCS 级的冗余和备用。

牵引供电技术标准：包括供变电设备、接触网器材、电力供电设备、牵引供电远动系统、干扰及安全防护、检测及维护设备。供电工程包括牵引供电设计原则和设计方案，明确高速正线采用 2×27.5 kV（AT）供电方式、牵引变压器采用单相接线、外部电源优先采用两回独立可靠的 220 kV 电源。变电工程在设计原则和设计方案中明确全线变电所、开闭所的保护、测量、控制设备采用综合自动化系统。对牵变所的主接线、总平面布置、架构类型、主要设备的选型、牵引供电调度系统都明确了具体技术指标和要求。接触网设计方案明确接触网采用简单链形悬挂，接触导线为铜锡或铜镁合金线，承力索为铜合金绞线。电力工程在设计原则中明确负荷分系统和供电要求，对供电方案、变配电所主接线和主要设备选择提出具体意见。如电力供电网络由沿线设置的变配电所及全线铺设的两回 10 kV 电力贯通线(单芯电缆)构成,电力贯通线采取点芯电缆沿槽敷设或直埋敷设等。

运营与服务技术标准:可细分为行车组织、客运与服务、货运与服务、治安防控等子系统。行车组织是使机车、车列和列车在铁路线路上正常运行,质量良好地完成铁路运输生产任务而进行的技术组织工作。客运与服务包括为维护客运高效运转所需的设计方案和必要参数,货运与服务涵盖了铁路货物运输的设计方案及基本规范。

(2) 工程建设标准。工程建设标准是在工程施工领域中获得最佳秩序的技术依据和通用准则。其对铁路工程的勘探、设计、实施、验收、运营管理等活动和事项做出了具体明确的规定,可供反复使用。这些标准对促进技术进步,确保项目的安全与质量、环境和公共利益以及实现最佳的经济、社会、环境效益具有直接而重要的意义。中国铁路工程建设标准按等级可以细分为基础标准、综合标准和专业标准。

基础标准在一定范围内可以直接应用,也可以作为其他标准的依据和基础,具有普遍的指导意义。它对一定范围内的标准化对象的共性因素,如概念、数系、通则等做出统一的规定。例如,由中华人民共和国住房和城乡建设部、中华人民共和国国家市场监督管理总局联合发布的《铁路工程基本术语标准》(GB/T 50262—2013),对铁路工程建设标准中共性的和基本的技术术语做出规定。由中铁第一勘察设计院集团有限公司和中国铁路经济规划研究院主编的《铁路工程制图标准》(TB/T 10058—2015)行业标准对铁路工程制图中的图线、字体、比例、符号等都做出了明确的规定,在已被废除的《铁路工程制图标准》(TB/T 10058—98)的基础上融入了铁路工程新技术、新设备、计算机辅助设计(CAD)等对铁路工程制图的要求。

综合标准是按照铁路运输类型来细分的,对某一类型铁路所涉及勘察、设计、施工、验收等方面的要求做出统一规定。综合标准和专业标准之间存在重合。中国铁路运输类型包括客运专线、客货共线和重载货运铁路。客运专线包括高速铁路和城际铁路。因此，综合标准包括《高速铁路设计规范》《城际铁路设计规范》《客货共线铁路设计规范》《重载铁路设计规范》《市域（市郊）铁路设计规范》。例如，《重载铁路设计规范》由铁道第三勘察设计院集团有限公司和中国铁道科学研究院主编，该规范的制定统一了重载铁路设计技术标准，使重载铁路设计符合安全使用、技术先进、经济合理的要求。铁路网中机车车辆轴重新建铁路大于 30 吨、改建铁路大于等于 25 吨、列车牵引质量 1 万吨以上、最高行车速度小于等于 100 千米/小时的货运专线铁路适用本规范。

专业标准是由专业标准化主管机构或专业标准化组织批准、发布，在某一专业范围内统一的标准。工程建设标准中专业标准可以进一步细分为勘察、设计、施工、验收这四个方面。

勘察和测量标准是进行工程建设的基础标准，主要包括《铁路工程测量规范》（TB 10101—2018）、《铁路工程地质勘察规范》（TB 10012—2019）、《铁路工程地质钻探规程》（TB 10014—2012）、《铁路工程不良地质勘察规程》（TB 10027—2012）、《铁路工程水文地质勘察规范》（TB 10049—2014）、《铁路工程摄影测量规范》（TB 10050—2019）等。勘察和测量标准规范了铁路工程建设过程中的地质、水文、岩土、卫星定位等勘察和测量的技术要求，对铁路工程设计、施工阶段和运营铁路中涉及的调查、勘探及测试、评价、资料整理等进行了规定，为提高铁路工程勘察水平、保证工程质量提供重要技术支撑。例如，《铁路工程地质勘察规范》在总结吸纳铁路工程地质勘察的实践经验和科研成果的基础上，结合不同路基工点类型的工程特点，提出路基工程地质勘察原则，将小桥纳入桥梁工程勘察，优化了勘测点的布置和深度要求，补充了水下隧道、城市铁路隧道工程地质勘测要求，增加了全断面掘进机（TBM）工法施工地质勘察的内容。

设计标准包括《铁路轨道设计规范》（TB 10082—2017）、《铁路照明设计规范》（TB 10089—2015）、《铁路房屋建筑设计标准》（TB 10097—2019）、《铁路线路设计规范》（TB 10098—2017）、《铁路车站及枢纽设计规范》（TB 10099—2017）、《铁路旅客车站设计规范》（TB 10100—2018）等。由中铁第四勘察设计院集团有限公司主编,经国家铁路局批准的《铁路轨道设计规范》(TB 10082—2017)是对 2005 年版的全面修订,进一步规定了铁路轨道设计的基本原则和标准,扩大了标准的适用范围,明确了有砟和无砟轨道的选择标准和设计参数,细化了板式、双块式、长枕埋入式、弹性支承块式、道岔区无砟轨道的设计内容,规定了各个级别铁路对铁路材料的技术要求,修订了无缝线路设计、钢轨选用、护轨设置等规定,补充了曲线超高设计、轨道铺设精度、曲线圆顺度、无砟轨道常备材料等内容,大大提高了标准的科学性和技术经济合理性。轨道设计可运用修订后的规范的铁路包括标准轨距高速铁路、城际铁路、客货共线Ⅰ级和Ⅱ级铁路、重载铁路。

基于大量的理论研究、科学测试和工程建设及运营实践,设计规范确定了不同速度等级铁路设计主要控制参数及标准,它充分体现了铁路高水平、高稳定性、安全性和可靠性的特征,可以满足铁路在不同速度等级、不同速度的列车并列运行以及不同自然环境条件下的建设和运营要求。

施工标准包括施工技术标准和施工安全标准。施工技术标准着眼于各种质量标准的实施,促进施工技术创新的应用,从管理体系、人员配备、现场管理和过程控制四个方面加强标准化管理,体现施工技术的科学性,确保工程质量。施工标准下又可根据内容不同细分为路基、桥涵、隧道、轨道、电力牵引供电、电力、通信、信号、信息、房建、给排水环保和其他。自 2020 年 5 月 1 日起实施的《铁路路基施工安全技术规程》(TB 10302—2020)、《铁路桥涵工程施工安全技术规程》(TB 10303—2020)、《铁路隧道工程施工安全技术规程》(TB 10304—2020)等七项工程建设标准,在 2009 年版本的基础上,进一步统一铁路工程施工安全技术要求,规范铁路工程施工安全管理和施工作业安全行为,为保障铁路工程建设及铁路运输安全提供重要技术支撑。

验收标准是为优化铁路工程施工质量管理,对验收要求做出的明确规定。验收标准根据轨道工程、路基工程、桥涵工程、隧道工程、通信工程、信号工程、电力工程、电力牵引供电工程、给排水工程、站场工程、混凝土工程进行细分,具体包括《铁路轨道工程施工质量验收标准》(TB 10413—2018)、《铁路路基工程施工质量验收标准》(TB 10414—2018)、《铁路桥涵工程施工质量验收标准》(TB 10415—2018)等。如《铁路轨道工程施工质量验收标准》适用于新建和改建设计速度为 200 km/h 及以下的铁路轨道工程施工质量验收。该标准对工程施工质量验收的要求和内容、程序和组织等都进行了规定，还包括原材料及轨道主要部件的进场检验、CRTS 双块式无砟道床、弹性支撑块式无砟道床等的施工质量验收标准。如该标准规定钢筋骨架绑扎应稳固，缺扣、松扣的数量不得超过绑扎扣数的 5%。检验数量为施工单位每施工段两端及中间各检查两处，检查方法为观察和手扳检查，并留存影像资料。

（3）工程造价标准。铁路工程造价标准作为行业通用的统一标准，是铁路标准化的重要组成部分，是国家对铁路工程建设项目进行宏观决策和投资控制的重要基础，是铁路工程建设项目的准备工作，投资估算和设计概（预）算的重要依据。铁路工程造价标准包括四个部分：方法规则、专业定额、费用定额和价格信息。

方法规则对铁路项目投资和设计的预算和概算应该遵守的准则和程序做出了规定，并阐明了编制投资（预）估算和设计概（预）算的依据和办法。主要包括《铁路基本建设工程投资估算、预估算编制办法》(TZJ 1002—2018)、《铁路基本建设工程设计概（预）算编制办法》(TZJ 1001—2017)和《铁路工程工程量清单规范》(TZJ 1006—2020)。

专业定额反映了完成某个计量单位的专业项目所需的劳动力、材料以及设备和班次的数量，包括路基、桥梁、涵洞、隧道、轨道、通信、信号、信息、电力、电力牵引供电、房屋、给排水、机车车辆机械等的概算、估算，预算定额和铁路项目的基本配额，涉及钢铁、混凝土、模板等。

费用定额对铁路项目投资准备阶段铁路工程投资（预）估算和设计概（预）算编制的各种费用的计算率以及人工、材料和工程机械设备的价格进行了规定，主要包括《铁路基本建设工程投资预估算、估算费用定额》(TZJ 3002—

2018)、《铁路基本建设工程设计概（预）算费用定额》（TZJ 3001—2017）、《铁路工程材料基期价格》（TZJ 3003—2017）和《铁路工程施工机具台班费用定额》（TZJ 3004—2017）等，是计算定额直接费用及其他各项费用的参照。

价格信息是由项目成本管理机构收集、整理、分析，并按季度发布的铁路项目主要材料的价格信息。

4.1.1.3　中国高铁标准

在中国高铁从引进来到"走出去"，再到打开国际合作新格局，输出"中国标准"一直都被视为最高追求。随着高铁速度的变化，路基和轨道及其他相关设施的动力作用、机车运行环境的空气动力作用以及车轮与轨道之间的附着力的机械性能都会发生质的变化。在中国高铁蓬勃发展的同时，高铁标准体系也在逐步建立并日臻完善。高速铁路系统包括了诸多子系统，如系统集成、线路、动车组、电源、运行调度、通号和客户服务等，而高铁标准则为每个系统功能提供支持。高速铁路标准体系的功能取决于每个系统标准的性能以及相关标准的有机联系和相互影响。实践表明，制定和完善中国高铁标准的过程是在科学性、先进性、安全性和适用性方面不断加强和系统改进的过程。以中国高铁标准为指导建设出来的铁路、线路质量和运行质量都达到世界先进水平。

高速铁路是铁路系统中的一种类型，与铁路系统之间是包含关系，中国铁路标准类型（技术标准、工程建设标准、工程造价标准）同样适用于中国高铁标准。随着中国高速铁路、城际铁路、重载铁路的大规模建设，中国高铁标准也在不断更新。

（1）技术标准层面，中国在充分总结高速铁路设计、施工、运营方面实践经验的基础上进一步展开科学研究，针对高速铁路的特殊性，颁布了相应的技术标准。例如，《高速铁路岔区轨枕埋入式无砟轨道混凝土岔枕》（TB/T 3297—2013），规定了高速铁路无砟轨道道岔用混凝土的技术要求、检验方法、检验规则、标志及储运。除此之外，中国也根据高铁发展的变化，对以往颁布的标准重新修订，以适应现代铁路发展的需要。例如，《铁路混凝土》（TB 3275—2018）

在《铁路混凝土》(TB/T 3275—2011)的基础上，整合了有关混凝土的标准，对铁路混凝土的技术标准进行了修订。修订后的铁路混凝土技术要求、试验方法、配合比设计要求与施工要求更能适应现代铁路工程用混凝土。

随着客运高速铁路的不断发展，高铁运营管理服务标准也成为高铁标准发展的重要组成部分。由国家铁路局归口上报及执行的铁路旅客运输服务标准于 2020 年 7 月 1 日正式实施，全部替代中国于 2011 年 3 月 1 日实施的铁路旅客运输服务质量标准。最新的标准对服务的范围、服务环境和设施设备、服务环节等都做出了明确的规定。例如，《铁路旅客运输服务质量 第二部分：服务过程》(GB/T 25341.2—2019)规定了提供铁路旅客运输服务的服务环境、设施设备、服务环节、应急和补救服务的内容和要求。与 2010 年的版本相比，增加了视频监控、车站广场、候车区母婴设施设备、便捷换乘、车票实名制、进站安全检查等相关要求。

（2）工程建设标准层面，为了满足高铁建设的需求，在工程测量环节引入了"三网合一"和"分级精密控制测量"的理念，即勘测设计控制网、施工测量网、运营维护控制网共同使用同一个 GPS 基础平面控制网，实行"三网合一"的"分级精密控制测量"。轨道的绝对定位是通过由各种级别的平面高程控制网络组成的测量系统来实现的，从而确保轨道与线下工程路基、桥梁、隧道和站台的空间位置坐标以及高程保持。

高速铁路工程建设标准中的设计标准包括《高速铁路设计规范》(TB 10621—2014)、《城际铁路设计规范》(TB 10623—2014)。新发布的《高速铁路设计规范》是在全面系统总结京津、京沪、郑西、哈大等不同类别、不同技术要求的高铁建造运营经验的基础上，经过多次专家研究论证，充分吸纳国内科研成果、国外先进设计理念及相关国际咨询成功后制定发布的。其集成了将近20 个专业领域的技术要求，是高速铁路建设最基础、最重要的行业技术标准。

高速铁路的施工标准相较于其他铁路而言也更为严格。中国目前颁布的施工技术标准包括《高速铁路路基工程施工技术指南》《高速铁路桥涵工程施工技术指南》《高速铁路隧道工程施工技术指南》《高速铁路轨道工程施工技术指南》等,这些标准阐明和完善了每个专业项目的具体流程和方法,突出了自然灾害的识别和评估要求,加强了项目风险管理,并促进施工的内容和要求更加机械化、专业化和信息化。在对铁路建设安全管理现状和典型事故案例进行系统分析的基础上,制定了《铁路工程基本作业施工安全技术规程》等标准。面对设计、建设、施工、监理等四个主要责任单位,区分管理、技术和运营三个不同层次,把握技术和管理两个方面,突出危险源和危险因素的识别和管理、风险管理、特殊施工计划的准备、应急计划的演习等重要内容,以标准形式总结和巩固施工安全的要求。在操作层面上,易于理解和接受的直观图表以及便于现场检查的标准化表格的使用,可确保有效实施施工安全标准。

验收标准包括《高速铁路隧道工程施工质量验收标准》《高速铁路桥涵工程施工质量验收标准》《高速铁路工程动态验收技术规范》《高速铁路工程静态验收技术规范》《高速铁路路基工程施工质量验收标准》以及《高速铁路轨道工程施工质量验收标准》等。验收标准体现了源头控制、过程控制和细节控制,强调了管理系统标准化、人员安排标准化、现场管理标准化以及过程控制标准化等,促进了先进、成熟和科学的测试方法的使用,并进一步改进了原材料检查的数量和方法,最终保证高速铁路项目的施工质量。

(3) 工程造价标准对高速铁路工程基本定额、铁路预算定额、铁路概算定额和铁路估算定额等进行了规定。最新公布的《铁路工程估算定额(第一册 通信工程)》(TZJ 2201—2019)、《铁路工程估算定额(第二册 信号工程)》(TZJ 2201—2019)等 84 项工程造价标准于 2020 年 4 月 1 日起开始实施,同时废止了早前发布的《铁路工程概算标准(第一册 通信工程)》(铁建〔1998〕42 号)等 10 项工程造价标准。随着时代的发展和高铁技术的进步,工程造价标准也在不断更新。例如,《铁路工程估算定额(第一册 通信工程)》(TZJ 2201—2019)适用于铁路基本建设工程投资估算编制,是完成规定计量单位的工程所需人工、材料、施工机具台班的消耗量标准。该工程造价标准一共有 15 个章节,分门别类地对通信工程的各个环节的消耗定额进行了规定。如第一章第一节为挖填光（电）缆沟，表格中清晰地规定了不同定额编号项目所对应的人工费、材料费和机具使用费的定额。工程造价标准的制定一方面有利于工程初始阶段的统筹安排，另一方面也有利于节约工程成本。

虽然中国已经具备高速铁路建设的领先技术，并且已经形成了相对完善的高铁标准体系，但考虑到世界上一些经济欠发达地区的实际发展状况，中国高铁走出国门，需要按照目标国的经济、环境、文化等具体情况进行设计、调整、施工，提供本土化的管理和运营服务。例如，中国在西非尼日利亚建造的货运时速 80 千米、客运时速 120 千米里的铁路，是中国二级铁路（绿皮车）的标准，但在尼日利亚已相当于一级铁路。如前所述，在本书中，我们所研究的"高铁"实际上是指现代化铁路，即指技术先进、功能完备，兼具示范意义和实用价值的交通运输线路，包含了介于高铁和普铁之间的"泛高铁"或快铁。走出国门的高铁标准，是适应东道国具体情形设计调整后的现代化铁路标准。本书后续内容将进一步按照技术标准、工程建设标准、工程造价标准三种类型，分析研究中国高铁（现代化铁路）标准"走出去"的机制、路径与对策。

4.1.2　中外高铁标准对比

近些年，伴随洲际路网理念的提出以及铁路系统的全球化趋势，各个国际高铁组织致力于打造全球通用的高速铁路标准、流程和规则。中国通过引进、消化、吸收发达国家的高铁技术，并进行不断的开拓性创新，形成了一套拥有自主知识产权的高铁标准体系。以下从发达国家高铁标准、中外高铁标准的对比等方面进行文献梳理。

4.1.2.1　发达国家高铁标准

发达国家的铁路起步较早，技术和预算较为成熟。国外铁路项目常见的标准体系是欧洲铁路标准，这与欧洲的发达程度有关。从朱梅等（2011）的研究中可以看出欧洲标准对于欧盟成员国的重要性。文章指出欧盟要求各成员国把欧洲标准纳入本国标准,各成员国制定的国家标准和技术法规应体现高透明度,相互开放,及时协调。按照协调标准生产的产品,能够在欧盟内自由流通。

日本的高速铁路发展起步早,注重高速铁路技术的标准化。史俊玲等(2015)对日本铁路技术标准体系概况进行梳理,总结出日本铁路技术标准主要分为三个层次。第一层次为国家标准,是指日本工业标准调查会(JISC)颁布的标准。第二层次为行业标准,包括国土交通省颁布的省令、解释性标准,以及协会颁布的标准等。第三层次为企业标准,主要包括一些大型制造商或运营企业颁布的技术标准或规范等。俄罗斯高速铁路发展进程相对较慢,目前俄罗斯高速铁路主要是先针对具体线路制定技术规则、规范和标准。Andreev(2010)分析得出,俄罗斯高速铁路技术法规与标准体系分为两个层次,分别为高速铁路技术规范和高速铁路技术标准。

法德两国也是当今世界高速铁路水平领先的两个国家。高亮等(2011)叙述了法国铁路标准的组织机构、标准内容与工作现状,表示法国及欧盟标准委员会一般不贸然制定和实施标准,在铁路标准的基础上,工程师与技术人员有广阔的发挥空间。阿尔及利亚 55 千米铁路项目采用法国标准,于荣喜(2014)以该项目为例,对法标系统下铁路路基设计的一些特点进行了归纳,表示在法标系统中,专业基本按学科划分,路基工程由岩土、土方、水利、结构 4 个专业组成,文件较多,工作量大。关于德国铁路的标准,在政企分开后,德国铁路建立了完整的技术标准体系(崔艳萍 等,2013)。第一级为联邦铁路管理局颁布的法律、规定、职责条例和规程,第二级为德国国家规范 DIN(类似于中国的国家标准),第三级为 DB 集团的规定、规章和规程。各专业规范系列应当与 DIN 系列兼容,发挥对 DIN 系列解释和补充的作用,以避免各种体系之间相互矛盾的弊端(Schneider,2017)。亏道远等(2020)对德国高速铁路的安全管理标准体系进行研究,指出德国高速铁路形成了一套全面具体的安全管理标准体系,通过法律和技术标准分别从宏观和细节上对高速铁路安全进行规制。

关于美国铁路的技术法规及标准体系，Robert 等（2010）指出目前美国高速铁路数量相对较少，但近年已开始规划大规模建设。美国在高速铁路建设方面注重铁路安全规则的制定和铁路系统实施的安全监管，主要由美国联邦铁路管理署（FRA）负责。

4.1.2.2 中外高铁标准的对比分析

由于国际铁路标准与中国铁路标准、各个国家（地区）铁路标准之间存在较大差异，为进一步提升中国高铁标准在国际上的认可度，不少学者也将中国高铁技术标准与国际铁路标准进行了对比分析。

UIC 是世界性的铁路组织，在铁路领域具有重要地位。雷中林（2011）对 UIC 标准限界及相关问题进行研究，发现 UIC 规范和中国铁路规范有关限界规定存在很大的不同，具体表现在 UIC 标准的动态限界的基准轮廓线是规定的固定值，而中国铁路标准的"建筑接近限界"和"机车车辆限界"按照规定是确定值。夏炎（2017）将 UIC《高速铁路系统实施手册》内容与中国高速铁路相关标准对比分析，表示与中国高铁相关标准对比，涵盖了欧洲高铁项目实施全过程的《高速铁路系统实施手册》具有运量预测更详细、环保要求更具体和财务经济要求更精细的特点。

日德两国在铁路发展史上地位显著，刘春卉等（2015）以《高速铁路设计规范》（TB 10621—2014）为核心标准，选择其中的路基部分将中国与日德两国路基标准进行对比分析，得出以下结论。一是中国和日本高速铁路的路基设计在支挡结构设计、路基面宽度上有所区别，中国标准表现在路基工后沉降限值、路基排水设施设计降雨的重现期方面要求更高。二是与德国标准相比，中国标准在路基排水设施设计降雨重现期更为详细，在路基设计使用年限方面要求较低。德国在铁路轨道设计施工上拥有完善的技术标准，颜华等（2009）对中德两国铁路轨道技术标准进行对比分析，可知中国的轨道技术标准与德国的技术标准相比存在一定的差距，尤其是中国高速铁路的设计标准还需通过大量的实践来验证。

欧盟各成员国是中国高铁"出海"的重要目的地,在国际上欧洲标准也有广泛的认可度。尹坚(2010)将欧盟铁路噪声标准与中国铁路噪声标准体系进行比较,认为中国铁路噪声标准与欧盟及其各成员国铁路噪声标准比较,尚存在诸多不完善之处,主要问题在于设备排放噪声标准不全,不适应当前高速、重载、高标准轨道、新型机车车辆等先进铁路技术蓬勃发展的形势,而且标准贯彻不力。张红平(2011)对中国和法国的有砟轨道设计标准进行对比分析,表示大部分中国标准在制定过程中参考了欧洲标准,做到了与国际接轨,两者之间基本等同或等效。一些中国标准在制定过程中参考了欧洲标准,而且部分内容要求有所提高,这些标准主要包括有砟轨道静态铺设精度、焊接接头精度。冯慧森等(2019)通过中外标准研究对比,对线路主要技术标准及参数进行分析,得出以下结论:① 随着中国列车制造水平的不断提高,现有高速铁路标准可以部分放宽。② 中国高铁的舒适度高于国外高铁,与舒适度有关的标准可以结合境外项目的具体情况合理选择。

4.1.3　中国高铁标准"走出去"的研究

2014 年 1 月 29 日,国际铁路联盟(UIC)在法国巴黎 UIC 总部召开了高速铁路标准体系(HSTC)项目启动会议,来自法国、中国、俄罗斯、意大利、日本、韩国等国的近 20 位代表参加了会议。通过本次会议,中国代表成功地将中国高速铁路技术标准体系推向世界,展示了中国铁路的技术标准化水平。

4.1.3.1　中国高铁标准"走出去"的必要性

铁路标准是铁路行业金字塔的最尖端,是铁路行业的皇冠和未来。中国铁路标准"走出去"是中国铁路发展的必然结果,"一带一路"倡议为此提供了历史机遇。

宋明顺等(2018)从"一带一路"倡议出发,对铁路设施联通情况和中国铁路标准体系进行研究,发现中国的铁路建设技术已经成熟,为在"一带一路"沿线国家保持和优化竞争优势，也为了在国际市场中占有一席之地，中国需科学修订、优化、迭代铁路标准体系，尽快形成竞争优势。潘国强等（2019）从政策角度阐释了中国高铁标准"走出去"的必要性，认为随着"一带一路"及国家"走出去"战略持续实施，国际市场容量大，中国铁路产业链完整、技术强，中国铁路"走出去"正逢其时，同时也迫在眉睫。铁路技术标准对整体技术方案具有源头性限制作用，在推介中国铁路，破除发达国家技术垄断方面具有先遣部队的作用。孙鑫（2015）肯定了中国标准，认为中国标准经过多年的沉淀和发展，是完全可以适应国际铁路发展需要的，要深刻认识到中国标准在海外发展的重要性和意义。只有中国标准进入国际市场且被国际市场所接受，高铁才能成功"走出去"，真正使"一带一路"倡议顺利落实。曾广颜（2017）论述了高铁标准"走出去"的重要意义，表示标准是当前国际竞争最主要的基石，标准竞争的胜出者能长期主导相关技术发展和市场创新的方向，一定程度上能够对国际市场产生广泛的影响。刘喆（2019）认为与其他工业品一样，中国铁路品牌的建设需要靠标准来引领。中国铁路建设标准的国际化可以降低中国"走出去"企业的成本，提升其产品或服务质量。同时，高质量的产品或服务也会反哺高速铁路品牌，从而提升中国铁路品牌的整体形象。

4.1.3.2 中国高铁标准"走出去"的适应性

随着以中国标准修建的高铁不断推广至海外市场，中国高铁"走出去"的版图不断延伸扩大。而推动中国铁路标准"走出去"的关键环节是将中国铁路标准转化为当地标准。在标准转化过程中，应进行本土化适应调整，杜绝生搬硬套。陈源（2020）认为，进行中国铁路标准本土化适应研究是促进中国铁路"走出去"的重要手段，能解决在目标国水土不服的问题，有效促进中国铁路走向世界。

目前，一些文献主要从中国铁路标准对于其他国家或者海外工程项目的适应性问题上进行研究，如杜宝军（2016）开展中外铁路荷载标准制定方法及中国高铁荷载标准"走出去"的适应性分析，经过一系列分析后，建议中国高铁线下结构设计标准应根据运营的高速动车组和高铁铁路建设情况,进一步深化理论研究和实车试验。王博(2012)为了研究中国铁路标准预应力混凝土简支 T 梁与欧洲列车的适应性,应用有限元软件 MIDAS、BSAS 建模对通桥(2005)2101-Ⅰ预制后张法简支 T 梁(直曲线,32 米)是否适应欧洲车辆荷载图示(Load 71)进行分析,得出通桥(2005)2101-Ⅰ预制后张法简支 T 梁可应用于重要性系数不大于 1.0、采用 Load 71 荷载图示的铁路线路上。冯梅(2014)以海外工程作为研究对象,认为中国铁路信号系统能否"走出去",技术标准能否适应海外工程的需要是问题的关键。她的研究表明,在基础标准上,中国信号标准是可以适用的。而在通用标准及专用标准方面,根据工程具体情况,可采取以下方式使中国信号系统被海外业主所接受:① 通过关键条款对比,说明差异及不同;② 以满足功能需求为首要条件与业主进行谈判;③ 根据业主要求对系统进行适应性改造。

4.1.3.3　中国高铁标准"走出去"的国际化影响

近年来,中国高速铁路建设依靠原始创新、集成创新、引进消化吸收再创新等方式,形成了具有世界领先水平的高速铁路技术体系。王同军(2017)认为中国铁路标准国际化有利于贯彻落实"一带一路"倡议,有利于提高中国铁路国际影响力和竞争力,有利于在国际工程中输出中国铁路方面的关键技术。目前,中国高铁标准"走出去"的国际化影响主要体现两个方面,一是参与国际标准化活动和标准制修订项目的情况,二是参与海外铁路工程建设合作方面的情况。

关于参与国际标准化活动和标准制修订项目,夏炎(2019)在中国铁路工程建设标准国际化措施研究中总结出以下主要内容:2013 年至今,中国铁路主持参与 UIC(国际铁路联盟)标准制修订项目 38 项,占 UIC 标准制修订总项目32%;2016 和 2017 年,先后两次借助中国国际现代化铁路装备展机会与 UIC联合主办"铁路合作·发展论坛"。与 UIC 不同,国际标准化组织(ISO)是世界范围内国际标准化活动最为活跃的专业标准化机构。陈源(2020)指出截至

2019 年 5 月，中国选派专家参与了 ISO/TC 269 全部 21 个工作组的工作，主持开展了包括"轨道几何和轨道几何质量特征"（ISO 23054—1）、"机车车辆侧窗"（ISO 22752）、"钢轨焊接通用技术条件和试验方法"（ISO 23300—1）、"机车车辆制动通用技术条件"（ISO 24221）等国际标准的制定工作。中国主持 ISO/TC 269 工作组（特别工作组）数和国际标准数均居 ISO/TC 269 各参与成员国前列。于冰等（2019）研究中国铁路参与 ISO/TC 269 国际标准化工作的现状，对中国与铁路发达国家在 ISO/TC 269 工作中的参与度情况进行比较，研究结果表明中国活跃度较高，而且发展较为均衡。

在海外铁路工程建设合作方面，首先倪光斌等（2016）指出为适应中国铁路快速发展、铁路改革以及铁路"走出去"战略的需要，进一步扩大中国铁路技术的国际影响力和权威性，有必要开展铁路行业工程建设标准先进性与国际化研究。目前关于海外铁路工程建设合作成果，石砾雅等（2019）表示"一带一路"倡议提出以来，中国秉持"共商、共建、共享"原则，与广大沿线国家合作建设了一大批重大工程项目，其中尤以基础设施互联互通项目为主，中国和肯尼亚合作共建的蒙内铁路就是双方合作共赢的示范性项目。陆东福（2018）指出，中国国家铁路集团有限公司作为铁路"走出去"企业层面的"牵头人"，深入推进中老铁路、雅万高铁、中泰铁路、匈塞铁路、巴基斯坦拉合尔轨道交通橙线项目等工程，进一步推动了境外项目的建设步伐。

4.2 知 识 转 移

4.2.1 知识转移的概念、特征

4.2.1.1 知识转移的概念

美国学者 Teece（1977）首先提出了知识转移的概念。在研究国际技术转让涉及的水平和因素时，他发现沟通成本和知识转移是影响国际技术传播和应

用的基本要素,技术知识在不同国家之间的转移可以缩小国家之间的技术差距。从那时起,知识转移逐渐成为知识管理的研究热点。Singley 等(1989)从个体的角度阐释知识转移,认为知识转移是个人使用在另一情况下获得知识的过程。Gilbert 等(1996)认为,知识转移是一个动态过程,并且是组织持续学习过程的一部分。仅当知识吸收方将知识吸收到自身的一部分中时,知识转移才完成。在知识吸收成为组织的一部分之前,它必须经历知识采用和知识接受等阶段。Szulanski(1996)指出知识转移是知识源与知识接收方之间进行的一个知识互换的过程。更进一步,Davenport 等(1998)认为知识转移是将知识从知识源转移到组织中其他个人或部门的过程,包括知识传递和知识吸收两个过程。知识被接收意味着知识接收方对知识源传递的知识有充分的感知和理解,并且能据此采取行动。Argote 等(2000)认为,知识转移是一个部门(小组、单元或区域)受其他部门的经验影响的过程。Garavellia 等(2002)认为,知识转移是一个认知过程,由编码化与通译两部分组成。张大为等(2009)进一步将知识转移应用于个体、团体、组织部门和组织等不同主体之间知识的流动、共享和转化。尽管国内外学者对知识转移进行了大量研究,但它们基于不同的研究目的和研究视角,对知识转移观点的定义有所不同,具体参照表 4-1。

表 4-1　关于知识转移观点汇总

发展视角	知识转移分为知识获取、知识交流、知识应用和知识同化四个阶段(Gilbert et al,1996)
目标视角	知识转移是涉及认知资源的过程,也是知识在个人之间或个人与群体之间转移的人际过程(Aita et al,2007),以实现知识的传递、转移和共享,达到知识价值的实现与增值(王建刚 等,2011)
参与主体	知识转移是知识传播者与知识接收者之间进行的知识资源互动的过程(Glaser,1973),需要依赖知识转出方、接收方、目标知识和转移情境四个主体参与(Cummings et al,2003)
人际视角	知识转移的根本作用是缩小人类个体或组织之间的知识差距并促进人类的共同发展(Osterloh et al,2000)

可以看出，学者们由于自身的知识结构以及研究视角不同而对知识转移有不同的理解，但他们对知识转移概念的共识也是显而易见的。主要表现为：① 知识转移是从知识源到知识接受者的转移过程；② 知识转移还包括知识接受者对知识的吸收以及向知识源反馈的过程，知识转移与知识吸收是相辅相成的；③ 知识转移的目的是使知识接受者掌握知识源的知识，不仅包括掌握知识表达的，而且包括掌握知识进行实践指导（张大为 等，2009）。

在本书中，我们所理解的知识转移是在一定情境中实现知识从拥有者到接收者转移的过程，就跨国知识转移而言，是指将知识经验在不同国家或地区进行传播、本土化运用，从而缩小人类个体或组织之间的知识差距，并促进构建人类命运共同体的过程。

4.2.1.2　知识转移的特征

纵观已有研究，知识转移一般具有动态性、情境性、结果导向性等特征。

（1）动态性。知识转移的动态性是指从知识转移的过程来考虑的。知识转移不是静止的，而是一个动态的过程。Szulanski(1996)将知识转移分为四个阶段。第一阶段是起始阶段，主要是确定可以满足另一方要求的知识并做出知识转移决策；第二阶段是实行阶段，双方建立适合知识转移的渠道，知识源单位将知识传递给接收单位；第三阶段是调整阶段，主要是接收单位调整所接受到的知识以适应新的情况；第四阶段是整合阶段，接收单位通过制度化使所转移知识成为本单位知识的一部分。在知识转移过程中，知识源要根据知识接收对象的特征，对其掌握的知识进行筛选以适应接受方的要求，知识接收方要对知识源企业提供的知识进行调整和运用，从而使所接收的知识能适应当地的发展，发挥最大效用。由此可以看出，知识转移的过程是一个动态的过程，它不仅仅强调知识从一方转移至另一方，更关注转移过程中的调整、吸收和应用。

（2）情境性。知识转移的情境性是指知识转移是在特定的情境或环境中发生的，与组织文化、组织系统和成员素质密切相关。只有当知识转移与特定环境集成在一起时,传播和共享以及实现有效的知识转移才是有益的。与简单的知识传播不同,知识转移的情境需要受到一定的控制,受控环境增加了知识转移的成本,但同时也提高了知识转移的效率与效果。受控环境是指有形和无形元素的总称,比如技术平台、组织系统和文化机制,这些环境由一个或多个知识持有者、知识转移第三方设计,有利于知识快速有效地转移(谭大鹏 等,2005)。知识转移的第三方是指管理知识所有者和知识接收者之间知识转移的个人或组织,其任务是促进知识有效转移。知识管理部门,比如咨询公司、知识经济公司和媒体等都是知识转移的第三方。知识转移有时需要第三方,有时不需要。一般而言,知识转移受到三个层面环境的制约:一是企业价值观和战略目标等文化控制环境;二是企业知识管理组织或团队等组织控制环境;三是企业知识管理系统或网络的限制等物理环境。

(3) 结果导向性。知识转移的结果导向意味着知识转移强调知识接收者的需求和知识转移的结果,强调知识转移结果对知识转移行为的导向作用,强调基于传播和反馈的双向交流。知识转移发生的必要条件是知识转移双方存在着知识差距。李顺才等(2003)使用流体力学的概念,认为个体与个体之间、组织与组织之间的知识在不同程度上存在的客观差距称作"知识势差",知识转移的功能是缩小知识差距。在高度信息化的今天,技术差距已经成为组织与组织之间的主要知识势差,知识转移是缩小技术知识势差的重要手段。技术的提升最终都要落实到技术所带来的结果上,看结果是否适用于当前环境,能否造福于民。所以知识转移的过程要以最终的结果为导向,不断根据期望的知识转移结果调整转移的行为,提升结果的适用性。唯有如此,才能实现知识转移双方的共赢,促进人类共同发展。

4.2.2　知识转移影响因素研究

关于知识转移影响因素的研究,学者们从知识主体信任度、转移能力等不同视角做了大量的研究,也取得了不少研究成果。基于主流的研究观点

（Cummings et al，2003；李同合，2018），本书从知识属性、知识源、知识接收方、情境因素四方面对影响知识转移的因素进行文献梳理。

4.2.2.1　知识属性

目前，已有不少学者探讨了知识属性对于知识转移过程的影响。陈菲琼（2001）认为，知识复杂性指的是与某些特有知识相关联且知识结构较为复杂的技术，该部分知识难以被一般成员所理解和接受，会导致知识整体难以整合。因此，张琦等（2019）认为知识复杂性能够影响知识转移的绩效。Polanyi（1996）认为知识包括显性和隐性知识，隐性知识是扎根于特定情境的行动、参与和使命，是非口语化、难以表达和难以编码的知识，因此隐性知识一般难以转移。同样，Zander 等（1995）也指出知识在转移过程中会受到知识的可成文性、可教导性等内隐及外显特征影响，且知识的隐性特征能阻碍知识转移。除此之外，Lippman 等（1982）认为，知识的因果模糊性是影响知识转移的重要因素之一，既能成为阻止竞争对手模仿的障碍，又能成为组织知识转移或学习的障碍。Simonin（1999）、Birkinshaw 等（2002）、Cantwell 等（2001）的研究表明知识模糊性、隐性、情境嵌入性等带来的知识黏性和转移成本提升都对知识转移产生阻碍作用。Cummings 等（2003）发现知识的可表达性越差，知识转移越难，同时也发现被转移知识的嵌入性会增加知识转移的难度。肖小勇等（2005）分析了知识属性对知识转移的影响，发现知识的模糊性、专用性和复杂性会通过影响知识的应用来影响跨国公司母子公司之间知识转移的难易程度。曲虹等（2016）认为知识特性包括知识默会性和嵌入性，均会影响跨国企业的知识转移，他们指出默会知识是指那些难以编码的隐性知识，如技术诀窍、组织文化等，而知识嵌入性是指知识不是游离的虚拟物，而是嵌入在人员、工具或者任务等不同载体中的，知识的默会性和嵌入性对跨国企业知识转移绩效和机制具有显著的反向影响。张琦（2019）等人通过 DEMATEL 方法对知识转移绩效的影响因素进行研究，发现知识的因果模糊性、复杂性、隐形等因素对知识转移绩效具有决定性作用。

4.2.2.2　知识源

关于知识源即知识发送方的研究,一些学者关注知识发送方的转移动机和转移意愿对于知识转移的影响。知识发送方的转移动机是知识转移发生的必要条件,转移动机产生于知识发送方内部需要或外部诱因。Davenport 等(1997)认为,互惠、声誉和兴趣是知识发送方发生知识转移的主要动机。Osterloh 等(2000)的研究表明,为了促进企业知识转移的有效性,必须加强对知识发送方的激励,增加其转移知识的动机和意愿。刘芳等(2005)在合作研究跨国公司知识转移时发现,母公司是否愿意将拥有的知识传递给子公司,是进行成功知识转移的先决条件,转移知识的意愿决定着知识转移的完整程度。Wathne 等(1996)认为,在知识转移的过程中,如果知识源企业愿将自己拥有的知识转移给对方,它将以开放和透明的姿态对待合作中的知识转移,积极向知识接收方提供知识;反之,知识源企业将设置障碍阻止知识接收方接触其所拥有的知识,知识转移活动不会发生。王披恩(2001)在研究中国境内的外商独资及合资、合作企业后发现,中外合作企业双方的关系越好,外国母公司向中国子公司转移知识的意愿就越强,所转移的知识也就越丰富,知识转移的绩效水平就会越高。另外,还有一些学者对于知识发送方转移能力对知识转移效果的影响较为关注。一般而言,知识源的沟通编码、传授知识的能力决定知识转移绩效。Martin 等(2003)的研究指出知识转移能力是指知识发送方将所转移的知识以一种易于理解和吸收的方式传递给知识接收方的能力,知识转移能力越强,知识转移绩效越好。Spender(1996)研究了知识发送方提供知识的能力对知识转移的影响,知识发送方的知识转移能力是发生知识转移的先决条件,其提供知识的能力取决于自身的知识储备。彭新敏等(2008)认为知识发送方的知识储备越多、积累状况越好,就越有可能完整地、系统地提供合作创新所需的知识,知识转移的有效性也就越高。

4.2.2.3　知识接收方

关于知识接收方的研究,更多学者将研究重点放在知识接收方吸收能力和接受意愿对知识转移的影响上。Cohen 等(1990)认为,知识接收方的吸收能力是指识别新知识的价值并理解和运用的能力,包括对新知识的识别、理解和转化利用能力。只有当知识接收方理解并应用了所转移的知识时,知识转移才有效。杜丽虹等(2014)以中国对外直接投资的母公司为研究对象,从吸收能力视角着力探讨母公司接受海外子公司逆向知识转移后对自主创新绩效的影响。Gupta 等(2000)指出,知识接收方吸收能力能够影响知识转移的数量,对组织间及组织内的知识转移具有重要作用。Mu 等(2010)在研究美国跨国公司和跨国战略联盟内部知识转移时发现,知识接收方接受意愿和吸收能力会直接影响知识转移效果。Cohen 等(1990)也认为,企业原有的知识基础会影响到获取新知识的意愿,以及对新知识的吸收和利用,进而影响企业间知识转移。

此外,还有一些学者研究了知识接收方的学习动机、先前经验对知识转移的影响。Gupta 等(2000)认为知识接收方的学习动机对转移的知识量具有正向影响。Huber(1991)认为提升知识接收方组织的学习文化,能从整体上提高组织的知识转移效果。Zaltman(1973)等人认为缺乏学习动机会导致行动拖延和虚假接受,会阻碍知识转移的有效进行。Pérez-Nordtvedt 等(2008)认为,知识接收方的学习意图、知识来源方的转移动机均能正向影响知识转移。Lord 等(2000)指出,学习意图体现为知识接收方学习知识的主动性和目的性,是知识转移的重要驱动力。张琦(2019)等人的研究也表明,学习意图能影响知识转移绩效。Nonaka(1994)认为知识转移主体间应具备一定的"知识重叠",该重叠部分为知识接收方吸收知识发送方转移来的知识奠定基础。先验知识指的是知识接收方已有的知识结构、经验积累等知识基础。Wathne(1996)认为企业所拥有的先验知识越丰富,知识转移的效果越好。唐锦铨(2012)的研究也指出,先验知识对技术转移效果具有显著正向影响。

4.2.2.4 情境因素

知识产生于特定情境,与组织文化制度、成员素质等密切相关,知识转移只有与特定的情境相融合才能实现知识的高效转移。本书主要从转移路径及技术、文化因素、社会网络、关系强度几个方面梳理影响知识转移的情境因素。

不少学者重点关注转移路径的选择和转移技术对知识转移过程的影响。Hendriks(1999)指出,信息和沟通技术(ICT)能缩短知识传递的时空距离,促进知识转移。李莹(2017)的研究指出,大数据时代下联盟企业的知识转移更为高效。Fraser 等(2000)的研究发现,企业经理们有共享知识的愿望,但是受到技术因素的限制。Cramton(2001)以虚拟团队为研究对象进行了知识转移研究,发现存在多个信息接收者时,各个接收点由于信息技术上的差异会形成理解障碍。Hooff 等(2004)研究表明,计算机中介沟通(CMC)技术会对组织承诺产生显著影响,进而间接影响知识转移。杨栩等(2014)的研究认为知识转移渠道对知识转移产生显著影响。根据王欣等(2016)的研究,知识的有效转移具有路径依赖性,不同的知识依赖于不同的转移路径。因此,知识转移的渠道选择不合适,将不利于知识的有效转移。苏卉(2009)也认为,由于组织间的制度、文化等方面的差异会影响双方的知识转移效果,因此选择合适的方式进行知识转移就显得尤为重要。马费成等(2006)对企业间知识转移进行实证分析,发现适合双方的转移渠道能够显著提高知识转移的效果和效率。

关于文化因素影响知识转移的研究方面,不少研究表明,双方的文化特性决定知识转移是否成功。Alavi 等(2001)的研究指出知识联盟间的知识转移必须首先解决联盟间管理争议、文化冲突等问题。Abou-Zeid(2005)的研究表明,文化互补性、相似性以及一致性等特征会促进组织的知识转移。徐金发等(2003)认为组织文化是影响知识转移最主要的情境因素,如对创新的鼓励程度、对知识和人才的重视程度等均对知识转移产生较大影响。Davenport 等(1998)也发现了文化差异对知识转移的影响,他们认为知识转移成功与否,主要在于接收方的组织文化,因为企业的组织文化会影响组织成员分享知识的意愿。徐笑君(2009,2010)分别对德资跨国公司和美资跨国公司进行调研,获得微观数据,然后利用 Hofstede(1980)国家文化模型进行实证分析,发现国家文化差异对德资或美资跨国公司总部知识传播能力—知识转移渠道丰富性—知识转移效果之间关系起着调节作用。叶娇等（2012）认为文化距离对于跨国企业存在外来者优势和劣势，并验证了文化距离对跨国联盟间知识转移量的倒"U"形影响。杨茜（2008）认为，文化差异对知识转移的影响类似于其对社会经济的影响，当转移双方文化距离较大时，不利于知识转移，当双方文化距离较小时，有利于知识转移。

不少学者还从社会网络视角探讨知识转移。社会网络存在第三方联系，Ingram 等（2000）认为第三方联系可使社会网络超越二元层次的关系强度而影响知识转移。另外，知识转移主体在网络中的位置对知识转移也会产生重大影响。Tsai（2001）发现处于网络中心的知识转移主体往往最具创新和盈利能力，在知识资源的交换中活跃度更高。葛宝山等（2018）认为新创企业需要重视知识共享的作用，以扩充自身知识储备，并强调新创企业需构建并参与到社会网络中，利用外部社会网络关系来提高知识共享的效率与质量，对企业制定知识管理战略具有一定的实践意义。另外，还有一些学者针对网络知识转移展开了研究。杨蕙馨等（2008）认为网络中显性知识和隐性知识的参与主体不同，将网络中知识转移分为网络和企业两个层次，网络层次的知识转移主要由显性知识在网络中的辅助支撑机构间的转移构成，企业层次的知识转移主要由隐性知识在不同企业间的转移构成。刘红丽等（2009）认为网络知识转移由核心知识网络、辅助服务知识网络和外围知识网络三个层次构成。张小梅（2011）将网络中知识转移依次划分为自网络内部向外部不断延伸的三个层次，依次为个体企业内部的知识流动、群体企业间因合作关系而产生的知识互动、网络整体与外部的其他网络环境的知识交流。

不少研究表明，关系强度对知识转移具有重要影响。Granovetter（1973）研究发现弱联系能够获得新颖有价值的信息，而强联系通常产生的是重复信息，弱联系对知识的转移更有效。Kraatz（1998）的研究表明，知识转移主体间保持较弱的关联可以保证知识和信息的新鲜程度及广度，提升知识接收方获取知识的灵活性。Hansen（1999）的研究发现弱联系与强联系具有不同的作用，弱联系作用于发现新知识,强联系作用于转移可重复知识。杨志勇等(2016)指出,母子公司间存在不同的关系互动影响双方的知识创新,且不同关系互动对知识创新的影响存在差异。陈怀超等(2017)通过系统动力学方法,构建了转移情境影响母子公司知识转移的系统动力学模型,研究发现关系密切程度及知识相似程度有利于母子公司的知识转移。

4.2.3　中国高铁标准"走出去"知识转移

4.2.3.1　高铁标准与知识

知识一词从哲学的认识论(epistemology)而来,指"被验证过的真的信念"(justified true belief)。知识源于信息但并不完全等同于信息。信息经过学习与价值认知才能成为知识。知识作为信息的集合体,包含被验证是正确的结构化的经验、价值以及经过文字化的信息。现在知识一词已被普遍使用于社会科学领域,尤其是管理学领域。尽管对知识的理解多种多样,但有一点是共同的,即知识是人们在社会实践中所获得的认识与经验的总和。本书所研究的知识内涵是:人们在社会生产实践中,通过学习、探索、发现和感悟到的对主客观世界的认识和经验的总和,是人类劳动的成果和认识的结晶。知识作为人类智慧的结晶,在指导人类行为的同时也表现出其自身的特点。

1) 知识的可表达性

知识的可表达性是指知识可以通过口头、文字、符号等工具进行表现或描述的特点。Polanyi(1966)、竹内弘高等(2006)将知识分为显性知识和隐性知识。他们认为知识可以通过文字、符号、数字和声音等形式表达出来,供人类学习和使用。知识的可表达的特点决定了知识可以在个人或者组织之间进行传递,可被理解及应用在问题解决或决策制定中,可以直接指导人类的行为。由此,我们可以认为知识是可表达的,只是知识的类型不同,表达的难度也不同。一般来说,显性知识易于表达和传递,隐性知识直接表达的难度较大,需要通过观察理解其含义并且通过实践获得。

2）知识的嵌入性

知识的嵌入性是指知识通常嵌入在个体、工具（产品）和惯例中（Argote et al,2000）。根据既有研究可知,知识总是在一定的社会实践与环境中产生与发展。人及其实践不能与嵌入其中的工作情景相分离,因而知识具有情境嵌入性,当知识依存的情境发生改变时,知识意义也往往会随之变化,从而改变知识的适用性和有效性。此外,知识总是依赖于其生态系统,知识流动需要更多系统性因素的支持,表现出对其流动路径的依赖性。由此可知,知识的嵌入性包括两个层面的内涵：一是所有知识都具有嵌入性,但不同知识的嵌入性程度可能不同。二是当知识流动路径保持不变时,知识即可保持自身的意义和价值。当知识流动路径改变时,知识意义与价值也可能发生变化（赵书松 等,2009）。

3）知识的黏性

Hippel（1994）较早提出了黏性信息的概念,当新环境中的信息获取、传输和应用需要成本时被称为信息具有黏性。当成本低时,信息黏性低；当成本高时,信息黏性高。朱红涛（2012）总结了知识的嵌入性与知识的黏性之间的联系,他认为知识的嵌入性产生了知识的黏性。知识的黏性是由于知识依赖于个人的存在或它所处的环境而难以移动的属性,这一属性可能会阻碍知识在个人或组织之间进行转移。知识的嵌入程度越深,知识依赖性越强；知识黏度越高,知识对接收者主体的适应性越差,知识转移的难度越大。

4）知识的发展性

知识以追求真理为目标,而真理不是固定不变的,会随着人类历史的发展而变化,因此知识的形成与发展过程是动态的,人类只有在实践过程中才能不断完善发展知识,可见知识具有发展性。

高铁标准是基于高速铁路设计和建设背景产生的,是一定的高铁科技成果或科研生产实践经验的总结,并且经过分析、研究、归纳、提炼和概括,可以说是高铁产业发展智慧的集成和浓缩。技术标准、工程建设标准和工程造价标准构成了中国成熟的高铁标准体系。目前中国的高铁标准是由中国铁路行政管理部门和承建部门等组织,在调研、沟通协商的基础上共同起草,并最终以文字、图片和符号的形式表现出来。就其呈现形式来看,主要有印刷发行的纸质版手册和在电脑端呈现的电子版文件。无论以哪种形式呈现,都体现了高铁标准的可表达性特征。

高铁标准是依存于高铁行业发展的背景而存在的,与高铁建设的实际情境密不可分。高铁标准涉及高铁产业活动的方方面面,针对的是共同的问题、重复使用的领域,它是规范、是准则,对于维护高铁产业发展秩序起着重要作用。由此可见,高铁标准是基于整个高铁行业的背景提出的,具有共性的特点。但是其在具体的运用过程中,还应考虑到高铁所在地的地形、气候、文化环境等特点。当高铁标准的使用情境发生改变时,应根据具体情境,对高铁标准进行本土化的调整运用。因此,高铁标准具有嵌入性特征。

中国高铁标准是在中国高铁发展的背景下编订的,体现了高铁标准的中国特色。也就是说,其在一定程度上体现了对中国地形地貌、气候条件、政策环境和经济环境的依赖性。这种依赖性在一定程度上阻碍了高铁标准在其他国家的应用,这体现了高铁标准的黏性。在中国高铁标准"走出去"的过程中,需要根据东道国的政策、经济、文化环境进行本土化的改造,尽可能减少黏性。

高铁标准是在不断实践的过程中形成的,以文字呈现的对高速铁路设计、施工等方面的经验总结。高铁标准不是一成不变的,随着高铁技术的进步和使用对象的变化,需要不断更新设计规范、零部件应用的标准和建设的标准。技术标准、工程建设标准和过程造价标准都将随着科学技术的发展与新材料、新工艺的应用不断更新,这也体现了高铁标准发展性的特点。

综上所述,我们可以认为高铁标准具备可表达性、嵌入性、黏性和发展性的特点,因此高铁标准实质上属于知识。

4.2.3.2　高铁标准"走出去"与知识转移

通过对国外先进标准的引进、消化、吸收、再创新,在运输、机务、工务、电务、车辆等方面,制定了一系列的中国高铁国家标准、行业标准,形成了具有自主知识产权的先进高铁标准体系,中国高铁已成为中国在国际社会外交中的靓丽新名片。在"一带一路"倡议的背景下,要想更好地实现中国与沿线国家之间的互通互联,交通设施联通显得尤为重要。其中,把中国先进的高铁技术和设备在国际上进行推广,实现互利共赢,是"一带一路"交通设施联通的重要内容。而要实现这一目标,首先要推动高铁标准"走出去",使得中国高铁标准在国际上能够得到广泛认可。

中国高铁标准"走出去"的内涵可以从两个方面进行理解。一方面是指中国高铁标准获得认可。认可中国高铁标准,必然接受按照中国标准生产的高铁产品和提供的服务,有利于高铁产品出口到目标国,即我们通常所说的高铁标准"走出去"带动中国产品、技术、装备和服务"走出去"。另一方面是指高铁标准在国外得到实施。中国高铁标准在他国实施,作为他国企业组织生产、提供服务的技术依据。我们现在开展的中国高铁标准海外版制定工作,就有利于中国标准在他国实施。例如,《高速铁路设计规范》(TB 10621—2014)已发布了阿拉伯语译本、泰语译本。将《铁路旅客车站设计规范》(TB 10100—2018)和铁路工程施工质量验收系列标准等18项铁路工程建设标准翻译成英文版本。

高铁标准"走出去"的过程实际上是一个标准识别、标准实施、标准调整和标准吸收的过程,在整个过程中涉及项目招投标阶段、项目勘察设计阶段、项目施工准备阶段、项目施工阶段和项目竣工验收阶段5个阶段。在高铁项目招投标阶段,中国高铁企业编制工程造价建议书,并上报给高铁标准进口国。工程造价建议书涉及完成整个高铁项目建设,预期或者实际需要的全部费用,包括材料及设备购置费、建筑工程及安装工程费等。在项目勘察阶段,技术总承包商在获得技术准入的基础上,进行地质勘察和测量,提供设计图纸、设计文件初稿等。项目招标阶段和项目勘察阶段可以看成是对高铁标准进行识别的阶段,以中国铁路标准中的技术标准和工程造价标准为依据,选择能适应目标国的高铁标准,并获得标准接受国的认可。在中国标准获得认可的基础上,进入标准实施阶段。标准实施包括项目施工准备阶段和项目施工阶段。在标准实施的过程中,需要根据进口国的政策、地理环境、人文等具体情况进行本土化调整和应用吸收。因此,高铁标准"走出去"的过程具有动态性的特点。

高铁标准"走出去"是要在一定的环境中进行的,需要考虑到中国高铁标准在他国的适用性(金水英等,2019a)。高铁标准在其他国家的使用不是生搬硬套的,必须要考虑到标准接收国的具体情景进行调整。为了顺利实现高铁标准输出,高铁标准"走出去"的情境需要受到一定的控制,标准制定者、标准接收方、高铁设计建设第三方的一方或几方将设计有利于高铁标准"走出去"的技术平台、组织体系和文化机制等,称为受控情境。高铁标准"走出去"的受控环境既包括对高铁标准"走出去"过程的控制,也包括对高铁标准"走出去"结果的控制。因此,高铁标准"走出去"具有情境性的特点。

中国高铁标准"走出去"的根本目的是提升中国高铁标准的国际认可度,缩小中国与他国之间高铁标准的差距,提高高铁标准接收方的高铁建设质量,增进跨国沟通与交流,实现合作共赢的人类命运共同体。为了实现这一目标,就要求高铁标准"走出去"要以结果为导向,加强中方与东道国之间的交流与反馈,确保基于中国高铁标准的境外铁路建设项目对于东道国来说是适用的。只有这样,才能提升中国高铁标准的国际认可度,促进中国高铁产品、装备、服务等的出口。与此同时,通过高铁建设,可以增进高铁标准进口国的经济活力,促进其经济发展。因此,高铁标准"走出去"具有结果导向性。

综上所述,高铁标准"走出去"的过程是以促进人类命运共同体为根本目标,具有动态性、情境性、结果导向性的特点,所以高铁标准"走出去"的过程实质上是高铁标准等相关知识转移的过程。

通过文献梳理可以发现,学者们关于知识转移问题的研究,对象大多为跨国母子公司、联盟企业和项目团队等,研究的企业类型较为广泛,但以高铁相关企业为研究对象的文献较少。此外,在已有研究文献中,知识转移的内容主要涉及技术、管理经验、组织结构和运营标准等方面，所研究的知识内容较为繁杂。高铁标准属于知识的一种，高铁标准"走出去"是知识转移的一种形式。然而，目前专门就高铁标准"走出去"知识转移问题的研究甚少。因此，本书以高铁标准为研究对象，探讨中国高铁标准"走出去"知识转移问题，具有一定的创新性。

4.3 全球价值链

4.3.1 全球价值链的概念

Porter(1985)首次提出"价值链"的概念，并运用它分析公司行为和竞争优势。他认为，公司的价值创造过程主要由基本活动和支持性活动两部分构成，这些相互联系的战略性活动组成了公司创造价值的链条环节，称为"价值链"。Porter认为不仅公司内部存在价值链，而且任何公司的价值链同时存在于一个由众多价值链构成的价值体系中，该价值体系中各个创造价值的活动相互关联，影响着公司竞争优势的大小。与此同时，Kougut(1985)研究提出，"价值链就是各种生产要素(如原料、技术与劳动等)融合在一起形成各个环节，接着通过择优组装连接各个环节产生最终产品，最后通过交易活动和消费活动等完成价值循环过程"。一个国家的或一个企业的竞争优势不可能占据价值链上的所有环节。

Gereffi(2001)在分析全球范围内产业联系以及产业升级问题时，在全球商品链的基础上提出了全球价值链(Global Value Chain,GVC)的概念。把价值链的研究视角拓展到了全球范围内，他指出全球价值链是为实现某种商品或服务的价值而连接生产、销售直至回收处理等全过程的跨企业网络组织，它包括所有参与者和生产销售活动的组织及其价值、利润的分配。从组织规模看，全球价值链包括参与某种商品或服务的生产性活动的所有主体；从地理分布看，全球价值链具有全球性;从参与主体看,有一体化企业、零售商、领导厂商、供应商。他还区分了价值链和生产网络的概念,价值链主要描述某种商品或服务从生产到销售、消费和服务的一系列过程,而生产网络描述的是一群相关企业之间关系的本质和密切程度。

2002年,联合国工业发展组织(UNIDO)提供了一个较为权威的定义:全球价值链(GVC)是指在全球范围内为实现商品或服务价值而连接生产、销售、回收处理等过程的全球性跨企业网络组织,涉及原料采集和运输、半成品和成品的生产、分销、最终消费、回收处理等过程。

在前人对全球价值链研究的基础之上,本研究对全球价值链的定义如下:全球价值链是指在全球范围内为实现商品或服务价值,而连接研发设计、生产、销售、售后服务等过程的全球性跨企业合作组织。一条完整的价值链通常被分为三大环节:第一是研发环节,包括相关产品服务的研发、设计、技术知识的培训提高等环节;第二是生产环节,包括原料购买、半成品的生产、终端加工、测试、质量控制、包装和库存管理等环节;第三是营销环节,涵盖了品牌建设、广告、销售、售后服务等环节。从增值潜力来看,这三个环节呈现出由高到低,再转向高的"U"形,这就形成了全球价值链"微笑曲线"模型。如图4-1所示:

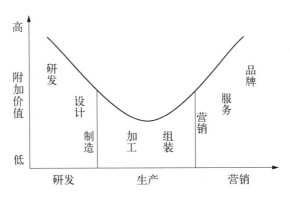

图4-1 全球价值链微笑曲线模型

资料来源:施振荣.再造宏碁:开创、成长与挑战[M].台北:天下文化出版社,2004.

4.3.2 全球价值链治理

4.3.2.1 全球价值链治理理论

由于研究视角和重点不同，全球价值链治理理论呈现多元化的特点，并且仍在不断丰富发展。

Humphrey 等（2002）从价值链升级的视角总结了 4 种治理模式：层级模式——主导企业拥有位于海外的供应商，主导企业直接定义产品细节，完全主导生产过程；半层级模式——主导企业定义产品规格，但可能由于供应商出现生产问题而蒙受损失；网络模式——主导企业与供应商共同决定产品规格，双方实现优势互补；市场模式——产品高度标准化，主导企业和供应商不需要在决定产品细节方面进行协作。

Ponte 等（2005）建立了观察和预测全球价值链体系治理的新理论框架，提出全球价值链的 5 种治理模式：① 市场型治理：该种模式下，产品规格比较简单，价格是主要的协调机制，交易容易完成，供应商往往不需要买方的支持就能完成合约；② 模块型治理：该模式下，产品、产业、质量标准为主要的协调机制，复杂信息被编码化和数字化后传递给供应商，供应商无须买方监督和控制生产流程就具备提供整套模块的能力；③ 关系型治理：该模式下，信任和声誉为主要的协调机制，供应商拥有独特的能力获取买方信息；④ 俘获型治理：买方对供应商实现全局控制是主要的协调机制，供应商完全依赖买方的监督、指导和干预完成生产和交易；⑤ 层级型治理：协调机制在于自上而下的管理，产品规格无法编码，供应商能力不足，所有环节都在公司内部进行。

Ponte（2009）研究质量惯例、组织原则和全球价值链之间的关系，以 6 种惯例原则为基础分析主导企业的治理逻辑。它们分别是：① 以生产力为原则的行业惯例，由第三方通过测试、认证和检验以保障产品符合规范标准；② 以忠诚度为原则的内部惯例，产品的规格和质量标准取决于长期建立起来的人际关系和反复合作的历史；③ 以竞争为原则的市场惯例，市场价格是产品质量的主要标准；④ 以福利为原则的公民惯例，为了满足公众在健康、安全和环境问题上的诉求,产品的生产、营销和出售应当达到一定的标准;⑤ 以创造性为原则的启发惯例,视创新和创造能力为核心,强调产品的新奇性和突破性;⑥ 以声誉为原则的评价惯例,产品的质量取决于公众的认可程度。

Ponte 等(2014)通过融入宏观要素,建立了微观、中观和宏观三个层次的"模块化"的治理框架:微观层次描述价值链节点的决定要素及其交换机制,中观层次描述价值链节点之间的连接方式以及与价值链上游和下游的拓展程度,宏观层次描述全球价值链的整体运行模式及其结果。

4.3.2.2　全球价值链治理路径提升

对于全球价值链治理路径提升方面的研究,Humphrey 等(2002)提出 4 种全球价值链升级的方式:产品升级、工艺流程升级、功能升级和跨产业升级。产品升级是指生产新产品或者采用更先进的生产线提升已有产品的效率。工艺流程升级是通过重组流程和引进技术以提高作业流程效率。功能升级指放弃落后技术以提升经济活动的技术含量。跨产业升级是投资新产业以嵌入新的价值链条。许南等(2012)认为,在全球价值链中,发展中国家企业长期从事代加工生产,附加值低,很多处于俘获型或层级型价值链治理模式之中。Bazan 等(2014)指出相对于美国,欧洲价值链的功能升级较快,价值链治理好坏对产业升级有着决定性的影响。发展中国家通过外包及外商直接投资等方式,获得了发展的机会,但面临着价值链低端锁定的困境。价值链治理可以对产业进行优化升级,而产业升级既是价值链治理模式的动态表现,也是价值链治理的途径(张慧明 等,2015)。

4.3.2.3　全球价值链治理效果评价

学者们关于全球价值链治理效果的评价研究主要集中在国际竞争力的评判上。Koopman 等(2010)提出全球价值链的参与度和地位(KPWW)评价方法,利用投入产出表测算中国、美国等 20 多个国家的 12 个行业的国际竞争力地位。刘祥和等(2014)利用上游度测算产业全球价值链竞争力。周英芬等(2015)运用波特的钻石模型实证研究中国零售业在全球价值链上的国际竞争力。林桂军等(2015)利用 Kaplinsky 升级指数分析中国整体装备制造业在全球价值链中的升级趋势和地位,发现中国企业依然倾向进口于相对高价的零部件,出口相对低价的零部件,总体处于全球价值链中的低端位置。戴翔等(2017)运用全球价值链分工地位指数测算全球 44 个国家(地区)2000—2014年制造业部门的国际竞争力。他们的研究表明,中国制造业国际竞争力呈现先降后升的趋势,劳动密集型产业领域的国际竞争力最强,技术密集型产业领域的竞争力提升较快。此外,中国制造业国际竞争力指数的全球排名较为靠前。

4.3.2.4　高铁全球价值链治理

马欢(2017)指出高速铁路全球价值链治理,是掌握核心技术的治理主体通过建立跨国企业输出标准化体系,做大全球总价值,并且实现治理主体价值份额最大化。与此同时,他指出高铁全球价值链治理体系由供应商、制造企业、贸易企业、建造企业、运营企业等内部和外部治理主体构成。具体如图 4 - 2所示。

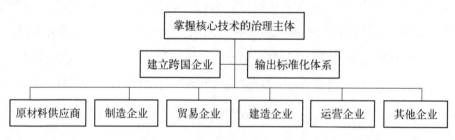

图 4-2　高铁全球价值链治理体系

林晓言等(2020)认为,高铁全球价值链是指高铁企业在全球市场上参与进行的高铁技术研发、制造、营销、交付、售后服务及再循环利用的价值增值活动。其全生命周期包括前端、中端和后端三部分,前端指高铁设计研发并形成专利,以及关键设备、特殊材料与零部件制造,可获取最高的租金。营销、维修及循环利用属于后端,可获次高租金。中端指整车拼装制造与施工环节,可获租金最低。就参与企业而言,前端和后端活动能获取的租金最高,能掌握行业标准制定的主动权,是高铁全球价值链治理的关键。具体如图 4-3 所示。

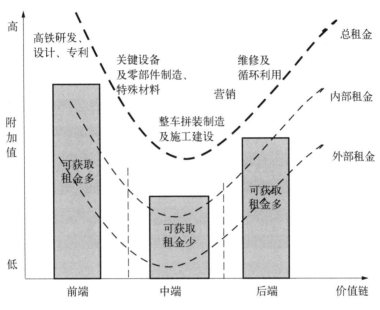

图 4-3　高铁全球价值链治理

4.3.3　全球价值链与命运共同体

针对当前的全球局势,秉持合作共赢的理念,中国国家主席习近平提出了打造"人类命运共同体"的理念,致力于建立更加合理包容的世界秩序。安虎森等(2012)指出,欠发达地区通过引入外部资源,提高在全球产业链中的地位,是实现"人类命运共同体"的关键环节。王怒立等(2018)认为中国应该努力加强与"一带一路"沿线国家的合作,输入优势资源,提升发展中国家在全球价值链中的地位。向涛(2019)提出,全球价值链下的国际分工实现了要素在全球范围内的配置,可以将不同国家和各国人民紧密连接在一起,形成彼此利益交融的人类共同体,在国际分工中共享收益。此外,经研究发现发达国家科研水平高,拥有较多的资源,处于附加值高的全球价值链的前端和后端,对全球价值链的影响能力强。"人类命运共同体"的建设需要协调好大国之间的关系。陈鹏（2020）指出，构建"人类命运共同体"之所以能对全球价值链产生深刻影响，是因为它能够改变全球价值链博弈的前提和机制；围绕世界和平与发展，推动国际博弈范式向合作共赢的方向迈进。刘建颖（2018）认为，习近平主席提出的共建"一带一路"倡议和"人类命运共同体"的理念，为全球价值链治理提供了中国智慧和方案。实质上，"人类命运共同体"的思想和全球价值链各参与方同生共荣的基本特征高度契合，而"一带一路"倡议则是构建"人类命运共同体"的重要通道。

构建"人类命运共同体"，树立合作共赢意识是关键。杨佳（2020）、舒展等（2020）认为，顺应经济全球化的历史潮流，世界人民一同构建"人类命运共同体"，倡导合作共赢的全球化新方案，推进全球治理体系改革，越来越成为世界各国的共同诉求。邢华等（2013）认为，为了应对复杂多变的国际形势，积极参与全球治理，构建发展"人类命运共同体"，中国要实行更加主动的开放战略，积极创建合作共赢的全球价值链，打造中国经济"升级版"。李毅中（2013）在第四届世界工商协会论坛上指出，各国工商界是推进经济和贸易发展的主力军，应积极参与全球价值链治理，以工业转型升级为契机，构建合作共赢的全球价值链。郭言（2017）针对中美经济形势，指出中美经贸关系要坚持合作共赢的正确方向，这不仅关系到两国的根本利益，更关系到世界经济的繁荣与稳定。董静等（2018）也认为，中美两国在新型国际分工中的产业优势各自凸显，在全球价值链上形成了互利互补的经贸关系，两国应在尊重彼此利益的基础上加强协商谈判，共同推进价值链分工的全球化进程，探索并走出一条利在两国、惠及世界的合作共赢之路。由此可见，构建"人类命运共同体"，合作共赢是唯一出路。经济全球化时代，国际分工与合作形势日益凸显，构建合作共赢的全球价值链已成为推动当今世界经济转型升级、构建"人类命运共同体"的重要力量。

以上是对高铁标准、知识转移、全球价值链等方面研究文献进行的梳理。

如前所述,中国高铁标准"走出去"的过程本质上是高铁标准等相关知识转移的过程。然而纵观文献,鲜有研究涉及中国高铁标准"走出去"的知识转移问题,基于全球价值链视角研究中国高铁标准"走出去"知识转移问题的文献更是少之又少。本书认为,对于中国高铁标准"走出去"知识转移问题,需要从一个独特的视角出发,开辟新的研究领域。在"一带一路"倡议和构建"人类命运共同体"的大背景下,基于全球价值链视角研究中国高铁标准"走出去"的知识转移机制和路径,具有一定的现实意义。

4.4　全球价值链视角下中国高铁标准"走出去"知识转移理论

面对当前的全球局势,中国始终秉承"人类命运共同体"的发展理念,致力于为世界和平与发展贡献力量,中国高铁标准"走出去"是中国为实现"人类命运共同体"的重要举措之一。中国高铁标准"走出去"至少有两种类型:一是向高铁技术相对落后的发展中国家输出标准;二是向高铁技术先进的发达国家输出标准。那么,向其他国家输出中国高铁标准是如何改善合作双方的知识禀赋状况,以构建合作共赢的全球价值链的呢? 其微观机理是什么? 本节将对此进行探讨,并构建全球价值链视角下中国高铁标准"走出去"知识转移研究的理论框架。

4.4.1　接受中国高铁标准的国家知识进步微观机理

知识技术是一个国家发展的根本动力所在。知识进步有广义和狭义之分,狭义的知识进步主要指在知识技术应用的直接目的方面所取得的进步,包括知识进化和知识革新。广义的知识进步指产出增长中扣除劳动力和资金投入数量增长的因素后,所有其他产生作用的因素之和,又称"全要素生产率"，包括技术进步、管理水平的提高、资源配置的改善、生产要素的提高、规模经济等。

一国的经济增长离不开生产率的提高，而生产率的提高又与知识进步密切相关。中国高铁标准"走出去"可以通过对标准接受方的知识溢出效应，实现对标准接受方的知识转移。接受中国高铁标准的国家通过吸收中国关于高铁建设和运营的知识和经验，能够将中方铁路设计和建设的先进技术、管理经验等知识扩散到本国，从而促使本国知识技术的进步。

中国高铁标准"走出去"的知识溢出效应，指中方将所具有的高铁设计和承建的技术标准、工程建设标准、工程造价标准等知识向知识接受国转移的效应，客观上促进了知识接收方在技术、管理经验等方面知识水平的提高。从而帮助高铁建设水平比较落后的国家提升高铁建设水平，实现从无高铁向有高铁，从比较落后的高铁向比较先进的高铁的跨越。知识溢出效应从中国向高铁标准接受国传导的渠道主要有以下几种：

（1）示范和模仿效应。在经济学中，示范效应是指消费者的消费行为要受周围人们消费水平的影响。在这里，示范效应指中国高铁企业在东道国输出高铁标准所产生的先进知识技术的示范作用。通过中方企业的示范，将提高东道国运用中方输入的先进知识技术的准确度，提升技术操作水平。模仿效应指标准接受国主动学习或模仿中国先进的高铁标准技术、管理经验等知识。尽管东道国企业自身还不具备先进的高铁知识技术水平，但是其在面临相似情境时，可能效仿中方在处理技术难题时采用的方法，从而获得先进技术、管理经验等知识。

（2）市场竞争效应。市场竞争效应是指市场竞争带来的改善。竞争将改变行业垄断带来的效率低下问题，并降低垄断的高昂成本。铁路基础设施建设作为与国民经济和民生有关的工程，具有耗时长、资金投入大、经济效益回收期长的特点，因此东道国高铁项目的业主通常是所在国政府的职能部门，比如各个国家的铁道部。普通民营企业很难进入，所以会形成一定程度的垄断，这种垄断在一定程度上不利于国内竞争。此外,这些部门由于相对稳定,缺乏竞争压力,进而缺乏追求技术进步的动力。中国高铁企业以及中国高铁标准的进入增加了东道国当地企业的竞争压力,使得东道国不得不提高高铁技术知识水平和生产效率,以维护自己原有的市场份额。

（3）企业的关联效应。企业的关联效应是指企业的生产、技术等方面的变化对其他企业产生的直接和间接的影响。当东道国承认中国高铁标准,并采用中国高铁标准进行高铁建设时,由于其国内高铁产业上下游生产要素在技术上与中国高铁标准存在差距,为了弥补这一缺口,将倒逼上下游企业学习先进的技术知识,提升自身知识技术水平。同时,企业的关联效应还包括中国高铁工程承包企业与当地企业之间在技术与管理方面的合作所产生的知识溢出效应。

（4）人力资本的溢出效应。卢卡斯的人力资本溢出模型指出,"人力资本的溢出效应可以解释为向他人学习或相互学习,人力资本较高的人将对其周围的人产生影响,并提高生产力"。中国高铁标准"走出去"的过程是一个相互学习的过程。在这一过程中,中国高铁承包企业对标准接受国当地员工进行培训,提高了他们的技术和管理水平,如果这些员工后来受雇于当地企业,就可以提高当地企业的技术和管理水平。

中国高铁标准"走出去",正是秉持"人类命运共同体"的理念,将中国先进的高铁技术知识向他国转移,进而构建合作共赢的全球价值链。对于接受国而言,吸收中国高铁标准,有助于其缩小与他国之间的知识势差,减少高铁技术开发的成本,以较快的速度获得经济上的发展,提升其在全球价值链中的地位。

4.4.2　向海外输出高铁标准的中国企业知识进步微观机理

在当今世界,高铁已经成为人们往来于不同城市之间的主要交通工具,在为人们的生活提供便利的同时也大大提高了社会运转的效率,从而促进经济的快速发展。中国高铁标准"走出去",无论是高铁标准在海外的直接应用,还是以中国高铁标准为基础的机车装备等产品"走出去",主观上可以促进海外国家高铁知识技术进步，同时在一定程度上给中国高铁企业带来知识技术水平的提升。具体来说，中国高铁标准输出促进中国技术进步的微观机理主要有知识反哺效应、规模经济效应。

（1）知识反哺效应。中国高铁标准"走出去"可以通过"学习效应"和"竞争效应"将中国高铁在其他国家建设过程中产生的新的生产技术、管理经验引入国内，形成逆向技术溢出，增强高铁技术标准的兼容性，提升中国高铁企业在全球价值链中的竞争力，打破海外投资壁垒。首先，中国高铁承包企业对东道国进行勘察、设计和施工，将中国高铁标准在东道国本土化运用。在运用的过程中，中国高铁企业通过外部网络向内转移市场政策、消费者偏好、竞争对手信息等软知识，这一过程将弥补中国在高铁标准制定过程中存在的欠缺。其次，随着中国高铁标准的出海，当中国高铁企业在东道国承建高铁项目时，将直接在当地采购原材料、销售产品并提供服务，与东道国上下游企业建立紧密联系，嵌入并形成系统化的东道国高铁产业链。该模式可为中国国内高铁相关产业链的发展提供经验指导和技术参考。最后，中国高铁标准出口将推动优质的中国高铁装备产品、项目"走出去"，进而促进中国国内高铁市场竞争，促进中国高铁企业开展技术创新，实现知识的转化和升级。

（2）规模经济效应。这一效应包括静态和动态规模效应。静态规模效应主要是指在中国高铁标准"走出去"的过程中，基于东道国对高铁技术和高铁产品要求的多样化，中方企业可以在原有技术的基础上，根据不同国家对高铁技术、产品的要求对其进行改进，从而研发出符合各个东道国市场需求的高铁标准技术。这种改良后的标准使得中国高铁建设项目的适用性和质量得以提高，但调试成本却很低。高铁承建项目增加伴随着平均成本的下降，其原因在于高铁标准和技术的"通用"特征，即每增加一种新的用途，相对于获取这种标准技术知识的固定成本而言，其可变成本是很少的。一种技术拥有的用途越广泛、适用的产品领域越多，这种静态规模经济越有意义。动态规模经济是指中方企业特有的高铁标准技术在应用中不会损耗或衰败，反而在数次应用后由于东道国"干中学"效应,使得知识水平得以提高,也就是用得越多,技术的质量、技术的效率和效应越能得到提高。

4.4.3　中国高铁标准"走出去"与全球价值链升级

作为全球高铁市场的后起之秀,中国曾经是"市场换技术"的典范,缺乏原始创新的动力,一些关键设备和零部件受到发达国家的限制,并且处于高铁全球价值链的低附加值部分。如今,中国高铁采取引进—消化—吸收—再创新的方法,已研发形成较成熟的世界领先的高铁标准体系。Nadvi 等(2004)认为从全球的范围内看,价值链要实现垂直分工,而国际分工实现的前提是标准。中国以技术、知识产权、创新能力等新型要素替代传统资源要素,推动中国高铁标准"走出去",参与高铁领域全球价值链分工,是实现全球价值链重塑战略目标的重要途径。

从价值链的角度来看,中国高铁标准"走出去"模式决定了中国高铁企业实现价值链升级的方向,也影响了升级所需技术的获取方式。

1) 生产者驱动模式下高铁标准"走出去"与全球价值链升级

在生产者驱动模式中,中国高铁标准"走出去"的过程是高铁技术标准、建设标准和造价标准主要或部分"走出去"的过程。该模式下,作为主导者的中国高铁企业重点关注高铁的研发、设计、生产等附加值环节,输出中国高铁标准、进行产业链完整化构造是合乎全球竞争规则的正确路径。中国高铁企业要重视技术创新、生产能力和相关产业的纵向整合,以此作为参与市场竞争的核心竞争力。如第 3 章所述,此模式下,中国高铁标准"走出去"的对象国一般是资金、人力和运营管理能力较强,但高铁研发和建设能力较弱,自身高铁建设标准体系不完善的国家,比如东南亚国家。将中国先进的高铁标准技术在这些国家输出并进行本土化运用,能通过示范效应和波及效应快速提高中国高铁标准的国际认可度,进而提升中国高铁在全球价值链中的地位,打破中国高铁标准"走出去"的行业壁垒。

事实上，向其他国家转移中国高铁标准也能间接促进中国高铁企业实现更高层次的转型升级，掌握行业核心技术。在高铁海外项目承建过程中，东道国特殊的气候地形在给铁路工程建设带来考验的同时，也将推动中国高铁技术不断研发创新并取得关键性的突破，为中国形成极端气候地区高速铁路系统成套技术和标准奠定基础。而这种核心技术的掌握将有利于中国在高铁全球价值链中走向高附加值一端。如中泰铁路是由中方总承包建设的，全盘采用了中国的技术、设计方案和机车设备。该铁路的顺利实施不仅能够促进泰国铁路的现代化，也能起到示范作用，为中国高铁标准进一步走进东南亚国家指明方向。再如越南城市轨道吉灵—河东县项目在全部采用中国工程建设标准的基础上，越方还向中国订购了13辆城铁列车。因此，在生产者驱动的全球价值链中，中国高铁标准"走出去"能间接促进本国高铁企业知识技术的进步，从而实现全球价值链的升级。

2）购买者驱动模式下高铁标准"走出去"与全球价值链升级

购买者驱动模式下，品牌创造和销售终端渠道是全球价值链中附加值最高的环节。中国高铁企业主要承担的角色是海外高铁项目材料设备的供应单位，为项目提供全部或部分符合被投资方标准要求的铁路装备产品，中方企业向被投资方转移的知识内容主要涉及高铁装备产品品牌和专有技术。如第3章所述，此模式下，中国高铁标准"走出去"的对象国一般是高铁标准已经较成熟、自主规划建设能力较强的发达国家。中国高铁标准想要全产业链进入这些地区有较大困难，为此中国高铁企业需要另辟蹊径，从其消费者特质属性出发，明确在该类市场实现销售突破是提供低价质优、可以有效降低高铁建设成本的高铁装备品牌和专有技术。中国企业可以用先进装备产品作为敲门砖，以产品价格和质量为宣传点来实现高铁标准的输出。

购买者驱动模式下，中国高铁企业为海外高铁项目提供全部或部分符合东道国标准的铁路装备产品。在这一过程中，中国高铁企业有机会接触发达国家高铁标准技术，通过技术外溢吸收利用发达国家的先进高铁标准知识，弥补中国高铁标准的缺陷,提升中国高铁标准的国际兼容性。在此基础上,整合其高铁产品品牌、销售渠道,提高市场营销能力,从而提升企业在全球价值链中的地位,实现链节攀升。

3) 混合驱动模式下高铁标准"走出去"与全球价值链升级

除了购买者驱动和生产者驱动的价值链条外,实际上还有许多价值链条处于两者之间,即具备购买者驱动和生产者驱动特点的混合驱动模式。混合驱动模式下价值链的增值侧重于生产环节和流通环节,产业的价值增值过程受到双动力机制的共同作用。因此,混合驱动下的全球价值链与前两者相比较为复杂。如第 3 章所述,此模式下中国高铁标准"走出去"的对象国一般是原有基础设施比较落后、铁路运输需求比较迫切,但自身又不具备建设技术和资金的国家,比如非洲国家。

该驱动模式下,中国高铁标准以全产业链输出为主,中国高铁企业同时集技术总承包单位、施工总承包单位、施工分包单位、材料供应单位于一体,作为各个施工阶段的核心主体,提供包含工程造价预算、勘测设计、工程施工、运营管理、人才培养在内的一整套服务。该模式下,中国高铁企业既可能承担全球价值链中附加值较高的设计研发环节,也可能通过品牌和销售渠道来提升其在全球价值链中的地位。如何确定其价值链升级的方向,以及如何实现价值链攀升,其中的机理还需根据中国高铁标准出口过程中的实际情况来决定政策取向,按照具体需求来考虑全球价值链升级策略。

4.4.4　全球价值链视角下中国高铁标准"走出去"知识转移理论框架

科学的分析框架是研究中国高铁标准"走出去"知识转移问题的关键,但国内外相关研究文献还比较缺乏。由于中国高铁标准"走出去"过程实质上是中国高铁标准相关知识[①]的转移过程,本节将在前文理论研究的基础上,结合知

---

① 本书研究的高铁标准"走出去"知识转移不仅指高铁标准向外转移,还包括高铁标准"走出去"过程中涉及的高铁品牌、产品质量信息等其他相关知识的转移。

识转移相关研究，设计一套基于全球价值链视角下的中国高铁标准"走出去"知识转移理论分析框架，为后续章节的研究做好铺垫。

　　基于全球价值链视角的中国高铁标准"走出去"知识转移理论是结合中国高铁标准"走出去"情形，对已有知识转移理论进一步延伸与拓展，以使其能够更加真实地反映中国高铁标准"走出去"知识转移机制和路径，并提出策略建议，有效促进中国高铁标准在国际上的推广和应用，以重塑合作共赢的全球价值链。因此，本书构建的基于全球价值链视角的中国高铁标准"走出去"知识转移理论框架主要从三方面展开，如图4-4所示。

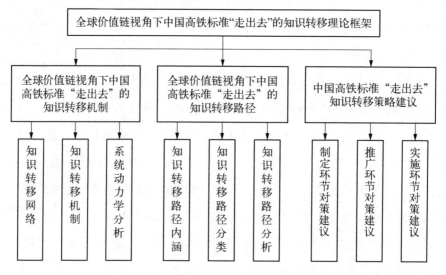

图4-4　全球价值链视角下的中国高铁标准"走出去"知识转移理论框架

　　1) 全球价值链视角下中国高铁标准"走出去"的知识转移机制

　　知识转移机制是指知识转移过程中知识发送方与接收方的结合模式与影响因素间的相互关系，合理的转移机制是实现知识有效转移的必要保障（肖小勇、李自如，2005）。中国高铁标准"走出去"知识转移过程中各主体构成了网络中的多个节点，节点之间形成了网络关系，中国高铁标准"走出去"知识转移网络构建的有效性是网络知识转移机制分析准确性的前提。此模块首先基于中国高铁标准"走出去"过程中具体知识转移情况,梳理出中国高铁标准"走出去"知识转移网络结构;其次,基于生产者驱动、购买者驱动、混合驱动三种不同全球价值链驱动模式,从知识转移动机与转移内容两方面,对中国高铁标准"走出去"知识转移网络结构中的顺向与逆向知识转移机制进行分析;最后,从知识源、知识接收方、知识属性、情境因素四个维度对中国高铁标准"走出去"知识转移的影响因素进行分析。

中国高铁标准"走出去"知识转移是一个复杂系统,符合系统动力学建模的基本条件。在上述影响因素分析的基础上,此模块接着运用系统动力学方法对中国高铁标准"走出去"知识转移机制这一复杂系统进行建模,并运用 Vensim 仿真软件对其进行模拟仿真,以验证所构建的中国高铁标准"走出去"知识转移机制的有效性。研究内容详见第 5 章。

2) 全球价值链视角下中国高铁标准"走出去"的知识转移路径安排

知识转移路径是知识实现转移的"通道",是转移过程中的关键因素,离开转移路径,知识转移就无从发生,中国高铁标准作为一种特殊的知识,同样需要通过合适的路径来实现跨国转移。基于全球价值链视角的中国高铁标准"走出去"知识转移路径是中国高铁标准"走出去"知识转移研究领域的重要课题。知识转移路径是否有效将会对中国高铁标准"走出去"最终的效果产生重要的影响。通过对知识转移路径的研究,有利于优化中国高铁标准"走出去"的具体方式,节约知识转移成本,进而为中国提升高铁标准"走出去"知识转移效率、重塑合作共赢的全球价值链提供新思路和新方法。

此模块首先界定知识转移路径的内涵、类别,接着基于全球价值链视角,以中泰铁路、南非机车、雅万高铁、亚吉铁路等海外铁路项目为例,分别分析生产者驱动模式、购买者驱动模式和混合驱动模式下的中国高铁标准"走出去"的知识转移路径。研究内容详见第 6 章。

3) 中国高铁标准"走出去"知识转移策略建议

基于上述中国高铁标准"走出去"的知识转移机制、路径分析,结合本书第

3 章从高铁标准制定、推广、实施三个环节总结得出的中国高铁标准"走出去"的问题，此模块将从高铁标准制定、推广、实施三个环节出发，分别提出对应环节高铁标准"走出去"知识转移策略建议。

高铁标准制定环节处于标准"走出去"的起步阶段，针对该阶段中国高铁标准"走出去"顶层设计规划不足与核心技术仍需提高的问题，此模块将提出加强高铁标准顶层设计合力、加强中外标准互鉴对标、推动科研与标准协调发展等建议；高铁标准推广环节处于标准"走出去"的发展阶段，针对中国高铁标准国际认可度不高、中国高铁标准国际兼容性不足、中国高铁标准专业化人才缺乏等问题，此模块将提出提升高铁标准国际影响力、培育高铁标准国际化人才、对外推广高铁示范工程等策略；在高铁标准实施环节，针对面临的政治、经济、文化、竞争等风险，此模块提出分析解决本土化问题、提高运营管理能力、多措并举推动实施等策略建议。研究内容详见第 7 章。

第 5 章
全球价值链视角下中国高铁标准
"走出去"的知识转移机制

中国高铁标准"走出去"知识转移机制是在中国高铁标准"走出去"过程中，知识发送方中国高铁企业与知识接收方高铁进口国的结合模式与影响因素间的相互关系，合理的知识转移机制是中国高铁标准顺利实现"走出去"的必要保障(金水英等,2021a)。本章首先分析中国高铁标准"走出去"知识转移网络结构。其次基于生产者驱动、购买者驱动以及混合驱动三种全球价值链模式,结合中国高铁标准"走出去"的典型案例,从知识转移动机、转移内容两方面分析中国高铁标准"走出去"顺向与逆向知识转移机制,并从知识源企业、知识接收方、知识属性、情境因素四方面进一步分析中国高铁标准"走出去"知识转移的影响因素。最后,运用系统动力学方法对中国高铁标准"走出去"知识转移机制这一复杂系统进行建模,并运用 Vensim 仿真软件对其进行模拟仿真,以验证所构建的中国高铁标准"走出去"知识转移机制的有效性。

5.1 中国高铁标准"走出去"的知识转移网络结构

中国高铁标准"走出去"知识转移过程由参与高铁项目的主体作为网络中的重

要节点,节点之间又以正式或非正式的合作竞争关系形成网络关系,从而构成了中国高铁标准"走出去"知识转移网络。主体间的知识转移以其所在的网络为基础,因此网络构建的有效性直接影响网络知识转移机制分析的准确性(金水英 等,2019)。

中国高铁标准"走出去"的主要载体是中国承建的海外铁路项目。中国高铁企业通过在各个国家或地区承建高铁项目,在不同阶段扮演着投标单位、技术总承包单位、施工总承包单位、施工分包单位、材料设备供应商、施工监理单位、运营管理单位等不同角色,与高铁进口国、国际竞争者等多个外部组织之间发生合作竞争关系,形成了以中国高铁企业以及高铁进口国为核心的知识转移网络结构,如图 5-1 所示。

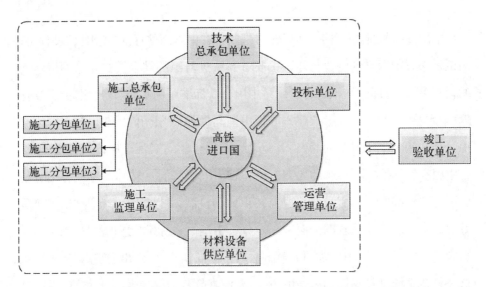

图 5-1 中国高铁标准"走出去"知识转移网络主体关系概图

高铁进口国是高铁项目的所有者和发起者,也可能是该项目的管理者和投资者,其作为该知识转移网络的核心,承担协调管理各个参建单位的主要责任。铁路基础设施建设作为关系国计民生的项目,具有耗时长、资金投入巨大、经济效益回收期长的特点,因此高铁项目的进口方一般为东道国政府的某一职能部门,比如各国的铁道部。投标单位是指为了得到一项高铁工程项目,在招标投标活动中响应招标、参与竞争的单位;技术总承包单位的工作包括铁路工程勘察和工程设计,是指受建设单位委托为高铁项目提供技术标准支持的企业。这类企业对项目地理环境进行考察勘测后,将测绘的数据资料传递至设计单位,由设计单位结合高铁进口国建设要求、当地法律法规等,综合设计工程项目的初步结构、技术、施工图纸等;施工总承包单位是指对项目进度、质量、安全、拨付款、分包单位管理等方面负责、具备相应资质的单位,此类单位对项目各方面具把控能力,从而保证项目的顺利完成;施工分包单位,是指具有从工程总承包单位分担一部分铁路建设工程资质的承包单位,具体可以分为专业分包单位和劳务分包单位两类,其中专业分包单位的主要责任是承接项目中的非主体或者非关键部分,而劳务分包单位主要承接项目的劳务作业;材料设备供应单位是指在高铁项目建设运营过程中提供原材料、运营设备等的单位;施工监理单位是指受高铁进口国委托或者由专门监理主体派遣,对工程建设全过程活动进行第三方监理的具备资质的企业单位;运营管理单位是指在高铁项目竣工验收后,承担起铁路后续运营管理工作的单位或机构,此类单位对铁路运行提供技术管理咨询、日常维护、安全保障等。

在上述知识转移网络结构中,在铁路项目建设运营的不同阶段,中国高铁企业向高铁进口国顺向转移工程造价标准、工程建设标准、技术标准、高铁企业品牌、产品质量信息等知识内容。同时,从高铁进口国获取海外劳动力市场信息、高铁市场需求、高铁贸易优惠政策、高铁项目投资建设、运营管理经验等。考虑到高铁标准"走出去"知识转移网络主体之间知识转移关系的纷繁复杂,本章在图 5-1 的基础上,从高铁项目的招投标、勘察设计、施工准备、施工、竣工验收、运营管理 6 个阶段,进一步阐述中国高铁标准"走出去"在各个阶段的知识转移表现。

5.1.1　项目招投标阶段

高铁项目招投标阶段是决定高铁项目能否成功落地的关键阶段,高铁进口国家以及作为投标单位的中国高铁企业为该阶段的核心主体。在此阶段,高铁进口国制订招标计划并进行公开招标,向投标单位转移建设项目区域地形地质资料、地区发展规划等资料和数据。中国高铁企业作为投标单位，向高铁进口国家进行知识转移的内容主要包括项目建议书与可行性研究报告，其中涵盖对该高铁项目涉及的市场、技术、工程、经济和环境等方面的分析结果。另外，中国高铁企业还将编制工程造价建议书并上报给高铁进口国，向高铁进口国展示以中国高铁标准建设完成整个高铁项目，预期或者实际需要的全部费用，包括材料及设备购置费、建筑工程及安装工程费、运营管理费等，由此实现工程造价标准的转移。该阶段知识转移关系如图 5-2 所示。

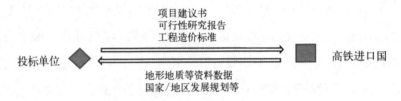

图 5-2　项目招投标阶段知识转移网络结构

5.1.2　项目勘察设计阶段

勘察设计阶段是高铁项目建设的重要环节，直接影响着后续高铁项目能否顺利实施。高铁进口国家以及作为技术总承包商的中国高铁企业为该阶段的核心主体。高铁进口国委托中国技术总承包商企业承担项目的勘察和设计工作，并向承包商颁发技术标准准入许可。同时，技术总承包商通过实地勘察和测量，根据该高铁项目的功能定位、客运需求、投资预算、沿线生态和所在区域发展目标等，提供设计图纸、设计文件初稿等，完成该阶段的勘察设计任务，通过比较分析确定设计速度目标值、最小曲线半径、最大纵坡、牵引吨数以及到发线有效长度等多项标准，向高铁进口国转移高铁技术标准。其知识转移关系如图 5-3 所示。

图 5-3　项目勘察设计阶段知识转移关系

5.1.3　项目施工准备阶段

高铁项目施工准备阶段分为施工准备前期和施工准备后期,是高铁项目如期高质量完工的重要保障。随着网络结构中主体数量的增多,高铁项目合作网络内的知识转移关系也变得更加复杂。同时,该阶段中国高铁企业可能承担的项目职能也更为多元,包括技术总承包单位、施工总承包单位以及施工监理单位。该阶段由高铁进口国家牵头,组织技术总承包单位、施工总承包单位、监理单位,共同召开设计图纸与设计文件审议会议,施工总承包单位对技术总承包单位于勘察设计阶段形成的设计图纸、设计文件进行详细深入的复测及验证,并在此基础上形成具体施工图纸,再报经技术总承包单位审核,为正式开工做好准备。在此过程中,各方之间的知识转移发生在以下几个方面:一是中国企业作为技术总承包单位,在获得标准准入许可的情况下,继续向高铁进口国转移工务工程、通信信号、牵引供电等技术标准;二是中国企业作为施工总承包单位,向高铁进口国转移施工技术标准、施工安全标准等工程建设标准,为保障铁路顺利建设提供技术支撑,同时吸收高铁进口国的劳动力信息与施工过程中的相关经验;三是中国企业作为施工监理单位,根据高铁进口国的监理需求提供施工准备阶段监理服务,并向对方提供高铁项目监管信息。此阶段具体知识转移关系如图 5-4 所示。

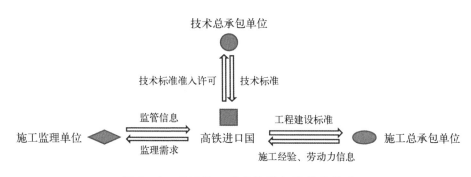

图 5-4　项目施工准备阶段知识转移关系

5.1.4 项目施工建设阶段

高铁项目施工阶段是中国高铁标准"走出去"的核心环节,铁路建设投资大、耗时长,各个参与承建的单位在施工总承包单位的协调统一下,共同完成轨道施工与运营设备安装等复杂项目工作。在此阶段,中国高铁企业所扮演的知识转移网络主体角色在施工准备阶段的基础上,进一步扩展至施工分包单位与材料设备供应单位。施工分包单位承接专业分包任务或劳务分包任务,加快推进高铁项目的建设步伐。材料设备供应单位向高铁进口国提供高铁建设所需的原材料、机车零部件以及各种机械设备。此过程中,各方之间知识转移的主要内容为:一是中国高铁企业作为材料设备供应单位,向高铁进口国输出高铁品牌、产品质量信息等知识,同时获取对方的高铁市场信息等。二是中国高铁企业作为施工分包单位,与施工总承包单位一起,向高铁进口国转移施工技术标准、施工安全标准等工程建设标准,同时吸收高铁进口国的劳动力信息与施工过程中的相关经验。三是中国企业作为施工监理单位,根据高铁进口国的监理需求对高铁施工全过程提供实时监理服务,并提供高铁项目监管信息。项目施工建设阶段知识转移的具体过程如图5-5所示。

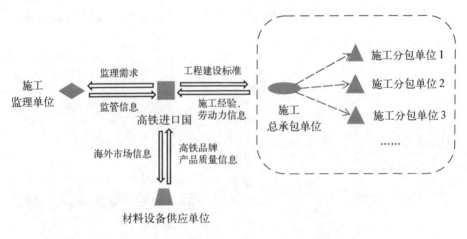

图5-5 项目施工建设阶段知识转移的具体过程

5.1.5　项目竣工验收阶段

竣工验收阶段是检验高铁项目是否符合施工质量及技术要求的决定性环节,完成验收后的高铁方能正式投入运行。在此阶段,由高铁进口国牵头组织成立项目验收小组,组内成员由中国高铁专业技术人员、东道国铁道部门人员以及第三方验收专家组成。在该阶段,中国高铁企业主要承担竣工验收职能,全面检验完工后的高铁项目是否符合工程造价标准、工程建设标准、技术标准等要求。在施工建设阶段的基础上,此阶段新增的知识转移内容主要为:竣工验收小组获得高铁项目的竣工文件、施工图表、项目数据等,根据工程验收标准对项目进行实体核查验收,并提供高铁项目验收报告。该阶段具体知识转移关系如图 5 - 6 所示。

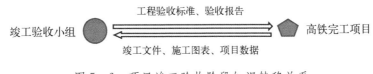

图 5 - 6　项目竣工验收阶段知识转移关系

5.1.6　项目运营管理阶段

项目运营管理阶段是中国高铁标准"走出去"迈进全产业链输出时代的标志,在全产业链输出模式中,中国高铁企业除了要完成勘探设计、机车制造、工程建设等任务外,还将在项目竣工后提供高铁配套运营管理服务。目前,中国高铁企业已经在非洲、印尼等国家或地区,实现以蒙内铁路、亚吉铁路、雅万高铁为代表的全产业链输出高铁项目。因此,高铁项目竣工后的运营管理同样是中国高铁标准"走出去"的研究重点。作为运营管理单位,中国企业在该阶段向高铁进口国输出的主要内容为运营与管理服务标准,包括日常运营流程、维护技术、员工管理培训等方面;同时在运营管理过程中,积累海外高铁项目的运营管理经验、获取与高铁进口国的贸易商机等信息。该阶段具体知识转移关系如图 5 - 7 所示。

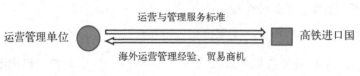

图 5-7　项目运营管理阶段知识转移关系

5.2　中国高铁标准"走出去"的 知识转移网络机制分析

中国高铁标准"走出去"知识转移网络总体结构如图 5-1 所示，是基于高铁进口国与投标单位、技术总承包单位、施工总承包单位、施工分包单位、材料设备供应单位、施工监理单位、运营管理单位以及竣工验收小组等组织之间的知识转移关系。在该知识转移网络内，高铁标准相关知识主要通过顺向转移和逆向转移两种方式在高铁进口国家与中国高铁企业之间进行转移。其中顺向知识转移路径是指中国高铁企业作为投标单位、技术总承包单位、施工总承包单位、施工分包单位、材料设备供应单位、施工监理单位、运营管理单位等，以现有的技术标准、工程造价标准、工程建设标准、运营与管理服务标准、高铁企业品牌、产品质量信息、监理报告信息等向高铁进口国实现知识转移的过程；而逆向知识转移是指中国高铁企业在高铁建设过程中从高铁进口国获得国家发展规划、技术标准准入政策、海外施工经验、劳动力信息、海外市场需求信息、文化习俗等知识的过程。

高铁建设作为重大民生工程，工期长、耗资大，在高铁项目不同阶段，知识转移主体承担的工作职责不同，涉及的知识转移内容也不同。高铁项目建设运营过程中涵盖的高铁标准纷繁复杂，在不同全球价值链驱动模式下，中国高铁标准输出的知识转移内容重点亦有所差异，需要对中国高铁标准"走出去"知识转移网络机制进行具体分析。

5.2.1　顺向知识转移

1）转移动机

从中方角度,中国高铁标准"走出去"有助于提升中国高铁在国际市场上的影响力和竞争力,推动全球价值链的延伸升级。当下,中国高铁作为"中国制造"到"中国创造"的标杆,凭借其技术优势、安全优势和成本优势,已成为中国外交的新名片,是中国切实推进"一带一路"框架下基础设施互联互通的核心项目(Jordan,2014)。2019 年,"天狼星号"抵达捷克,作为中车株洲电力机车有限公司出口欧盟的首列高速动车组,该动车组具备智能化控制技术等多项创新设计,能够适应多样化的欧洲列车运营模式。此外,中国还为奥地利生产全球首创的储能式无轨电车,为德国提供了混合动力调车机车等。中国高铁产业服务于欧盟市场,是中国高铁企业迈向国际一流企业的坚实一步,标志着中国高端装备制造品牌的国际认可度得到了进一步的提升。标准是如今国际竞争最重要的话语体系,中国高铁标准"走出去"有助于促进中国高铁国际化发展、提升其他国家对中国高铁标准的认可度和信任度,从而提高中国高铁在国际市场上的影响力和竞争力。现阶段,向海外输出中国高铁标准并出口高铁技术与装备,不仅是高铁相关企业的商业盈利行为,而且能带动高铁关联产业发展,推动全球价值链不断延伸升级。

从高铁进口国角度,吸收学习中国高铁标准有助于促进当地完善高铁标准体系、培养高铁专业人才、提高自主研发能力,从而推动高铁产业发展。此外,中国高铁标准"走出去"对高铁进口国的经济发展、产业结构优化以及城市化进程具有积极促进作用,有利于在进口国建立高铁生产与经营基地,打造基于各方合作共赢的全球价值链。近几年来,印度、泰国、巴基斯坦、土耳其、南非等亚非欧国家,纷纷向中国高铁企业抛出橄榄枝,表现出对中国高速铁路的浓厚兴趣和热情,希望引进中方高铁技术标准。中国高铁标准的出口为塑造合作共赢的全球价值链注入新鲜血液。

2）转移内容

生产者驱动模式下,中国高铁标准出口的典型特征是海外高铁项目建设全部或者部分采用中国标准，涵盖招投标阶段的工程造价标准、勘察设计阶段的技术标准、施工阶段的工程建设标准，但中方企业不参与竣工验收后项目的运营管理，向外转移的知识内容以造价标准、技术标准、建设标准为主。中老铁路是第一个以中方为主投资建设并运营，与中国铁路网直接连通的境外铁路项目，全线采用中国高铁标准，成功实现工程造价标准、工程建设标准、技术标准的综合输出。该铁路不仅代表着中国制造的标准，也代表着中老友谊的传承。该模式下中国海外高铁项目还包括中泰铁路，中泰铁路是泰国第一条双规标准轨铁路，该项目由中国铁路总公司牵头的企业联合体负责，由中方企业提供适用中国标准的道路设计方案、机车设备，以高架、隧道、轨道、车辆设备等工程实物为载体，实现中国技术标准、工程造价标准、工程建设标准等的顺向转移。

购买者驱动模式下，中国高铁企业的核心作用是作为材料设备供应单位，为项目提供全部或部分符合高铁进口国标准要求的铁路装备产品，中方企业向高铁进口国转移的知识内容为高铁产品装备品牌、专有技术、产品质量信息、产品设计理念、产品生产工艺等知识。2011年，中国高铁企业品牌第一次踏上了工业文明的发祥地之一的法国。中国北车与法国货车租赁公司签署了20辆氨气罐车、20辆液化气罐车的销售合同，让中国高铁品牌第一次打开了欧洲货车的采购市场，成功实现高铁品牌的输出。2012年10月，中国轨道交通高端设备"走出去"在非洲迈出重要一步，中国南车株洲电力机车有限公司首获南非电力机车订单，南非国有运输集团决定向中国采购95台电力机车，该订单标志着南非铁路公司与中国高铁企业首次达成了机车采购合作，由此让南非铁路市场开始了解中国高铁的产品设计理念、产品生产工艺等。2014年，南车再次与南非签订超21亿美元的电力机车合同，这是中国轨道交通装备整车领域出口的最大订单，该项目的背后，释放的信号不仅是南非地区对中国高铁企业品牌、产品设计理念等的认可，更深层次地说明我们成功实现了产品质量信息的输出，在该地区建立起良好的产品质量形象。随后，中国高铁企业纷纷先后在欧洲马其顿、马来西亚、美国芝加哥等地区收获高铁设备的合同订单,表明在购买者模式下,中国高铁企业通过输出高铁设备,借以实现高铁品牌、产品质量信息、产品设计理念、产品工艺流程等知识转移的全球战略布局,取得了较为显著的成效。

　　混合驱动模式下,中国高铁企业实现了全产业链输出,中国高铁企业集技术总承包单位、施工总承包单位、施工分包单位、施工监理单位、材料设备供应单位、运营管理单位于一体,作为海外高铁项目各个阶段的核心主体,提供包含工程造价预算、勘测设计、工程施工、施工监理、运营管理、人才培养、沿线综合开发等在内的一整套服务。中方企业向高铁进口国转移的知识内容包括工程造价标准、技术标准、工程建设标准等全套中国高铁标准,以及高铁产品装备品牌、产品质量信息、产品设计理念、产品生产工艺等相关知识。该模式下中外合作的项目包括雅万高铁、亚吉铁路、蒙内铁路等。以雅万高铁为例,2015 年雅万高铁项目招标之际,中日双方展开了激烈的角逐,双方皆向印尼方提供了项目投标书。印尼方聘请了独立、可信赖、没有利益冲突的第三方咨询公司对投标书做出评判。中方提供的报价和融资方式迎合了印尼方的国家预算,和日本项目对比,中方建设周期短、效率高、成本低。此外,中国坚持义利并举,承诺向印尼转移高铁技术,进行本地化生产,帮助印尼培训高铁管理和运营人才,在推动中国高铁"走出去"的同时,将中国高铁技术与经验带到印尼,实现中国高铁标准的整体化转移,与印尼人民分享中国高铁的发展成就,最终中国在雅万高铁竞标中获胜。2014 年,中国在非洲中标蒙内铁路,该项目同样采用中国标准、中国技术、中国装备、中国管理。其中中交集团作为总承包商,下属中国路桥公司作为施工总承包商,中交第三公路工程局是施工分包商之一,铁路技术、后续维修养护及运输服务由中交隧道工程局具体实施(徐多戈,2018),建成后中国路桥受托执行最初 5 年的运营权。中国高铁企业以上述合作运营方式参与蒙内铁路的投资、设计、建设与管理,是混合驱动下中国高铁标准全产业链"走出去"的又一个典型项目。

5.2.2 逆向知识转移

1）转移动机

（1）提高中国高铁标准的国际兼容性，提升中国高铁企业在全球价值链中的竞争能力。基于重塑全球价值链的战略目标，中国高铁企业必须以技术、知识产权、创新能力等新型要素禀赋替代传统资源要素参与全球价值链分工的竞争。2007年以前，中国高铁主要以引进发达国家的先进技术为主。国内两大国有铁路制造商中国南车和中国北车股份有限公司与法国阿尔斯通、德国西门子、加拿大庞巴迪和日本川崎重工等均签署了技术采购合同，包括从发动机、发电机和电力传输到铁路信号控制系统等一系列高铁技术（文瑛琪，2018）。现阶段，中国高铁标准"走出去"并在海外承建高铁项目，除了获取经济效益，在合作过程中不断从高铁进口国获得国家发展规划、技术标准准入政策、海外施工经验、劳动力信息、海外市场需求信息、文化习俗等知识，以提高中国高铁标准的国际兼容性，是中国高铁攀升全球价值链的重要助力。

（2）增加海外高铁项目的运营管理经验。相比于高铁产业大国德国、法国和日本等，中国高铁产业虽然发展迅速，管理运营经验也在不断累积，但仍然需要时间的进一步检验。法国高速铁路花费30年时间才走完从研发到运营的过程，其间所制定的标准被众多国家所采用。同时，法国还建立了由交通部、公共铁路安全局和交通事故调查署组成的完整的监督体系，共同对法国高铁运营实施监管（仝中燕，2015）。相比于上述高铁老牌强国，中国海外高铁运营管理经验还需进一步积累。由中国铁建承建的沙特麦加轻轨项目，正是由于海外项目承接和运营的经验以及管理体系上的不健全，导致施工过程中问题不断，最终致使项目出现严重亏损（肖彦华，2017）。通过中国高铁标准出口项目的运营管理，中国高铁企业可以不断积累获取海外高铁项目的运营管理经验。

（3）推进海外高铁项目本土化运作。中国高铁标准"走出去"遭遇的最大问题就是"水土不服"，源于对东道国政治环境、经济政策、市场需求、文化习俗、消费者偏好、竞争对手等信息了解的滞后性，该问题极易导致海外高铁项目陷入失败的境地。针对这一类问题,中国高铁企业应从高铁进口国吸收国家发展规划、技术标准准入政策、海外施工经验、劳动力信息、海外市场需求信息、文化习俗等知识,助力推进海外高铁项目的本土化运作。2015 年 10 月,中国铁路总公司在充分了解了印度尼西亚政治经济环境、法律规定、文化习俗、市场需求、地理环境等因素后,与印度尼西亚 4 家国有企业在雅加达签署协议成立合资企业承建中印尼雅万高铁,在很大程度上减少了中国高铁出口当地的各种阻力,从而降低了成本。同时,中国高铁标准在"走出去"的过程中,通过获取当地原材料、劳动力等信息,购买当地原材料,雇用当地劳动力,不仅降低了建设运营成本,还可满足东道国高铁项目本土化运作的要求(徐飞,2015)。

2) 转移内容

生产者驱动模式下,中国高铁企业在高铁标准出口过程中,向高铁进口国获取高铁标准的准入政策、政治经济地理环境、劳动力信息、海外市场信息、施工经验等知识。以中泰铁路为例,从设计到施工全部由中国企业完成,表明中国高铁标准成功获取了当地的技术标准准入许可。中泰铁路作为国际工程项目,现场施工要应对全然不同的政治、经济、文化、地理气候等施工环境,因此在项目前期调研、工程施工、竣工验收阶段,中国高铁企业要不断获取当地政治经济地理环境、劳动力信息、海外市场信息等相关的知识信息。泰国具有不同于中国的自然和人文特点,中国高铁企业在高铁设计和施工中,同样需要通过实地调研、面对面交流等方式了解当地文化习俗。经过中泰铁路的施工建设,中国企业还积累了海外高铁建设施工经验,为日后在东南亚地区的中国高铁标准出口打下坚实基础。

购买者驱动模式下,中国高铁企业主要承担的任务是高铁建设项目材料设备的供应,为项目提供全部或部分符合被投资方标准要求的铁路装备产品。中国企业通过在高铁进口国实施产品销售本地化发展战略,获取当地的劳动力市场信息、高铁市场需求、高铁贸易优惠政策等知识。2014 年 12 月,南车株洲电力机车有限公司与南非国有运输集团签署轨道交通装备合作协议备忘录,在南非投资成立合资企业,借用本土化发展战略率先获取当地的劳动力市场信息,以此实现在当地雇用劳动力实现制造、供应主要铁路设备部件的战略目的。而从长期海外拓展战略来看,南非交通部已制定铁路中长期发展规划,计划在20年内建成遍布全国的铁路网。该规划不仅为中国南车及其他高铁企业提供了广阔的现代化铁路市场,而且为中国高铁企业获得当地高铁贸易优惠政策释放良性信号。

混合驱动模式下,中国高铁标准实现了全产业链出口,中国高铁企业从高铁进口国吸收获取的知识内容主要包括高铁标准准入政策、政治经济地理环境、劳动力信息、海外市场信息、施工经验、贸易优惠政策、运营管理经验等。以亚吉铁路为例,埃塞政府之前一直青睐欧美发达国家铁路建设方面的经验和技术标准,但后来中国铁建和中国中铁凭借其先进的铁路技术,获得了当地的高铁标准准入许可。从此,埃塞政府在铁路网规划中开始相信并依赖中国的高铁技术标准,还为中国高铁企业提供了诸多商机和贸易优惠政策。通过亚吉铁路工程项目,中土集团成功凭借4亿多美金的中国机械设备、通信信号及四电设备、建筑施工材料出口获取了非洲产品设备市场(查殷,2016)。在亚吉铁路项目勘察设计、施工、竣工验收、运营管理等阶段,中国高铁企业从埃塞俄比亚和吉布提两国获取了政治经济地理环境、劳动力信息、海外市场信息、施工经验、海外运营管理经验等知识。亚吉铁路获得了2017年度中国铁建杯优质工程奖、2017年度中国境外可持续基础设施项目、中国建设工程鲁班奖(境外工程),说明中国高铁企业通过该项目积累了丰富的高铁海外建设和运营管理经验。

5.2.3 中国高铁标准"走出去"知识转移的影响因素

中国高铁标准"走出去"的知识转移过程,会受到多种因素的影响(金水英等,2021b)。如第4章所述,本书将从知识源、知识接收方、知识属性、情境因素四方面,对中国高铁标准"走出去"知识转移的影响因素进行分析。在中国高铁标准"走出去"过程中,顺向知识转移为主要的知识转移方向。为更清晰地说明问题,我们以顺向知识转移为例,分析上述四个因素对中国高铁标准"走出去"知识转移的影响机理。

5.2.3.1　知识源

在中国高铁标准"走出去"的过程中,知识源中国高铁企业的转移能力、转移意愿等都会影响知识转移效率和效果。

一是中国高铁企业的知识转移能力。中国高铁经过十几年的发展,在国内已然形成了较为成熟的高铁标准体系,具备"走出去"的实力。但是中国高铁标准真正"走出去"的起步较晚,目前仍需要培养海外落地生根的能力。一方面,要求中国高铁企业具有足够的高铁标准知识储备,即对中国高铁标准体系具有充分的了解和认识,并能将知识进行合理分解,采用适合的转移路径、转移方式与转移载体,从而提升标准转移效率和效果。另一方面,中国高铁企业需要具备一定的创新能力,能够因地制宜地对中国高铁标准进行调整、创新,增强中国高铁标准的本土化适应性,从而提高中国高铁技术标准、建设标准等知识的转移效率和效果。比如,泰国一直以来使用的是 1 000 毫米的米轨,而中国高铁使用的是标准轨,不同轨道标准的顺利对接是中泰铁路项目必须要解决的技术难题,而解决这一难题的技术调整创新能力必然会直接影响中国高铁企业转移技术标准、施工标准等知识的效率和效果。

二是中国高铁企业的知识转移意愿。中国高铁标准"走出去"的过程依托于每一个跨国高铁建设项目,在海外高铁项目的投标、勘察设计、施工准备、建设施工、竣工验收、运营管理等各个阶段,都需要企业投入大量的人力、物力以及资金,由此会形成企业的知识转移成本。对知识源中国高铁企业而言,知识转移成本是影响高铁标准出口意愿的主要因素。中国高铁企业在海外输出高铁标准的目的,除了获得商业利润,还在于构建合作共赢的全球价值链。当高铁标准"走出去"带来的知识转移效益与知识转移成本相比,具有较大吸引力的时候,中国高铁企业才会有足够的知识转移意愿进行高铁标准的输出。

5.2.3.2　知识接收方

在中国高铁标准"走出去"的过程中，知识接收方高铁进口国的吸收能力、接收意愿也会影响高铁标准知识转移的效率和效果：

一是高铁进口国的知识吸收能力。中国高铁标准"走出去"的知识转移过程中，高铁进口国的知识吸收能力，对双方知识转移的效果和效率有着重要影响。而高铁进口国的人才素质、知识基础、学习能力等因素，都会影响高铁进口国对中国高铁标准的知识吸收能力。现阶段，中国高铁标准进口国的铁路建设基础差异显著，本土技术管理人才参差不齐，在面对中方输出的高铁标准时，对高铁标准的消化吸收能力自然有高有低。目前，有些引入中国高铁标准的国家在高铁标准方面的知识积累不足，高铁运营管理经验较薄弱，本土高素质专业人才十分缺乏，这些因素均会减弱高铁进口国对中国高铁标准知识的吸收能力。以20世纪70年代中国援建的坦赞铁路为例，在投入运营40年后，随着员工的迭代更替，经中国培训的老一代职工退出工作岗位，由于新员工对坦赞铁路的运营管理维护标准知识吸收能力弱，日常运营开始出现管理混乱、事故频发、维护不力、经营亏损等一系列问题。

二是高铁进口国的标准接收意愿。高铁进口国的政治倾向、地理位势、经济环境、基建状况、劳动力市场现状以及竞争对手的舆论等，在一定程度上均会影响当地政府对中国高铁标准的接受意愿，从而影响两国高铁合作和谈判进程以及中国高铁标准"走出去"的进程。由于政治倾向、地理位势、经济状况等因素，海外不少高铁进口国家或地区会更青睐于选用欧洲标准、美国标准、日本标准等。以安伊高铁为例，土耳其考虑其政治倾向，认为欧洲标准更适用于当地铁路，而中欧标准两者存在显著差异，导致中国高铁标准在铁路设计、施工等过程中的应用十分有限。国际舆论也会对高铁进口国的标准接收意愿产生影响。一直以来，美国、日本等国家不断尝试利用高铁进口国家对中国企业投资动机的疑虑来干扰中国高铁标准"走出去"，因此大肆在国际上鼓吹"中国威胁论""地缘政治""一带一陷""经济殖民"等言论，使得不少国家或地区的民众对中国的"高铁外交"产生更大的疑虑,影响中国高铁标准"走出去"的知识转移进程。

5.2.3.3　知识属性

知识的隐性、复杂性和专用性等首先会影响知识内容的可辨认性,然后进一步影响知识的可转移度。同样,在高铁标准"走出去"的过程中,知识内容的隐性、复杂性和专用性等属性也会影响中国高铁标准"走出去"知识转移的效率和效果。

一是知识的隐性。知识隐性是指某些重要知识难以通过语言、文字、图表或者符号明确表述。在中国高铁标准对外转移的过程中,这类知识主要包括铁路勘察设计阶段的技术经验、施工阶段的施工经验、项目监督管理经验以及工程临时变更的应对经验等,这类知识内容的主要载体是个人或组织,使得传递方和接收方均很难清晰界定,从而影响高铁标准出口过程中知识的可转移度。

二是知识的复杂性。海外承建的高铁项目是一个复杂的大型工程,中国高铁标准出口过程中涉及的知识范围较为广泛,包括工程造价标准、勘察设计标准、技术标准、安全标准、质量验收标准、运营管理标准、高铁品牌、产品质量信息等多方面内容,知识内容纷繁复杂。中国高铁标准出口涉及的主体也较多,构成了较为复杂的知识转移网络。中国高铁标准知识本身以及转移网络结构的复杂程度,增加了中国高铁标准"走出去"的知识转移难度。

三是知识的专用性。具备专用性特点的知识内容往往有特定的适用环节或地区,主体之间要实现知识转移,需要花费较大的转移成本,因此有研究结果表明不同行业的企业知识转移绩效有着较大的差异(Jin S-Y 等,2020)。中国高铁标准是通过总结中国高铁发展经验而形成的标准体系,它与中国的国情和需要匹配,具有一定的专用性。但能否适应高铁进口国的经济、政治、文化等环境却未知,脱离了合适的情境,其适用度可能会大幅下降。因此,在中国高铁标准"走出去"的过程中,知识的专用性也会影响中国高铁标准"走出去"知识转移的效率和效果。

5.2.3.4　情境因素

所谓情境因素即指在中国高铁标准"走出去"的过程中，除去知识源、知识接收方以及知识属性，外部环境中存在的会影响中国高铁标准"走出去"知识转移的其他因素，比如中国与高铁进口国的文化距离、制度距离、双方关系信任度、竞争者压力、在全球价值链中所处的地位等。本书主要从下几个方面进行阐述。

一是双方关系信任度。该影响因素主要聚焦于高铁进口国对中国高铁安全性和质量的信任程度。2011 年 7 月，国内甬温线发生动车追尾事故，一路高歌猛进的中国高铁产业遭遇发展滑铁卢，中国高铁的安全性一时间面临着来自世界各方的质疑与猜测。即便事故调查报告显示事故并非由列控中心设备设计缺陷导致，而为雷击引发的道路信号问题，但国内外某些不怀好意的舆论一度使中国高铁建立的良好国际形象深陷泥沼。目前，中国高铁排除万难，一路高歌猛进，正式踏入"高铁外交"阶段。合作方和竞争对手对中国高铁的信任度，将会直接影响中国高铁标准"走出去"的步伐。中国高铁企业需要更加重视高铁的安全性和质量，增强高铁进口国对中国高铁的信任度，以促进中国高铁标准进一步"走出去"。

二是宏观环境。该影响因素主要包括制度距离、文化距离、在全球价值链中所处的地位等。制度距离是指在中国高铁标准出口的过程中，中国和高铁进口国的政治制度差异。双方政治制度距离越大，知识转移难度越大。中国高铁标准是在中国稳定的政治制度背景下基于中国高铁发展实践总结而成的，而一些高铁进口国政治环境并不稳定。比如中印尼合作的雅万高铁项目，印尼境内的政治环境相对混乱，存在各色各样的分离主义运动，部分甚至对印尼政府构成严重的军事威胁。这些分离主义分子当时严重怀疑雅万高铁合作过程和可行性研究报告（葛剑雄 等，2015）。因此，高铁进口国政治环境的稳定程度影响高铁项目的进度，从而影响中国高铁标准的知识转移。文化距离是指在中国高铁标准出口的过程中，中国和高铁进口国之间的文化习俗存在的差异。不同国家的文化习俗对中国高铁标准知识转移会产生不同的影响,双方的文化距离越大,意味着双方的语言习惯、思维方式、沟通方式差异越大,会增加知识转移难度。中国高铁标准"走出去"是全球范围的知识转移,涉及全球价值链的融入和构建,因此中国高铁企业在全球价值链中的地位也会影响中国高铁标准"走出去"的知识转移效果。

三是竞争对手。现阶段,中国高铁进入"外交阶段",在东南亚、非洲等地区,中国高铁标准"走出去"势必会影响区域地缘政治版图(鲁涓涓,2019)。美、日、欧等利益相关大国的各种不明情绪有所高涨,在不少国际高铁项目中与中国铁路企业进行角逐,庞巴迪、阿尔斯通、西门子、日本川崎重工等在产品和技术上均实现了双重垄断(陈霞,2019),这些高铁巨头势必会影响中国高铁企业在国际市场上的发展进程,进而影响中国高铁标准知识转移的效率和效果。

5.3 中国高铁标准"走出去"知识转移系统动力学分析

进行中国高铁标准"走出去"知识转移研究,能够为中国高铁标准输出决策提供借鉴和参考。中国高铁标准"走出去"知识转移是一个复杂的系统,涉及的影响因素繁杂多样。系统动力学是一种以信息反馈为基础,通过计算机软件模拟来描述系统动态发展趋势的方法,它不同于传统的功能模拟,而是从系统内部结构入手进行建模,通过构造系统的基本结构,对系统的动态变化进行模拟分析,因此,系统动力学方法可以较好地反映随时间变化的复杂系统问题。基于前文中国高铁标准"走出去"知识转移网络和机制分析,本节运用系统动力学方法,构建中国高铁标准"走出去"知识转移系统模型,通过计算机仿真软件Vensim PLE进行模拟分析,得出相应的结论,为中国高铁标准"走出去"提供理论支持与指导。

5.3.1 中国高铁标准"走出去"知识转移系统动力学模型构建

5.3.1.1 系统动力学建模方法

1）系统动力学的基本概念

系统动力学是由美国麻省理工学院的福瑞斯特（Forrester）于 1956 年提出的一种实证方法，能够用来研究分析信息反馈系统，还能解决系统中的复杂问题。系统动力学能够大致描述系统的动态行为，学者胡玉奎（1988）认为，一个系统内部的反馈机制、动态结构决定了该系统的行为与特征。系统动力学将定性与定量方法相结合，并通过系统综合推理进行结构—功能模拟，常用来研究复杂系统的结构、功能与行为的动态辩证对立统一关系。

系统动力学建模应遵循以下基本原理：① 通过分析系统的结构、整体性、功能与行为的辩证关系等特征来构建模型；② 明确建模目的，以问题导向、过程导向、应用导向为建模依据；③ 以系统特性为依据，将"分解"与"综合"原理合理应用于模型的构建、模拟与测试中；④ 模型应该是真实系统的简化，不应全盘复制实际系统；⑤ 检验模型是否有效的最佳标准是将其应用于客观实践活动。

2）系统动力学的建模步骤

系统动力学建模主要分为 5 个步骤：① 系统分析，明确研究问题和目的，通过分析系统与环境的关系来确定系统边界，提炼系统中的主要矛盾和关键变量；② 结构分析，明确系统中整体与局部的反馈机制和原理，将系统划分为不同的层次与子块，并分析变量间和回路间的因果反馈关系；③ 数学模型构建，运用系统动力学软件建立定量、规范的模型，用来描述定性与非定性的变量关系；④ 模型仿真分析，对模型进行模拟仿真，通过一次次的模拟实验修改和完善模型的结构参数；⑤ 检验评估模型。详细步骤如图 5-8 所示。

3）系统动力学的适用性

运用系统动力学方法建模时，一般需要满足 4 个条件：① 系统结构属于耗散结构，具有远离平衡、有序的特点；② 系统的边界明确，系统内部的动态结构和反馈机制决定系统的行为和特征；③ 要素间存在流；④ 系统的动态性不是

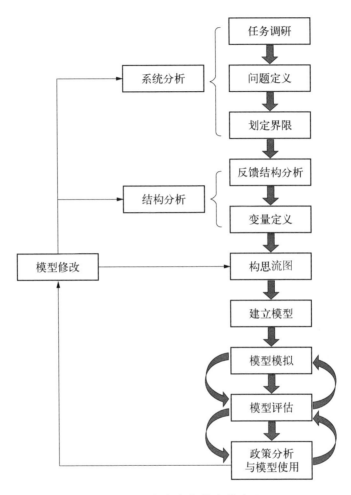

图 5-8 系统动力学建模步骤

随机不稳定的,而是有一定规律且可以预估。

中国高铁标准"走出去"知识转移是一个复杂的系统,该知识转移系统研究的是高铁标准相关知识流在中国高铁企业和高铁进口国之间的转移,研究对象具有明确的系统边界,同时其知识转移过程遵循基本规律,且模式较为固定,并存在互动和反馈。相关主体间高铁标准相关知识的转移与反馈是一个参与者互动的过程,并且双方的知识的总量具有有序增长的耗散特征。因此,适合用系统动力学方法来探究中国高铁标准"走出去"知识转移运行机制。

5.3.1.2　系统动力学模型构建的相关界定

1）建模目的

明确建模目的对于构建中国高铁标准"走出去"知识转移系统动力学模型至关重要。由于影响中国高铁标准"走出去"知识转移的因素很多，各因素之间存在非线性的、动态反馈并相互耦合的复杂关系，因此建模的目的主要是反映中国高铁标准"走出去"知识转移的作用机制，梳理各影响因素之间的因果反馈关系，为主体间"高铁标准"知识转移的定量分析打下基础，从而提出有助于提高中国高铁标准"走出去"知识转移效率，增强中国高铁标准国际影响力的有效策略。

2）系统边界确定

系统动力学假设外部环境的变化不会对系统行为产生本质影响，系统行为取决于系统边界内各部分之间的相互作用。系统边界的确定要考虑模型边界内所有关键的要素和变量。具体来说，是把系统看成一个闭环的反馈回路，将与建模目的相关的关键变量都纳入封闭的边界范围内。根据前文的研究，中国高铁标准"走出去"知识转移包括顺向和逆向两种转移，中国高铁企业将中国高铁标准相关知识向高铁进口国进行顺向转移的过程，同时还是高铁进口国向中国高铁企业逆向的知识反馈过程，其中以中国高铁企业向高铁进口国顺向转移知识为主要方向。本节我们主要研究中国高铁企业向高铁进口国的顺向知识转移系统，梳理各影响因素之间的因果反馈关系。

由于知识具有模糊性、复杂性等特性，这些特性使知识转移结果的量化变得困难，本研究将知识视作一种流动的物质，因此，中国高铁标准"走出去"知识转移系统动力学模型应当包含知识源企业知识存量、知识接收方知识存量、知识源企业知识创新量和淘汰量、知识接收方知识创新量和淘汰量、知识源企业知识创新率和淘汰率、知识接收方知识创新率和淘汰率。知识转移效果可由双方的知识存量、知识势差和转移阈值等进行量化。双方进行知识转移的目的是为了提高知识接收方的知识存量，减小知识势差，提高双方整体知识水平。

根据文献梳理及前文的理论分析结果，本次研究中国高铁标准"走出去"知识转移影响因素涉及知识源企业、知识接收方、知识特性及转移情境 4 个方面。知识源企业属性包括转移能力和知识转移意愿,知识转移意愿能够影响转移能力,因此,知识转移意愿可通过转移能力体现,为了简化模型,我们只考虑知识源的转移能力因素;知识接收方属性包含知识接收方的接收意愿和吸收能力;知识特性包含了知识隐性、复杂性和专用性;转移情境包括文化距离、制度距离、双方关系信任度和竞争者压力。此外,本章从全球价值链视角研究中国高铁标准"走出去"知识转移问题,参考了 Koopman 等(2010)、张辉(2019)等人的研究,在情境因素中纳入中国制造业在全球价值链中的地位指数(模型中简写为"中国制造业 GVC 地位指数")来描述全球价值链对该知识转移系统的影响。

根据系统动力学关于边界确定的标准,本研究把中国高铁标准"走出去"知识转移系统的边界确定为:知识源企业知识存量、知识接收方知识存量、知识源企业知识创新量与知识淘汰量、知识接收方的知识创新量与知识淘汰量、知识转移量、知识势差、转移阈值、知识源企业知识创新率与知识淘汰率、知识接收方知识创新率与知识淘汰率、知识源企业转移能力、知识接收方接受意愿、知识接收方吸收能力、知识特性、隐性、复杂性、专用性、知识转移意愿、转移情境、文化距离、制度距离、双方关系信任度、竞争者压力、中国制造业 GVC 地位指数。

3)模型基本假设

为了便于分析和比较,本研究在构建中国高铁标准"走出去"知识转移系统动力学模型之前提出以下几个基本假设:

(1)中国高铁标准"走出去"知识转移双方存在合作关系,两者存在知识势差,知识接收方的知识存量比知识源企业的知识存量低。

(2)知识源企业为获取合作价值、实现价值最大化,存在知识转移意愿,知识接收方能够积极主动地获取、吸收和利用对方转移的有益知识。

(3)因为知识源企业处于知识势能较高的一方,其知识创新率和淘汰率均比知识接收方高。

(4)中国高铁标准"走出去"知识转移双方的知识存量是指双方全部的关

于工程造价标准、技术标准、工程建设标准等一系列高铁标准相关知识，而不仅仅表示需要进行转移的那部分高铁标准知识。

（5）知识接收方获得的新知识仅仅产生于双方的互动过程中，忽略其他第三方来源。

5.3.1.3 仿真模型构建

1）因果关系分析

由于影响中国高铁标准"走出去"知识转移的因素较为复杂，且各因素相互影响，因此，我们构建了中国高铁标准"走出去"知识转移的系统模型，研究其系统反馈机制，该系统具有多变量、多回路的耗散结构。通过分析各影响因素的因果关系，我们建立了相应的因果回路图，如图 5-9 所示，图中"＋"表示正反馈，"－"表示负反馈。

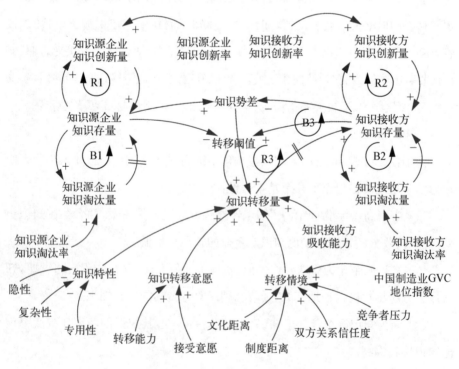

图 5-9 知识转移因果回路图

在中国高铁标准"走出去"知识转移的过程中,知识转移量受到知识接收方吸收能力、转移阈值、知识势差、知识特性、知识转移意愿及转移情境 6 个因素的共同影响,且均为正向影响。其中,知识接收方吸收能力体现其对知识源企业所转移的知识进行整合和利用的能力,若知识接收方吸收能力较低,将会对知识转移产生不利影响;转移阈值代表知识源企业对其核心知识保护的需要,当知识接收方知识存量/知识源企业知识存量达到转移阈值时,将不再进行知识转移;知识势差即转移主体间的知识差距,若知识差距较小,则知识转移发生的可能性也小;知识特性由知识隐性、复杂性和专用性共同决定,且均为负向影响;知识转移意愿受到知识源企业的转移能力和知识接收方的接受意愿共同影响,且均为正向影响;转移情境受到文化距离、制度距离、双方关系信任度、竞争者压力和中国制造业 GVC 地位指数的影响,其中,竞争者压力、制度距离和文化距离对转移情境产生负向影响,双方关系信任度和中国制造业 GVC 地位指数对转移情境产生正向影响。此外,知识转移双方知识存量分别受到各自知识创新量及淘汰量的影响,同时,知识转移量对知识接收方知识存量也有影响。知识转移双方知识创新量分别取决于各自的知识存量及知识创新率,双方知识淘汰量分别取决于各自的知识存量及知识淘汰率。

基于上述分析,本研究构建的中国高铁标准"走出去"知识转移因果回路图主要包含 6 条反馈回路,如表 5-1 所示。其中,正反馈和负反馈各有 3 个回路,回路 1、3、5 为正反馈,回路 2、4、6 为负反馈。

表 5-1　反　馈　回　路

回路 1	知识源企业知识存量→知识源企业知识创新量→知识源企业知识存量
回路 2	知识源企业知识存量→知识源企业知识淘汰量→知识源企业知识存量
回路 3	知识接收方知识存量→知识接收方知识创新量→知识接收方知识存量
回路 4	知识接收方知识存量→知识接收方知识淘汰量→知识接收方知识存量
回路 5	知识接收方知识存量→转移阈值→知识转移量→知识接收方知识存量
回路 6	知识接收方知识存量→知识势差→知识转移量→知识接收方知识存量

根据因果回路图，下面对模型中的原因树进行分析，原因树可以较为清晰地反映出各个变量值的变化原因，并厘清变量之间的相互作用关系。

（1）知识转移量原因树。

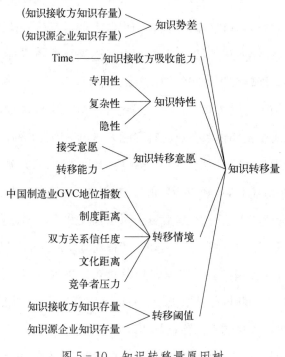

图 5 - 10　知识转移量原因树

根据图 5 - 10 可知，知识势差越大、知识接收方吸收能力越强、知识转移意愿越高、转移情境越好、转移阈值越高，同时知识特性越好，则知识转移量就越多。其中，随着时间的推移，知识接收方吸收能力会越强；知识源企业知识存量越多，知识接收方知识存量越少，则知识势差越大、转移阈值越高；知识的专用性、复杂性和隐性越低，知识特性越好；知识接收方接受意愿越高，知识源企业转移能力越强，则双方知识转移意愿越高；制度距离、文化距离、竞争者压力越小，同时中国制造业 GVC 地位指数越高，双方关系信任度越强，则转移情境越好。

（2）知识源企业知识存量原因树。

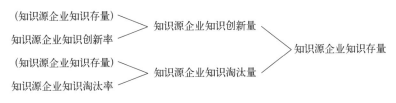

图 5-11　知识源企业知识存量原因树

根据图 5-11 可知,知识源企业知识存量由知识源企业知识创新量和淘汰量共同决定。其中,知识源企业知识创新率越高、知识存量越多,则知识源企业知识创新量越多;知识源企业知识淘汰率越低、知识存量越少,则知识源企业知识淘汰量越少。

（3）知识接收方知识存量原因树。

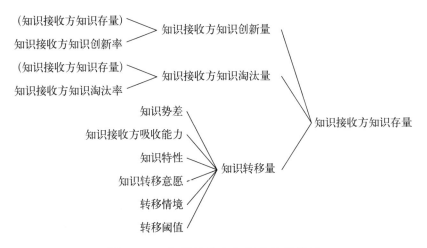

图 5-12　知识接收方知识存量原因树

根据图 5-12,知识接收方知识存量受到其知识创新量、知识淘汰量和知识转移量的共同影响。其中,知识接收方知识创新量受到其知识创新率的影响,知识接收方知识淘汰量受到其知识淘汰率的影响,知识转移量受到知识势差、知识接收方吸收能力、知识特性、知识转移意愿、转移情境和转移阈值的影响。

2) 系统流图

根据前面的因果关系分析,我们构建出中国高铁标准"走出去"知识转移系统流图,如图 5-13 所示。图 5-13 中含有状态变量 2 个,速率变量 5 个,辅助变量 8 个以及常量 12 个,合计 27 个变量。

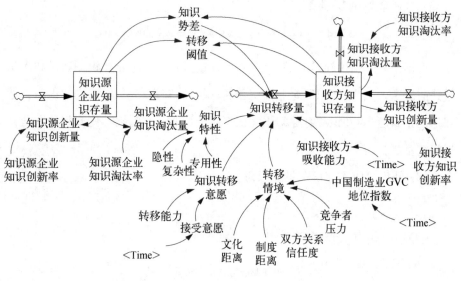

图 5-13 知识转移系统流图

3) 方程设计及参数赋值

L1 知识源企业知识存量＝INTEG(知识源企业知识创新量－知识源企业知识淘汰量,200)

L2 知识接收方知识存量＝INTEG(知识接收方知识创新量＋知识转移量－知识接收方知识淘汰量,5)

中国高铁标准"走出去"知识转移双方必定存在知识势差,知识源中国高铁企业的高铁标准存量高于知识接收方高铁进口国的高铁标准存量。本研究将知识源企业及知识接收方知识存量初始值分别取 200 和 5。

R1 知识源企业知识创新量＝知识源企业知识创新率×知识源企业知识存量

　　R2 知识接收方知识创新量＝知识接收方知识创新率×知识接收方知识存量

　　由于知识源中国高铁企业是拥有知识较丰富的一方,其知识创新率高于知识接收方高铁进口国,又因为中国高铁企业高铁标准存量较高,所以知识源企业知识创新量高于知识接收方。

　　R3 知识源企业知识淘汰量＝STEP(知识源企业知识淘汰率×知识源企业知识存量,4)

　　R4 知识接收方知识淘汰量＝STEP(知识接收方知识淘汰率×知识接收方知识存量,4)

　　中国高铁标准"走出去"知识转移是一个过程,转移双方不会立即出现知识淘汰的现象,因此,我们使用阶跃函数来表示知识淘汰量,设定第 4 个月知识开始淘汰。

　　R5 知识转移量＝DELAY1I〔TF THEN ELSE(转移阈值＜0.9,知识特性×知识转移意愿×转移情境×知识势差×知识接收方吸收能力,0),2,0〕

　　林岩等(2010)结合知识重组和吸收能力理论,论证知识转移具有延迟作用,因此,这里通过一阶延迟函数表示,延迟时间设定为两个月,知识转移量的初始值取 0,当转移阈值小于 0.9 时,知识进行转移。

　　A1 转移阈值＝TF THEN ELSE(知识接收方知识存量/知识源企业知识存量＜0.9,知识接收方知识存量/知识源企业知识存量,0.9)

　　转移阈值的设定体现了在进行知识转移活动时知识源企业对自身核心知识的保护意愿。当转移的知识越接近知识源的核心知识,知识源企业的保护意识越强,会采取一定的防范措施,保持自身竞争优势。当双方的知识差距越来越小时,组织间转移的知识量将逐渐减少,直至转移停止。这里采用选择函数来模拟转移阈值,当转移阈值达到设定值 0.9 时,为了保护企业核心竞争力,知识源企业将不再向知识接收方转移知识。

　　A2 知识势差＝知识源企业知识存量－知识接收方知识存量

知识势差越大，组织间知识转移的意愿就越强，越能够保证知识接收方快速地接收到转移的知识。

A3 知识接收方吸收能力＝WITH LOOKUP〔Time,{[(0,0)－(24,1)],(0,0.4),(24,0.9)}〕

吸收能力随着知识接收方知识量的增大而增大，为了简化系统模型，我们采用表函数，以最初 0.4，最终 0.9 的线性函数进行处理。

A4 知识特性＝(1－隐性)×(1－复杂性)×(1－专用性)

知识隐性、复杂性以及专用性对知识特性均产生负向影响。隐性、复杂性和专用性的取值均在[0,1]之间，仿真模拟前的初始值分别取 0.4、0.3 和 0.3。

A5 知识转移意愿＝转移能力×接受意愿

A6 接受意愿＝WITH LOOKUP〔Time,{[(0,0)－(24,1)],(0,0.3),(24,0.9)}〕

双方知识转移意愿受到知识源企业的转移能力以及知识接收方的接受意愿共同影响。知识接收方的接受意愿随着时间的推移而增强，为了简化系统模型，我们采用表函数，以最初 0.3，最终 0.9 的线性函数进行处理。知识源企业的转移能力取值范围为[0,1]，模型仿真初始值取 0.6。

A7 转移情境＝(1－文化距离)×(1－制度距离)×双方关系信任度×(1－竞争者压力)×中国制造业 GVC 地位指数

A8 中国制造业 GVC 地位指数＝WITH LOOKUP〔Time,{[(0,0)－(24,1)],(0,0.2),(24,0.3)}〕

转移情境受到文化距离、制度距离、双方关系信任度、竞争者压力和中国制造业 GVC 地位指数共同影响。其中，双方关系信任度和中国制造业 GVC 地位指数对转移情境具有正向影响，文化距离、制度距离和竞争者压力对转移情境具有负向影响。文化距离、制度距离、双方关系信任度和竞争者压力的取值均在[0,1]之间，仿真模拟初始值分别取 0.4、0.4、0.2 和 0.5。对于中国制造业 GVC 地位指数的设定，我们参照张辉(2019)的研究，根据世界投入产出表数据库(World Input-Output Database,WIOT)以及库普曼的系数矩阵优化算法,进行中国制造业全球价值链地位指数的测算估计,为了简化,我们采用表函数,以最初 0.2,最终 0.3 的线性函数进行处理。

C1 知识源企业知识创新率＝0.1

C2 知识接收方知识创新率＝0.05

C3 知识源企业知识淘汰率＝0.05

C4 知识接收方知识淘汰率＝0.02

在中国高铁标准"走出去"知识转移的过程中,知识源中国高铁企业一般实力较为雄厚,研发能力较强,因此其知识创新率和淘汰率比知识接收方均高。

4) 模型检验

为了验证模型的适用性与有效性,检验其是否与想要描述的实际系统相一致,需要对构建的模型进行检验。在系统动力学中,可用多种方法检验所构建的模型,根据钟永光等(2009)的观点,本文采用量纲一致性检验和极端条件检验两种方法验证模型的稳定性与合理性。

(1) 量纲一致性检验。系统动力学模型中变量之间的关系需要通过不同的表达式来表征,而各种变量的单位存在一定差异,因此在构建系统动力学模型时,需要保证等号两边的变量量纲具有一致性。在 Vensim PLE 软件中,可以利用 Check Model 和 Unites Check 检验模型和量纲是否存在错误。如果模型中没有对变量进行量纲定义或者定义的变量单位与实际变量之间存在冲突,那么系统就会提示该模型有错误并给出产生错误的原因,直到修正模型至不报错,才可以进行仿真。由于本书构建的中国高铁标准"走出去"知识转移系统模型中的变量均为描述性数据,而非具体实际值,因此不存在量纲差异,而且仿真测试结果也表明,在模型的所有方程中,变量的量纲与测算结果一致。

(2) 极端条件检验。极端条件检验一方面是为了验证模型中的方程式在其变量处于极端条件情况下是否仍然具有实际意义，另一方面是为了检验模型的动态变化趋势是否与现实情况相匹配。如果极端条件下模型的行为模式与实际情况下的变化趋势一致，那么该系统结构具有仿真意义。限于篇幅，本书分别选择知识隐性和知识源企业转移能力这两个具有代表性的变量，来测试极端情况下模型的行为模式是否与实际情况的变化趋势相符。

当知识源企业转移能力取 0 时，表明知识源企业进行知识转移能力不足，该情况下双方不会发生知识转移，知识转移量应为 0。图 5-14 将转移能力的初始值设为 0，知识转移量的输出结果为 0，这与现实情况下的理性行为模型相一致。

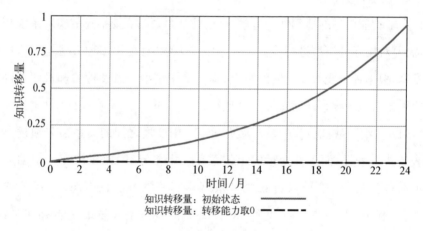

图 5-14　极端条件检验：转移能力取 0

当知识隐性取 0 时，表明模型中进行转移的知识均为显性知识，显性知识相对于隐性知识更容易转移与吸收。因此，知识转移量与知识接收方知识存量相比于初始状态的仿真结果普遍有所增长，且变化趋势与初始状态下的非极值结果相似，具体如图 5-15 所示，由此表明，模型中的方程具有稳定性和可靠性。

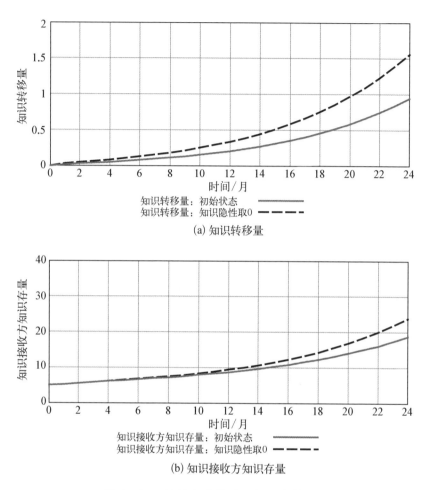

(a) 知识转移量

(b) 知识接收方知识存量

图 5 - 15　极端条件检验：知识隐性取 0

5.3.2　中国高铁标准"走出去"知识转移系统动力学模型仿真及灵敏度分析

5.3.2.1　模型仿真分析

我们采用 Vensim PLE 软件对模型进行仿真分析，通过观察仿真结果判断中国高铁标准"走出去"知识转移系统动力学模型的正确性和有效性。设定仿真模拟周期为 24 个月，即 2 年，仿真结果如图 5 - 16 所示。

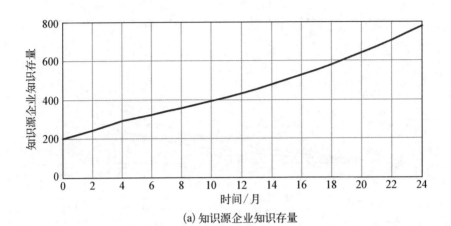

(a) 知识源企业知识存量

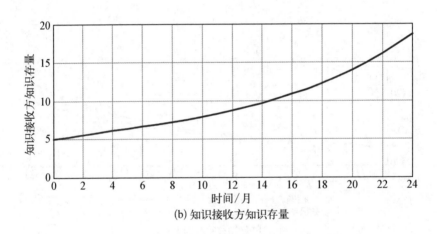

(b) 知识接收方知识存量

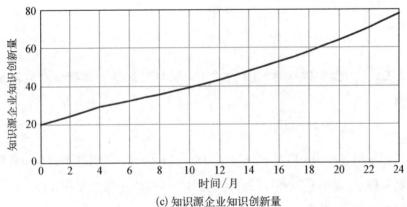

(c) 知识源企业知识创新量

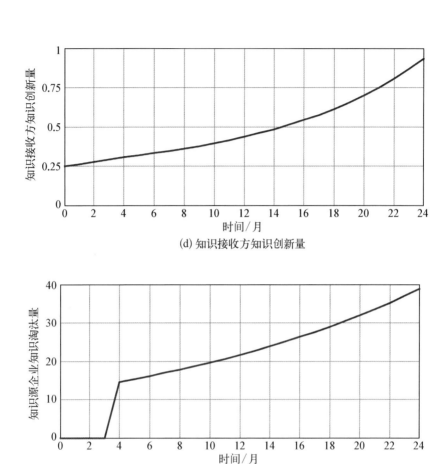

(d) 知识接收方知识创新量

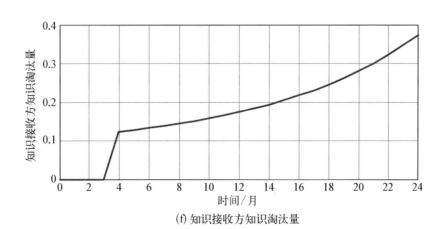

(e) 知识源企业知识淘汰量

(f) 知识接收方知识淘汰量

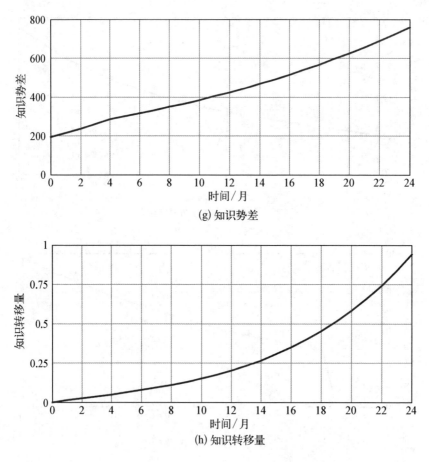

(g) 知识势差

(h) 知识转移量

图 5-16　初始状态下的仿真结果图

根据图 5-16 可以看出：① 在中国高铁标准"走出去"知识转移过程中，双方知识存量在仿真周期内都呈持续增长态势，且边际效应递增，同时，双方的知识创新量也在持续增长；② 在中国高铁标准"走出去"知识转移发生 4 个月后，转移双方开始出现知识淘汰现象，随着时间的推移，双方的知识淘汰量也在增长；③ 中国高铁标准"走出去"知识转移双方的知识势差随时间逐步增大，由于在知识转移过程中，知识源中国高铁企业具备相对较强的研发创新能力，当其和高铁进口国进行投资合作时，能不断创造新的知识，提高自身的知识水平，而知识接收方由于创新能力较为薄弱，知识增长相对前者更为缓慢；④ 在中国高铁标准"走出去"知识转移的过程中,知识转移量随着时间的推移在仿真周期内逐步提高,于后期提高速度更快。

5.3.2.2　灵敏度分析

为进一步探讨中国高铁标准"走出去"知识转移相关因素的影响程度,我们通过分别调整知识隐性、复杂性、专用性、转移能力、文化距离、制度距离、双方关系信任度和竞争者压力的参数值以及改变接受意愿、中国制造业 GVC 地位指数和知识接收方吸收能力的因子表对模型进行灵敏度检验,从输出过程(知识转移量)和输出结果(知识接收方知识存量)两个方面分析其如何影响中国高铁标准"走出去"知识转移,为促进双方知识转移提供一些有价值的改进措施。

1) 知识隐性、复杂性和专用性对模型的影响

保持其他参数值不变,仅改变知识隐性的参数值,从初始值 0.4 依次提高为 0.5、0.6、0.7、0.8,得到相应的仿真结果,如图 5 - 17 所示。从短期来看,由于前期知识转移量普遍较小,知识接收方知识存量的变化并不明显,但从长期来看,随着知识隐性的提高,知识转移量和知识接收方知识存量的变化趋势基本

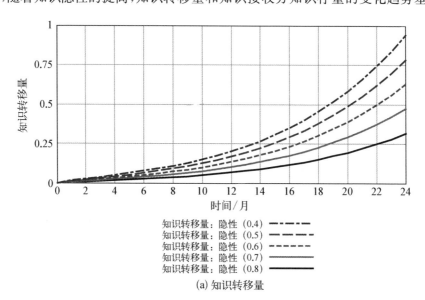

(a) 知识转移量

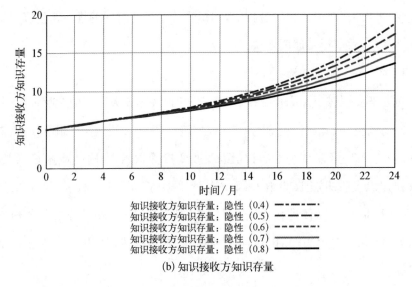

图 5-17　知识隐性灵敏度分析结果

一致,曲线走势日趋平缓,知识隐性提高前的知识转移量和知识接收方知识存量均高于知识隐性提高之后的水平。一般的,在中国高铁标准"走出去"知识转移的过程中,随着知识隐性的增大,意味着所转移高铁标准相关知识的可表达性愈差,知识接收方高铁进口国理解难度较高,导致知识转移难度增大,转移效果较差。因此,知识隐性的存在不利于中国高铁标准"走出去"知识转移。

　　保持其他参数值不变,仅改变知识复杂性的参数值,从初始值0.3依次提高为0.4、0.5、0.6、0.7,得到相应的仿真结果,如图5-18所示。从短期来看,由于前期知识转移量普遍较小,知识接收方知识存量的变化并不明显,但从长期来看,随着知识复杂性的提高,知识转移量和知识接收方知识存量的变化趋势基本一致,曲线走势日趋平缓,知识复杂性提高前的知识转移量和知识接收方知识存量均高于知识复杂性提高之后的水平。一般的,在中国高铁标准"走出去"知识转移的过程中,随着知识复杂性的增强,所要转移的高铁标准相关知识更难以沟通编码,且知识接收方高铁进口国对转移来的知识进行沟通解码的能

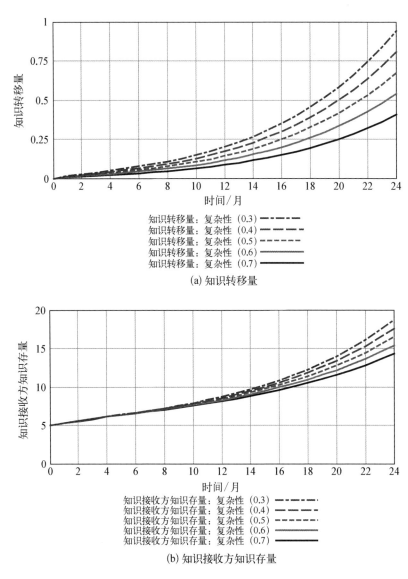

(a) 知识转移量

(b) 知识接收方知识存量

图 5-18　知识复杂性灵敏度分析结果

力要求更高,这在一定程度上提高了双方知识转移的难度,降低了知识转移效果。因此,知识复杂性的存在不利于中国高铁标准"走出去"知识转移。

保持其他参数值不变,仅改变知识专用性的参数值,从初始值 0.3 依次提高为 0.4、0.5、0.6、0.7,得到相应的仿真结果,如图 5-19 所示。从短期来看,由

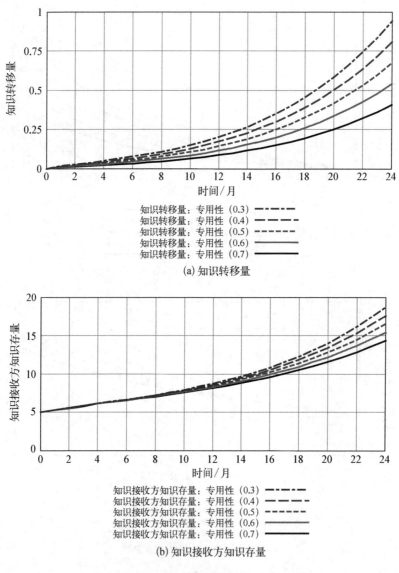

(a) 知识转移量

(b) 知识接收方知识存量

图 5-19   知识专用性灵敏度分析结果

于前期知识转移量普遍较小，知识接收方知识存量的变化并不明显，但从长期来看，随着知识专用性的提高，知识转移量和知识接收方知识存量的变化趋势基本一致，曲线走势日趋平缓，知识专用性提高前的知识转移量和知识接收方知识存量均高于知识专用性提高之后的水平。一般而言，在中国高铁标准"走出去"知识转移的过程中,知识专用性越高,表明所要转移的"高铁标准"知识专用性更强,普遍适用性更低,这就要求知识接收方高铁进口国要具备与知识源中国高铁企业相同的知识基础,同时对转移来的高铁标准相关知识需具备一定的理解和转化能力,这无疑增加了双方知识转移的难度,降低了知识转移效果。因此,知识专用性也不利于中国高铁标准"走出去"知识转移。

2)知识源企业转移能力和知识接收方接受意愿对模型的影响

保持其他参数值不变,仅改变知识源企业转移能力的参数值,从初始值 0.6 依次提高为 0.7、0.8、0.9、1,得到相应的仿真结果,如图 5 - 20 所示。从短期来看,由于前期知识转移量普遍较小,知识接收方知识存量的变化并不明显,但从长期来看,随着知识源企业转移能力的提高,知识转移量和知识接收方知识存量的变化趋势基本一致,曲线走势日渐陡峭,转移能力提高后的知识转移量和知识接收方知识存量均高于转移能力提高之前的水平。一般来讲,在中国高铁标准"走出去"知识转移过程中,随着转移能力的增强,知识源中国高铁企业进行高铁标准相关知识转移的意愿也逐步提高,这为知识转移活动的发生创造了良好的前提条件,使知识转移更加便捷,转移效果更佳。因此,知识源企业转移能力有利于中国高铁标准"走出去"知识转移。

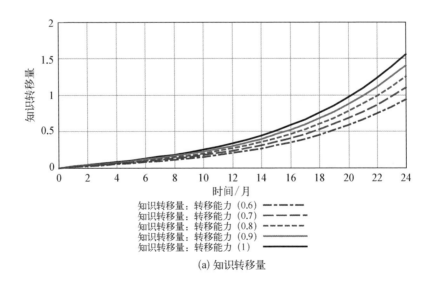

(a) 知识转移量

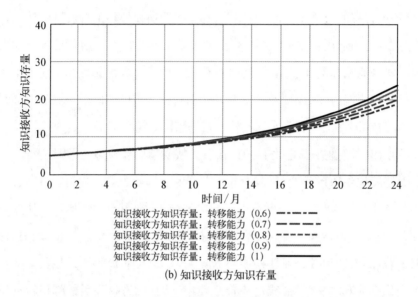

（b）知识接收方知识存量

图 5-20 转移能力灵敏度分析结果

保持其他参数值不变，仅调整知识接收方接受意愿的因子表，在初始状态的基础上分别降低和提高知识接收方的接受意愿，得到相应的仿真结果，如图 5-21 所示。从短期来看，由于前期知识转移量普遍较小，知识接收方知识存量的变化并不明显，但从长期来看，随着知识接收方接受意愿的提高，知识转移量和知识接收方知识存量的变化趋势基本一致，曲线走势日渐陡峭，接受意愿提高后的知识转移量和知识接收方知识存量均高于接受意愿提高之前的水平。一般来讲，在中国高铁标准"走出去"知识转移的过程中，知识接收方高铁进口国的接受意愿越强烈，表明其对转移来的高铁标准相关知识获取态度越积极，能够热情主动地参与知识转移，使得双方知识转移效果更好。因此，知识接收方接受意愿强有利于中国高铁标准"走出去"知识转移。

3）文化距离、制度距离、双方关系信任度、竞争者压力和中国制造业 GVC 地位指数对模型的影响

保持其他参数值不变，仅改变文化距离的参数值，从初始值 0.4 依次提高为 0.5、0.6、0.7、0.8，得到相应的仿真结果，如图 5-22 所示。从短期来看，由于

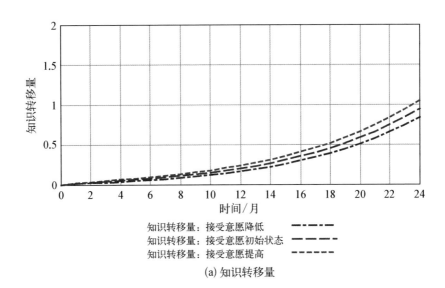

(a) 知识转移量

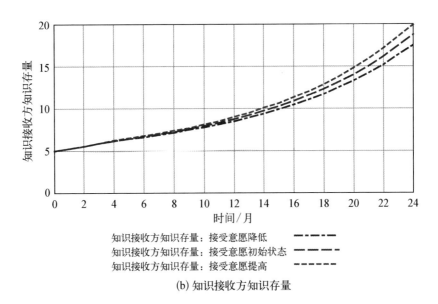

(b) 知识接收方知识存量

图 5-21 接受意愿灵敏度分析结果

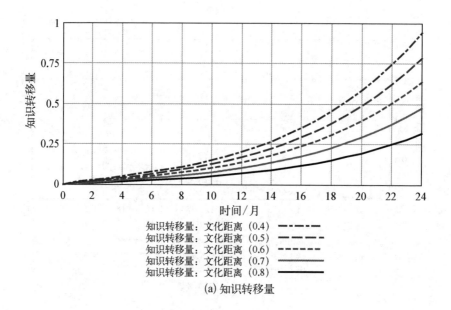

(a) 知识转移量

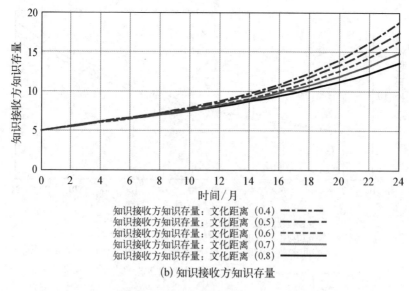

(b) 知识接收方知识存量

图 5 - 22　文化距离灵敏度分析结果

前期知识转移量普遍较小,知识接收方知识存量的变化并不明显,但从长期来看,随着文化距离的增大,知识转移量和知识接收方知识存量的变化趋势基本一致,曲线走势日趋平缓,且文化距离增大前的知识转移量和知识接收方知识存量均比文化距离增大之后的水平高。一般来讲,在中国高铁标准"走出去"知识转移过程中,文化距离变大表明中国与高铁进口国之间的文化差异较大,在不同国家文化的熏陶下,双方员工的思维、沟通方式也不尽相同,使得企业间交流合作存在困难,高铁标准相关知识转移难度增大,转移效果降低。由此可见,文化距离不利于中国高铁标准"走出去"知识转移。

保持其他参数值不变,仅改变制度距离的参数值,从初始值 0.4 依次提高为 0.5、0.6、0.7、0.8,得到相应的仿真结果,如图 5-23 所示。从短期来看,由于前期知识转移量普遍较小,知识接收方知识存量的变化并不明显,但从长期来看,随着制度距离的增大,知识转移量和知识接收方知识存量的变化趋势基本一致,曲线走势日趋平缓,制度距离增大前的知识转移量和知识接收方知识存量均比制度距离增大之后的水平高。一般来讲,中国高铁标准"走出去"知识转移过程中,制度距离变大,表明中国与高铁进口国之间制度差异较大,制

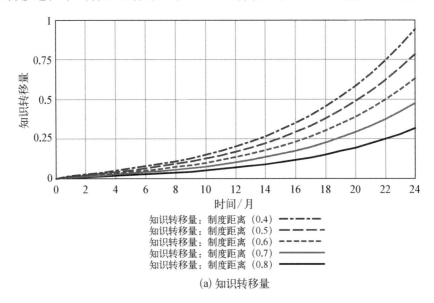

(a) 知识转移量

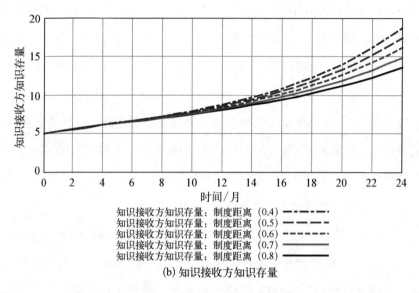

(b) 知识接收方知识存量

图 5 - 23　制度距离灵敏度分析结果

度差异包括规章、规范和认知方面的差异，双方对彼此国家的规章、规范和认知不了解，使得双方高铁相关企业间交流合作存在困难，知识转移难度增大，转移效果降低。由此可见，制度距离也不利于中国高铁标准"走出去"知识转移。

保持其他参数值不变，仅改变双方关系信任度的参数值，从初始值 0.2 依次提高为 0.3、0.4、0.5、0.6，得到相应的仿真结果，如图 5 - 24 所示。从短期来看，由于前期知识转移量普遍较小，知识接收方知识存量的变化并不明显，但从长期来看，随着双方关系信任度的提高，知识转移量和知识接收方知识存量的变化趋势基本一致，曲线走势愈加陡峭，双方关系信任度提高后的知识转移量和知识接收方知识存量均比双方关系信任度提高之前的水平高。一般来讲，在中国高铁标准"走出去"知识转移的过程中，知识源中国高铁企业与知识接收方高铁标准进口国之间关系信任度越高，说明双方关系越密切，能促进知识转移，使得转移效果更佳。因此，双方关系信任度提升有利于中国高铁标准"走出去"知识转移。

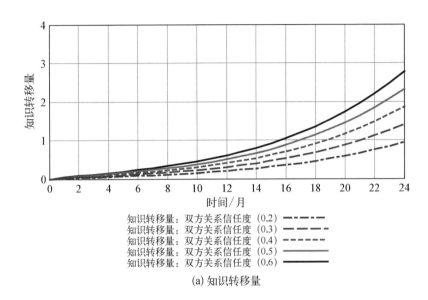

(a) 知识转移量

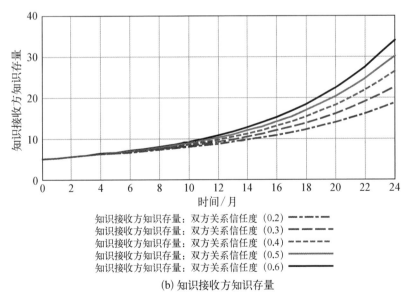

(b) 知识接收方知识存量

图 5-24　双方关系信任度灵敏度分析结果

保持其他参数值不变，仅改变竞争者压力的参数值，从初始值 0.5 依次提高为 0.6、0.7、0.8、0.9，得到相应的仿真结果，如图 5-25 所示。从短期来看，由于前期知识转移量普遍较小，知识接收方知识存量的变化并不明显，但从长期来看，随着竞争者压力的增大，知识转移量和知识接收方知识存量的变化趋势

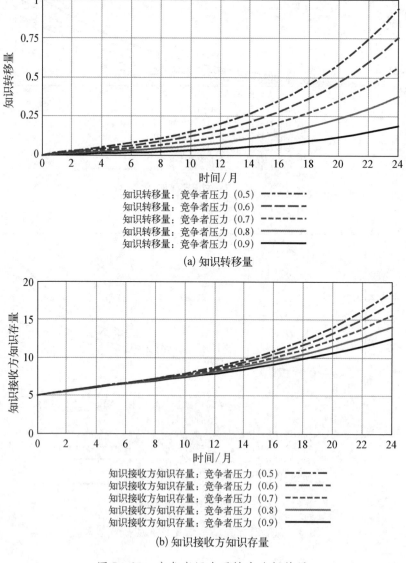

图 5-25 竞争者压力灵敏度分析结果

基本一致,曲线走势日趋平缓,竞争者压力增大前的知识转移量和知识接收方知识存量均比竞争者压力增大之后的水平高。一般来讲,在中国高铁标准"走出去"知识转移过程中,来自德国、日本等国具有先进高铁技术的企业的竞争不容忽视,随着竞争压力的增大,中国高铁标准的输出难度增大,高铁进口国对中国高铁标准的偏好和信任程度下降,导致中国高铁标准相关知识转移难度增大,转移效果变差。由此可见,竞争者压力不利于中国高铁标准"走出去"知识转移。

保持其他参数值不变,仅调整中国制造业 GVC 地位指数的因子表,在初始状态的基础上分别降低和提高中国制造业的 GVC 地位指数,得到相应的仿真结果,如图 5 - 26 所示。从短期来看,由于前期知识转移量普遍较小,知识接收方知识存量的变化并不明显,但从长期来看,随着中国制造业 GVC 地位指数的提高,知识转移量和知识接收方知识存量的变化趋势基本一致,曲线走势日渐陡峭,中国制造业 GVC 地位指数提高后的知识转移量和知识接收方知识存量均高于中国制造业 GVC 地位指数提高之前的水平。一般而言,在中国高铁标准"走出去"知识转移的过程中,随着中国制造业 GVC 地位指数的提高,表明中国制造业在全球价值链分工中的地位逐步提升,高铁产业作为制造业的

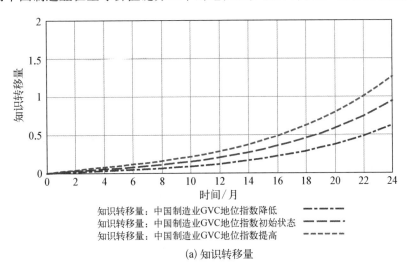

(a) 知识转移量

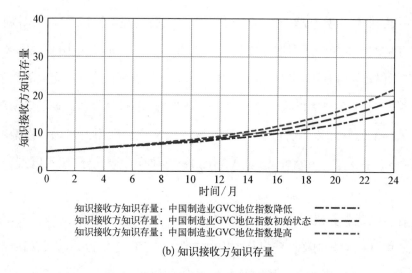

(b) 知识接收方知识存量

图 5-26　中国制造业 GVC 地位指数灵敏度分析结果

重要组成部分，能够通过产业链推动价值链不断延伸，带动高铁关联产业发展，打造基于各方合作共赢的全球性价值链。因此，提高中国制造业 GVC 地位指数，意味着中国高铁在全球价值链中占有更重要的地位，为中国高铁标准"走出去"创造了良好的实施氛围，有利于中国高铁标准"走出去"知识转移。

4）知识接收方吸收能力对模型的影响

保持其他参数值不变，仅调整知识接收方吸收能力的因子表，在初始状态的基础上分别降低和提高知识接收方的吸收能力，得到相应的仿真结果，如图 5-27 所示。从短期来看，由于前期知识转移量普遍较小，知识接收方知识存量的变化并不明显，但从长期来看，随着知识接收方吸收能力的提高，知识转移量和知识接收方知识存量的变化趋势基本一致，曲线走势日渐陡峭，吸收能力提高后的知识转移量和知识接收方知识存量均高于吸收能力提高之前的水平。一般来讲，在中国高铁标准"走出去"知识转移的过程中，知识接收方高铁进口国的吸收能力越强，表明其对转移来的高铁标准相关知识的理解与消化利用能力越强，同等条件下能够吸纳获取的知识更多，双方知识转移效果更好。因此，知识接收方吸收能力有利于中国高铁标准"走出去"知识转移。

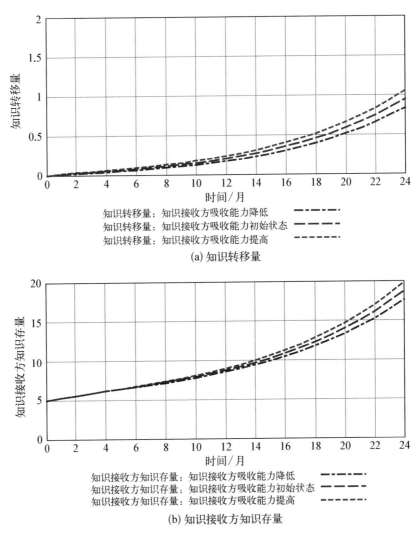

(a) 知识转移量

(b) 知识接收方知识存量

图 5-27 知识接收方吸收能力灵敏度分析结果

5.3.3 中国高铁标准"走出去"知识转移系统动力学模型仿真结论

通过上述中国高铁标准"走出去"知识转移系统动力学模型仿真及灵敏度分析,得出以下结论。

(1) 中国高铁标准"走出去"知识转移能够促进双方实现双赢。在中国高铁标准"走出去"知识转移的过程中，知识源中国高铁企业和知识接收方高铁进口国的知识存量及创新量在仿真周期内都呈持续增长态势，由此体现中国高铁标准"走出去"知识转移能够实现双赢的特点。中国标准"走出去"不仅给中国高铁企业带来了飞跃式发展，增强了中国高铁企业的综合实力，而且还提升了高铁标准进口国的高铁技术水平，带动了输入国的高铁经济发展。同时，在进行高铁标准相关知识转移的互动过程中，双方之间不仅加深了相互沟通与联系，促进深入了解与合作，而且还加强了各自的创新能力，促使双方在转移过程中产生新的知识。可见，中国高铁标准"走出去"知识转移有助于打造合作共赢的全球价值链。

（2）知识隐性、复杂性和专用性均对中国高铁标准"走出去"知识转移产生不利影响。在中国高铁标准"走出去"知识转移的过程中，知识隐性、复杂性和专用性共同通过知识特性对知识转移量产生影响。知识隐性、复杂性和专用性越高，意味着所转移的中国高铁标准相关知识可表达性越差，因过于复杂而难以沟通编码，且知识具有一定的专用性，由此构成的知识特性越差，导致知识转移量减少，降低知识转移的效果，不利于中国高铁标准"走出去"知识转移。因此，为了增强中国高铁标准"走出去"知识转移效果，知识源中国高铁企业应在原有的基础上对中国高铁标准进行梳理，根据高铁产业快速发展的实际情况，完善中国高铁标准体系，增添创新标准，废弃过时标准，把高铁标准相关知识转变成易理解易输送的知识，努力降低知识隐性、复杂性和专用性，形成较好的知识特性，促进中国高铁标准"走出去"的知识转移。

（3）知识源企业转移能力、知识接收方接受意愿、知识接收方的吸收能力、双方关系信任度均对中国高铁标准"走出去"知识转移产生有利影响。在中国高铁标准"走出去"知识转移的过程中，中国高铁企业转移能力、高铁进口国接受意愿、高铁进口国吸收能力、双方关系信任度越强，表明转移双方都具备更为优越的知识转移条件，且都具有更为强烈的知识转移意愿和能力，从而使得知识转移的效果更佳，有利于中国高铁标准"走出去"知识转移。因此，为提高中国高铁标准"走出去"知识转移的效果，第一，知识源中国高铁企业应进一步加大对基础性、前瞻性技术的研发力度，推动先进的科技创新成果尽快转化为技术标准。同时，积极培育标准国际化人才，如营销、咨询、翻译等专业人才，注意了解进口国国情，提高自身的高铁标准输出能力。第二，知识接收方高铁进口国应积极主动地参与中国高铁标准相关知识的互动与反馈，增强中国高铁标准相关知识的接受意愿，为知识转移创造较好的前提条件。此外，高铁进口国应加强学习自主性，强化知识理解能力，提高对外界新鲜知识的吸收消化能力，积极适应并融入中国高铁标准，促进中国高铁标准的本土化。第三，中国高铁企业与高铁进口国应在转移高铁标准的过程中相互信任，通过各种渠道建立并维持长期稳定的密切合作关系，双方共同努力为高铁标准的转移创造良好的条件。

（4）文化距离、制度距离、竞争者压力均不利于中国高铁标准"走出去"知识转移，而双方关系信任度则有利于中国高铁标准"走出去"知识转移。在中国高铁标准"走出去"知识转移的过程中，文化距离和制度距离较大，表明高铁标准输出国与输入国在文化和制度方面存在较大差异，双方的价值观、思维方式等存在较大区别，在沟通合作上会存在较大困难，从而降低知识转移的效果；竞争者压力较大，表明中国高铁标准的输出难度较大，高铁标准进口国对中国高铁标准的偏好和信任程度不高，导致知识转移的效果不佳。由此可见，为提高中国高铁标准"走出去"知识转移的效果，中国高铁企业要对进口国的现状进行全面研究，加强中外高铁标准互鉴对标，鼓励双方高铁项目员工进行积极的沟通交流，利用互联网等高端科学技术多途径地克服文化距离和制度距离带来的不利影响，因地制宜地输出中国高铁标准；同时，知识源高铁企业应不断修复和完善自身存在的缺陷与不足，增强中国高铁标准体系的可靠性、安全性和规范性，提高企业综合实力，积极创造企业独有的竞争优势，缓解来自同行的竞争压力。

（5）中国制造业 GVC 地位指数有利于中国高铁标准"走出去"知识转移。

中国制造业 GVC 地位指数越高，作为制造行业的重要载体之一的中国高铁企业在全球价值链分工中的地位越重要，中国高铁标准"走出去"知识转移量也会更多。在现阶段经济全球化的形势下，中国高铁标准"走出去"是国内高端技术国际化战略布局的重要组成部分。中国高铁企业应积极主动地构建合作共赢的全球价值链，力求提升自身在全球价值链分工中的国际地位，以此营造有利的知识转移情境，促进中国高铁标准可持续"走出去"。如前所述，中国高铁标准"走出去"不仅是中国高铁企业飞跃发展的好机会，高铁建设项目也带动了周边国家和地区的经济协同发展，打造多条新型经济辐射带。中国高铁标准的可持续出口能够促进各国外交与合作，实现全球共赢，有利于构建"人类命运共同体"。

第6章
全球价值链视角下中国高铁标准"走出去"的知识转移路径

知识转移路径是知识实现转移的"通道",是知识转移过程中的关键因素。中国高铁标准"走出去"实质为知识转移的过程,需要通过有效的知识转移路径,才能顺利向其他国家输出中国高铁标准,提升中国高铁标准的国际影响力,实现从中国制造到世界标准的转型升级。本章将在前文研究的基础之上,界定中国高铁标准"走出去"知识转移路径的内涵,分析知识转移路径的类别,并从生产者驱动、购买者驱动、混合驱动三种全球价值链模式出发,结合中泰铁路、中法美马订单、雅万高铁、亚吉铁路等代表性案例,分析不同驱动模式下中国高铁标准"走出去"知识转移的具体路径。

6.1 知识转移路径的内涵

在知识经济浪潮下,知识成为企业获取竞争优势的重要资源。但是,知识的有效传递取决于路径。由于知识源和知识吸收方之间知识转移的目的不同,知识本身的特性不同,形成了不同的知识形式。在面对不同形式的知识时,只有借助适当的知识转移路径,在载体之间进行转移、吸收和消化,才能有效地提高知识的利用效率，进而衍生为企业竞争力。

目前已有不少学者研究了知识转移路径的内涵。张光磊（2010）指出知识转移的路径是知识接收者与发送者之间进行转移的媒介与渠道，假如知识转移路径不存在，那么知识转移就无法发生。彭正龙等（2011）指出，知识转移路径是知识接收者与发送者之间进行知识转移的媒介与路径，它是由人员、系统、组织、社团、信号系统、工具组件以及网络软件组成的综合传输渠道。李婷婷等（2014）认为，知识转移的路径是为了达到跨组织边界有目的、有计划的共享知识，通过不同渠道在不同组织间的转移或传播的一系列载体，包括人际沟通、编码转移、内嵌转移等。叶舒航等（2014）将知识转移路径定义为知识源用来转移知识的方式和渠道。

杨栩等（2014）的研究提到，知识转移的路径是科学知识在知识主体之间流动、传播和吸收的渠道。他们认为，知识转移的路径是影响知识转移效率的重要因素，并且组织之间的知识转移对知识转移渠道极具依赖性，在不同转移路径下，知识转移的成本和效率差异性显著。因此，转移路径应与知识特征和转移主体相匹配。

知识转移路径越丰富，就越能促进组织各个层次之间的知识转移。刘常乐（2016）认为知识转移的路径是指知识转移的媒介载体或方式，并提出目前已有研究证明了转移媒介的丰富性可以降低知识转移的不确定性，提升知识转移的效率和效果。孙舰（2017）指出知识转移的路径是在特定的环境下，知识转移双方以知识共享或传递为目的，依托某一交流媒介，来实现知识由知识源向知识受体的转移途径。知识转移渠道的丰富性和多样化可以加速组织与外部实体之间的信息流和数据流，增强组织区分和转化有效知识信息的能力，最终实现知识转移的效益最大化。

中国高铁标准作为一种特殊的知识形式，也需要依赖于特定的知识转移路径才能实现跨国输出。基于学者们的研究，本书中高铁标准"走出去"的知识转移路径定义为在中国高铁标准"走出去"知识转移的过程中，为了有效提升高铁标准等相关知识的转移效率和效果而采取的具体转移途径和方式。

6.2 知识转移路径的分类

目前已有众多的学者对知识转移的具体路径进行了研究。一些学者认为，知识转移主要通过面对面交流的路径实现。万波等（2020）在对高职计算机专业教师知识转移的路径研究中指出，关于计算机专业教师的知识转移路径，一方面提倡教师通过师徒带教的面对面交流路径实现知识有效转移，共享经验与智慧，另一方面通过组建计算机教师专业学习社群，进行知识的有效分享。除此之外，教师在入职前后也会接受线下专业的职业培训，在这个过程中，教师会学到很多新的计算机方面的知识，从而促进知识转移。孙祥云（2020）在对档案业务外包企业的知识转移研究中，根据知识特性划分转移路径。显性知识的转移方式主要是语言调制方式，其知识转移路径包括研讨会、产品推广会、共享数据库、技术交易、设备购置等编码化知识来实现跨组织边界有目的、有计划的转移。隐性知识转移路径分为联结学习方式和面对面交流方式。联结学习方式是当双方缺乏共同语言作为调制工具时，通过在特定环境中建立条件联系来实现知识转移，如通过内部交流社区或师徒制、岗位培训等实践活动进行正式与非正式的面对面交流互动。唐朝莉等（2019）研究总结出在高等职业教育校企合作中两个层面6种知识转移路径，个体层面的知识转移典型路径包括课堂面对面授课的教学形式，以学校教学实验、实训中心和实训基地为依托，包括仿真、模拟训练和生产性实训、企业顶岗实习、校外实训等形式。此时知识主要是从学校（知识源）推向学生（知识接收方）。组织层面的典型路径包括高职院校与行业企业合作培养专业教师，教师通过在企业挂职锻炼、产学研合作以及调研等形式考察路径。车月梅（2016）指出知识转移是图书馆知识管理的核心环节，并对高校图书馆知识转移的基本路径进行梳理，主要分为用户自主型、教师引导型、馆员主导型、双向交互型4条基本转移路径。馆员不仅通过面对面引导路径向学生、教师、科研人员、项目组等提供馆藏资源，还通过定期举办线下活动，培育集知识性、趣味性于一体的精品项目，如经典阅读、名师讲座、征文比赛、图书漂流等活动路径，实现知识交互与知识扩散，推动知识交流与转移。汪鑫（2018）在名医工作室隐性知识转移影响因素研究中提出，对于中医药显性知识，接收方可以通过阅读和学习相关书籍来实现转移。而对于中医药隐性知识，更多的则是通过在具体诊疗情景中名师的言行举止以及面对面的交流来实现知识在名老医师（知识发送方）与中青年医师（知识接收方）之间的代际转移。除此之外，医学知识展览会和知识论坛的开展形式，为中医药领域最前沿知识的传播和转移提供了优选渠道，使不同的专业知识得以交流和共享，互为补充，促进创新。晏姿（2016）在建筑公司项目知识转移的文章中同样提出，其知识转移的具体路径包括定期举办经验分享会、项目汇报会、技能培训会等人与人之间面对面的交流路径。潘玉琴等（2011）在成人职业教育组织的知识转移路径研究中，针对不同知识类型在个体间及个体与团体间的不同转移路径，提出了强化成人教育组织中知识转移路径管理的措施，以提高知识转移效率，实现教师与学生知识溢出效应。教师归纳并组织不同专业的不连续显性知识片段，使之成为一个新的整体，并通过在职培训、私人对话和知识帮助等面对面交流形式进行传递，以实现教师之间的知识传递。

另有一些学者认为，知识转移可以通过信息技术中介路径实现。随着互联网等先进技术的普及，项目管理实践中知识转移的路径也逐步增多，如视频、局域网、电子邮件、远程会议知识管理系统、协同平台等。李莹（2017）的研究指出，联盟企业的双向知识转移在依托大数据系统的情况下，从传统的以"人—文件—人"为主要方式的知识转移过程转化成"数据信息—大数据系统—数据信息"知识转移过程，技术系统将转移过程处理得清晰化、编码化、共享化、内部化，使知识转移更加准确、快速、高效。王晓等（2017）在文章中以知识互联为起点,分析现代图书馆隐性知识转移的数字化需要,将社交问答体系 SQA 作为图书馆隐性知识转移的新路径,大众可通过 SQA 模式进行知识的问答、互动、传输、交流以及共享,参与方之间通过构建信任互联来实现图书馆隐性知识转移。谭宏(2016)在研究高职院校人才知识转移的教学过程中,提出借用多样化的工具收集、整理各种资料,利用图书馆(资料室)实现知识转移。学生可借助职业院校计算机技术的优势,即 E-learning 信息技术系统,在虚拟的环境中体验"边做边学"和"反馈中学",相互交流,增加自己的知识存量,丰富自己的心智模式,为知识创新打基础。刘毛毛等(2020)认为除了古板老式的师生培训体系之外,还存在现代虚拟的师生关系。在互联网时代,带教老师与学生之间的关系远远突破了小范围的面对面交流。通过 Internet 在线交流活动在带教老师和学生之间建立广泛紧密的虚拟师生联系,这种新型联系方式可以有效地填补实际师生交流的缺陷,突破时间和空间限制,促进师生之间更高效的知识转移。陈志军等(2019)在探讨母子公司知识转移渠道中指出,丰富的知识转移渠道是进行有效研发协同的前提,正式与非正式知识转移渠道均能促进母子公司研发协同,内部互联网和外部互联网的交流可以超越时间与空间的限制,使知识转移速度加快。晏姿(2016)根据建设项目的转移类型和显性隐性知识的类型,将转移路径分为水平转移和垂直转移。水平转移是指工程项目之间知识的直接转移,垂直转移是指工程项目所拥有的知识向建筑公司的转移,然后从建筑公司向其他工程项目的转移。借助信息技术通信介质来实现的知识转移路径包括知识库、电子邮件、社交软件以及建筑企业的内网传递等传输路径,这种路径可以实现企业内多个项目小组相互学习,促进知识的跨项目流动。

还有一些学者从其他角度对知识转移的路径进行了研究。何黎晓(2020)研究发现采取高管轮岗可以有效实现企业内部知识转移。高管人员在企业内部不同岗位的锻炼,一方面可获取不同性质的工作经验和工作需求,另一方面可传达相关的综合知识,进一步激发员工的创新意识与创造能力,有利于打破部门间的隔阂和界限,增进部门间的协作和理解,促使企业内部隐性知识的加速转移。何晓红(2009)分析了高校图书馆实行人员岗位轮动与图书馆隐性知识转移的关系，指明岗位轮动是图书馆内部隐性知识转移的一条有效路径。图书馆允许职工在预定的计划和目标的前提下，轮流在一定时期内从事若干不同的工作。岗位轮动制的实施，不仅使职工摆脱了原先无聊乏味的职业处境，憧憬于新知识的研习和创造，而且还促进了不同工作中隐性知识的交换和共享。通过岗位轮动，图书馆中的知识加速交流与共享，使显性和隐性知识得以充分转移。王瑞新(2011)发现国内软件外包企业在与发达国家软件企业合作和交流的过程中，在民族文化、组织文化、知识存量等方面都存在着显著的差异，通过头脑风暴路径鼓励承接包双方思维与观点碰撞，各种建议和体验在相互碰撞中得到融合，可以有效促进知识转移和创造。

上述学者们研究所提到的知识转移路径，大体可归纳为以下三种：

第一，面对面交流转移路径，主要通过师徒模式、集会、培训、私下交谈、知识论坛、专家指导等面对面方式进行知识转移。

第二，通过信息技术中介转移路径，主要通过使用信息共享平台、举行远程会议、发送电子邮件、传真即时信息等方式完成知识转移。

第三，其他方式转移路径，主要通过岗位轮换和创造性碰撞等其他方式实现知识转移。

6.2.1　面对面转移路径

该知识转移路径信息量充足、反馈速度快、传递效率高，适合于隐性知识的传递，包括茶话会、私人对话、专题讨论会、师徒传帮带、培训、专家指导、知识社区、知识展览和知识论坛等。通过茶话会、私人对话、专题讨论会等活动，各路人才在相对自由的空间氛围中共享和转移知识，知识转移个体在自由空间里知无不言、言无不尽，互相谈话也不存在束缚。因此，知识转移在过程中出现失真的可能性很低，但仍然很难完全避免信息失真、扩展或压缩。

师徒传帮带和专家指导是技术知识和心智领悟等隐性知识有效转移的方

法之一。这种方法务必基于互相信任、互相尊重,否则由于竞争或不信任,师生之间将会出现知识和信息缩减或保留的现象。

培训是职工了解和熟悉组织知识的最佳形式,有助于共享知识的转移。通过培训,职工能够及时把握组织内部和外部环境的变动,加速知识更新。但是如果培训占用过多的工作时间,整体的工作次序则可能会受到拖延。

知识社区是一个知识共享小组,由具有相同兴趣和专业知识的员工以自愿或半自愿的方式组成,成员可以共同讨论和共享特定领域或不同领域的专业知识。在知识社区成员间的互动交流中,不仅可以实现知识的有效转移,而且可以诱导新知识的产生。但是,如果知识社区是一个非正式的团体,人员杂乱且信息复杂,那么知识转移的质量就不高。

知识展览和知识论坛是指在特定的时间和地点,组织关联的知识团队聚集在一起,研讨该领域的重要知识。这不仅有利于科学技术人才了解该领域最前沿的知识,而且可以使不同专业的知识在交流和共享中互为补充,并引发创新,但是知识主体将受到论坛主题的影响,无法自由发言,会导致知识转移不足。

6.2.2　信息技术转移路径

该知识转移路径突破了时间和空间的束缚,诸如即时信息传递、群发软件技术、传真、组织内部公共信息共享平台(内联网)、组织外部网络资源(外联网)等。这种交流路径传输速度快,但反馈速度慢。

即时信息传递是一种实时通信方式,可以实现计算机网络用户(比如微信和 QQ)之间的交互。该方式下,无论什么信息都可以即时传递,且传递质量高。但是,即时信息传递知识的必要条件是双方同时在线。

群发软件技术是通过因特网发送信息的一种即时方法,它使信息可以在组织内部成员之间交换和共享,比如电子邮件、公告板和视频会议。这种方法可以促进知识交流和资源共享,提高组织的工作效率和质量,但是它不能完全传递难以编码的隐性知识。

传真借助普通的电话线，使包含文本和图形信息的文档得以传输。发送信息的传真机会扫描相关材料并对其进行表征，接收信息的传真机可以读取扫描信息并进行拷贝。传真打印的信息可以轻松快速地在组织成员之间传播。但是，通过传真机传输图像和符号之类的非文字材料可能不清楚。

内联网是组织成员在不同位置共享信息来实现数据交换和项目合作的平台，如知识库、知识图谱。知识库用来存储各种编码知识，以便员工随时查找自己所需的知识，但是员工只能盲目接收知识库的知识而无法反馈。知识图谱是一个知识目录，一方面，它可以提供专家查询系统，查找专家就像通过咨询地图来查找某些位置。通过知识图谱，员工可以快速找到所需的专家，随之与他们联系以获取相应的知识。另一方面，告诉正在查找知识的人，团队有哪些知识项目及分布地点，以便员工可以根据地图找到他们所需知识的来源，但该方式仅适合于显性知识的转移。

外联网是通过使用因特网技术建立的组织通信网络，通过该途径，可以快速获取知识信息，但是如果网络系统不安全，可能会泄露组织的商业机密。随着信息技术的飞速发展，信息技术知识转移的反馈速度加快，效率也得到提高。例如，最佳实践系统可以通过信息技术平台共享和传递隐性知识，但是效果不如面对面的现场交互效果好。

6.2.3 其他方式转移路径

该知识转移路径包含工作岗位轮换、创造性碰撞等。工作岗位轮换是员工从组织中的一个岗位转换到组织中相同级别的其他工作岗位的过程。这是知识载体自身流动的结果，特别适合隐性知识的转移。但是如果转移双方能力不足，轮换效果就会不佳，转移质量甚至为零。

创造性碰撞类似于集思广益或头脑风暴。这种途径鼓励各种思维与观点的碰撞，并制定规则，约束人们在创造性活动中共同工作，降低冲突在个人之间发生的频率,各种知识在相互碰撞中得到融合,促使新知识、新技术的产生。但是这种途径因知识的分散、复杂,导致转移效率不高,甚至无果而终。

6.3 中国高铁标准"走出去"的知识转移路径分析

基于以上知识转移路径内涵和分类研究,以下结合具体案例,对三种全球价值链模式下中国高铁标准"走出去"的知识转移路径进行分析。

6.3.1 生产者驱动模式下中国高铁标准"走出去"的知识转移路径

生产者驱动模式下,中国高铁企业通过承包他国高铁工程建设,实现工程造价标准、技术标准、工程建设标准的对外转移。中国高铁标准"走出去"知识转移的路径主要表现为面对面交流的形式,包括师徒模式、专家指导、在职培训、知识社区、知识展览会、知识论坛、私下交谈等路径。具有代表性的有中泰铁路项目。

泰国的铁路始建于拉玛五世时期,1946 年基本形成全国铁路网。根据泰国高铁网数据,截至 2016 年 9 月 14 日,泰国境内铁路运营里程为 4 507.884 千米,其中共有 4 431 千米的米轨铁路网络,单线铁路占了九成以上,使用中的200 多个机车和大部分车厢车龄均在 20 年左右,时速只有 60 千米。铁路设施落后,运输速度慢、效率低,铁路运输在全国货物运输中的占比小于一成,远远不能支持泰国社会经济发展。据此,中泰铁路开启政府间合作,泰国政府承担52 亿美元的工程资金,独立负责项目的贷款融资,建立 SPV 企业负责项目运营,采用 PPP 模式负责线下的土木工程建设,建设周期为 3~4 年,建设中尽可能多地使用泰国的设备和原材料。中国政府把项目交给由中国铁路总公司牵头的企业,负责线上部分包括高架、隧道、建筑设施、轨道、电力、车辆等的总承包。泰方完全采用中方提供的道路设计方案、机车设备和技术标准,但同时要求中方在设计和监督工作中使用泰国的工程师和建筑师，帮助泰方把控高铁的建设、运营、维护和管理技术，向泰方提供必要的高新技术转让。

为了培养泰国本地铁路职工，发展完整的铁路专业教育体系，中泰签署合作办学协议，开设了铁路职业院校。一方面派遣泰方铁路职业院校的师生在重庆市高职院校参观，接受铁路技术专业培训，另一方面，选派中国铁路专家到泰国任教开展职业培训，其中包括关键岗位培训、教师职业教育培训和在职铁路职工的适应性培训。同时，中方对泰国铁路职业院校投入大量实训基地建设经费，完善师生实践操作技能的硬件设备，并将铁路职业院校的改革发展经验进行系统梳理，主动开发与国际先进标准对接的专业标准和课程体系，创办铁路行业国际技能大赛，提升铁路建设的影响力。除此以外，为促进高铁建设工程项目之间的交流频度，中泰双方还通过定期举办高铁建设项目经验分享会、项目汇报会、技能培训会等，开展人与人之间面对面交流，促进知识的跨项目流动。例如，通过项目报告会，当一个项目到进度节点，或遇到问题时，其他项目便可以借鉴参考。除此以外，对于招标合同造价标准文件、施工技术要点文件、工程建设标准等相关显性知识，中泰双方借助铁路建设企业的知识库、电子邮件、社交软件、文件邮递等路径，将与项目实施密切相关的电子文档知识进行转移。

综合来看，在生产者驱动模式下，中国高铁标准"走出去"的知识转移路径以面对面交流的转移路径为主，以信息技术传媒中介为辅。面对面交流方式知识转移效率高，传递的信息含量丰富，反馈速度快，适合隐性知识的转移。对于一些显性文字资料，则采用信息技术传媒中介进行转移，该方式有利于重要文档信息的转移，能为后续项目开展提供借鉴。

6.3.2 购买者驱动模式下中国高铁标准"走出去"的知识转移路径

在购买者驱动模式下，中国高铁标准"走出去"主要通过信息技术传媒中介进行知识转移，具体包括：即时信息传递、邮件、群发软件技术、传真、内部公共信息共享平台(内联网)、组织外部网络资源(外联网)等。

　　该模式下中国高铁企业主要承担的角色是高铁建设项目材料设备的供应商。以南非为例,2012 年 10 月,中车有限公司首获南非电力机车订单,南非国有运输集团决定向中方购买 95 台电力机车设备,该订单打开了中非机车首次交易的大门,中国轨道交通高端设备在非洲迈出"走出去"的重要一步。中方通过将高铁设备、原材料出口来实现中国高铁企业品牌、产品质量信息等软文化的对外知识转移。在订单签订以及实施的过程中,中方借助瞬时信息、邮件等信息媒介路径及时与高铁进口国进行联系和沟通,开展远程视频会议实时了解对方对高铁产品的需求变化,从而使进口国定制的高铁产品设备按时运输抵达。2014 年,中国南车有限公司与南非签订了超 21 亿美元的电力机车合同,这是中国轨道交通设备整车领域出口的最大订单。中国高铁企业对该项目部分铁路建设直接投资,通过投资建厂,在南非实现本地化生产,雇用南非当地廉价劳动力,利用当地的优势资源,使得代加工企业生产出品质合格的高铁设备,然后借助中国高铁品牌销往南非市场。在与南非的技术转移合作中,除了采用实时信息传递、邮件、远程视频会议等信息媒介路径,南车派出百余名工程师在南非现场进行指导,使南非合作方 100 多名工程师得到了职业培训。此外,南非派遣十几人的商务、技术团队到中国南车株机公司的生产车间、实验站以及中国南车配套提供电机、驱动系统的子公司参观考察,中国南车向南非合作伙伴输出了最前沿的轨道电力牵引技术。

　　2015 年中国中车(马来西亚)轨道交通装备有限公司正式运行,该项目总投资 4 亿马币,建设具备年产 100 辆、架修 150 辆列车能力的铁路装备生产基地,能够生产制造电力机车、内燃机车、地铁车辆、电动车组、内燃车组以及轻轨车辆。在转移技术标准的过程中,中方利用 ITC 信息技术路径,将建设项目中能够编码转换、储存于各类文件或电子资料中的工程知识以数据图表的形式(比如商务合约文件、流程制度、合同模板、可行性分析报告、项目结算文件、各种会议记录工作总结表等)定期上传到知识库平台,有知识转移需求的项目团队可通过随时搜寻与本项目建设需求相关的知识，加以学习应用并同化，解决自身项目建设过程中遇到的难题或提升项目建设水平。为了提升技能，马来西亚职工借助知识地图功能，快速找到自己所需的专家进行在职培训，学习钻井、装配和拆卸技术，大大提高了工作效率。与此同时，中方利用信息共享技术，将研发成熟的设备供应链系统、竣工文件的相关数据图表提供给当地铁路项目，帮助马来西亚建立现代化铁路系统和销售网络平台。此外，中方派遣相关人员对马来西亚的铁路市场进行实地市场调研，将形成的铁路项目可行性报告远程传输回国，实现不同高铁进口国实时铁路市场资料的交换和信息分享，帮助中方开展长期海外拓展战略，建立遍布全球的铁路网系统。

2016 年，中国中车中标芝加哥 7000 系地铁车辆采购项目，该项目标的数量 846 辆车。这是继 2014 年中国中车首次登陆美国波士顿后，再获美国地铁订单，也是迄今为止中国向发达国家出口的最大一笔地铁车辆订单。标的金额 13.09 亿美元，合计人民币 85.25 亿元。美国芝加哥交通管理局宣布出台特别关税优惠制度，随后中美双方举办了项目例会和技术交底会，获得政府的政策支持。在项目调研、实施过程中，中方通过美方铁路公告牌资源网获取中方出口至美国铁路设备的贸易优惠政策，了解当地的地铁市场需求，并据此采取适当的地铁出口策略，向美国输出地铁产品，实现企业品牌、产品质量信息等的输出。

综合来看，在购买者驱动模式下中国高铁标准"走出去"的知识转移路径以信息技术传媒中介为主，以面对面交流为辅。这种知识转移途径可以超越时空的限制，转移速度快，能促进知识转移双方的交流合作及资源共享，充分提高知识转移的效率和效果。

6.3.3 混合驱动模式下中国高铁标准"走出去"的知识转移路径

混合驱动模式下，中国高铁标准"走出去"主要转移的知识包括技术标准、工程建设标准、工程造价标准以及品牌优势、产品质量信息、企业文化和销售渠道等,知识转移路径更加全面,包括面对面交流、以信息技术为交流媒介和其他方式三大类。典型代表为雅万高铁和亚吉铁路。

雅万高铁项目是中国高铁实现全系统、全要素、全产业链输出海外的标志性工程,全面采用中国标准。沿线居民达 3 000 多万人,途经 4 站(哈利姆、卡拉旺、瓦利尼、德卡鹿儿),雅万高铁全长 150 千米,最高设计时速 350 千米,建成通车后,雅加达到万隆的车程将由 3 个多小时缩短至 40 分钟,为印尼当地人民出行和经济发展提供重要支撑。由于印尼政府只向在印尼工作的中方雇员签发技术管理类签证,并明确禁止中方雇员在施工第一现场从事基础性劳动操作,这一决策不可避免地导致技术熟练工人的缺乏。为此,在雅万高铁项目的开展过程中,中方加强对印尼方雇员的技能培训,使雇员掌握中国高铁施工标准、规范和工艺要求,通过细化岗位、强化责任完善管理制度,保证高铁工程建设的科学化与规范化。中印尼双方通过合作开设铁路学校,建立起一套完备、完善的课程体系和联合人才培育机制,既能传播高铁专业知识,也能在无形中彰显中国的大国责任感和国际形象。在雅万高铁勘察设计阶段,中方技术总承包商对印尼方进行实地地质勘察和测量后,通过面对面交流、实时信息传递、邮件、传真等途径提供设计图纸、设计文件初稿等工作,完成该阶段的勘察设计任务,实现中国高铁企业向印尼方的高铁技术标准转移。同时,为了保证政策输出与组织执行的畅通,中印尼双方借助信息技术搭建政府与企业互通信息的交流合作平台与机制,通过平台充分交流技术细节与建设目标,降低沟通成本,提高雅万高铁项目建设运营的效率。

亚吉铁路是东非第一条电气化铁路,全程采用中国标准和中国设备建设而成,总长度为 752.7 千米,设计时速 120 千米,途径 45 个站。这是中国中铁在非洲建造的第一条全产业链输出的铁路。在亚吉铁路早期的合同谈判中,由中外专家组成翻译小组将中国高铁技术标准和解释条款翻译为外文,使埃塞俄比亚和吉布提同行能了解并接受中国高铁标准,并选派专业人才与埃塞俄比亚和吉布提政府以面对面、即时信息传递、邮件等方式进行有效的沟通,为项目的顺利签约实施打下良好的基础。在勘察设计阶段，中埃双方立足国情成立了高铁建设讨论小组，针对设计图纸与设计文件展开了激烈的头脑风暴会议。在会议中，施工总承包单位对技术总承包单位设计的图纸、设计文件进行详细深入的复测及验证，并在此基础上形成具体的施工图纸。在此过程中，中国企业作为技术总承包单位，向埃塞俄比亚输出铁路建设设计标准的同时，也从对方获得相关准入政策。在亚吉铁路施工的过程中，中国高铁企业还以铁路建设发布会等形式，实时发布相关监管信息报告和进度，提高亚吉铁路项目的公开度和透明度，并利用互联网技术抢占新媒体这块舆论高地，以当地民众喜爱的网络传播方式，讲好"亚吉铁路建设"故事，促进民众心意相通，为中国高铁"走出去"与双方战略合作营造良好的社会舆论氛围。在亚吉铁路正式运营后，中方运营公司中国中铁和中土集团组成的联合体制定了《人力资源管理手册》等近10份管理制度，来规范亚吉铁路在员工招聘、培育、就职、带教、绩效、纠纷、解雇等方面的流程。此外，分期派遣外籍员工到中国铁路专业院校进行短期进修培训。其做法获得了埃塞俄比亚、吉布提当局的支持和肯定。

在"四电系统"进入施工期后，埃塞俄比亚希望能够按照中国高铁的系统配置和标准要求管理当局。虽然埃塞俄比亚原材料充足，人工价格优廉，但当地的客货量、电力、通信、互联网、制造业等基础条件无法匹配这些要求。例如，埃塞俄比亚的交通客运票务管理系统相对传统，除埃塞航空外（美国援助），其他运输行业的票务管理基本以手工填制、人工统计、票务检查来完成的。借鉴中国12306系统的运作经验，中方创新融合，首次研发部署具有先进技术、众多性能、贴合埃塞俄比亚国情的铁路票务信息系统。该系统首次使用"中心＋车站票务信息系统"二级结构模型，以多语言（中、英、法、阿姆哈拉语）、多币种（比尔、法郎、美元）实现同一票务信息系统的整合。旅客客票的跨境识别，将在非洲铁路跨境运输中实现多币种的票款清分、客流自动统计分析等功能。此外，通过中埃双方非政府组织，如学术机构、民间友好交流协会等，中国高铁企业邀请埃塞俄比亚、吉布提的专家学者来中国乘坐高铁，对高铁工地进行实地考察，参观施工现场、生产车间,详细了解中国高铁各个零部件,设备的研发、生产过程。近些年中方还举办了高铁展览会,介绍高铁的发展历程与文化,展示高铁模型或相关产品。通过实地考察与学术交流,非洲国家对中国高铁标准有了更深一步的理解与认知,凝聚了双方的合作共识。

综合来看,混合驱动模式下,高铁标准"走出去"的知识转移路径不仅有面对面交流路径,还利用信息技术传媒中介和其他方式,使知识转移形式更加全面多元化(金水英等,2020)。多种方式相辅相成、互为补充,极大地提升了中国高铁标准"走出去"知识转移的效果。

第7章
中国高铁标准"走出去"知识转移策略建议

前文关于知识转移网络结构、转移机制及路径的研究,最终目的在于探究中国高铁标准"走出去"知识转移的机理,助推中国高铁标准"走出去"。然而在中国高铁标准对外输出的过程中,也存在着日益突出的问题和风险。第3章从中国高铁标准制定、推广、实施3个环节分析了中国高铁标准"走出去"面临的问题和风险,本章将在前文研究的基础上,针对上述3个环节面临的问题,分别提出中国高铁标准"走出去"知识转移策略建议,以进一步推动中国高铁标准的国际化进程。

7.1 高铁标准制定的策略建议

高铁标准制定时期处于标准"走出去"的起步阶段,重点需要解决中国高铁标准"走出去"的顶层设计规划不足以及核心技术需要提高的问题,注重标准制定的系统性及整体性。根据中国高铁标准制定阶段的特点,本书提出以下相关策略建议。

7.1.1 加强标准顶层设计合力

在中国,标准由各个行业主管部委领导下的协会或大型企事业单位、科研院所编制。各个行业由各自主管部门进行领导,制定出符合本行业工程质量要求且较为详尽的标准规范。但各自在制定标准时缺乏相互交流,出现同一类别项目拥有多个标准的现象,例如,在同一项目的不同实施阶段,设计、施工、验收、运维单位有各自的标准,难以形成统一的体系,缺少一致性(谭家盈,2016)。目前,中国铁路标准体系由普速、高速和重载铁路三大技术标准体系构成。对于普速铁路,中国已经建成了较为完备的标准体系,而伴随着中国高速铁路的快速发展,相关高铁装备设施随着速度的提高发生改变,表现出由量到质的升华。既往的普速铁路标准已无法适应现实情况,需要完善中国高铁标准体系。

随着市场环境的变化,中国高铁标准想要实现可持续"走出去"的目标,需要以一种全局的眼光进一步加强顶层规划设计,将高铁产业链上的所有力量(政府主管部门、高铁行业协会、高铁企业、高铁领域专家等)集结在一起,进而产生合力,共同协调规划制定与国际接轨的高质量高铁标准。具体而言,完善中国高铁标准体系应该在原有标准体系基础上,进行梳理、整合、精简,对存在重复交叉的标准进行整合修订,存在互相矛盾的进行协调修订,不再适用的予以废止清理,打造一个有机合理的高铁标准体系。具体可以采取以下措施:

1) 各方合力搭建标准新框架

集结政府主管部门、高铁行业协会、高铁企业、高铁领域专家等的力量,共同合作,研究搭建中国高铁标准新框架。该框架应将中国高铁自主创新成果融入中国高铁标准体系,充分展现自身特色。体系设计中还应融入国际国外标准,面向国际市场,奠定中国高铁标准国际化的技术基础。此外,该框架需要具备层级清晰、重点突出(安全、环保、互联互通)、通用性强等特点,应体现多层次性,发挥出不同层次标准的作用。比如,国际标准运用于术语、符号、基本计算规定、测试试验规定等基础性规定方面,国家标准运用于安全、环境保护、电磁兼容等方面,行业标准运用于通用性规定、功能需求、性能指标、安全及互联互通等方面,企业标准运用于设计、施工、运营、维护等方面。

2）发挥协会力量完善行业标准

在政府管理体制下，制定中国高铁标准可以增强执行力，但往往落后于市场的需求。考虑到高铁标准面向国际市场，环境相对于国内市场更复杂多变，因此需要利用中国高铁协会组织的力量，倡导协会或社团编制完善高铁行业标准。高铁行业标准应以标准整体框架为基础，以满足功能需求规范为目的，同时遵循高铁工作大纲要求与高铁标准体系的结构安排编制。建议制定的高铁行业标准应包含必选内容、可选内容、试验验证，增加标准的国际市场适用性和灵活度。

3）合力编制标准国际应用指南

虽然中国高铁标准已有外文版翻译，但中国标准和国际标准体系内容有差异，一些地区国家对中国高铁标准认可度不高。可以考虑由政府主管部门牵头，由高铁行业协会、高铁企业组织专家编制有关中国高铁标准国际应用指南文件，为相关国家理解和使用中国高铁标准提供指导。其作用体现在：一是能够利用中国高速铁路领先的技术优势向世界系统介绍中国高铁完备的标准体系；二是便于中国企业在国际项目中与外方沟通，为海外工程提供技术支撑；三是可以归纳整理中国高铁标准的研究成果；四是纳入中国高铁标准与国外高铁标准的兼容互通性研究成果。

7.1.2 加强中外标准互鉴对标

目前，国际上广泛采用的还是国际标准、欧洲标准（含欧盟标准、英标、法标、德标）和美国标准，另外澳新标准、日本标准也在一定区域内被认可和采用。为此，有必要对中外标准体系进行比较分析，加强与国际标准的对标工作，提出针对标准国际化的优化建议，从而推动中国标准与国外、国际标准的互认。

1）加强中外标准对标工作

关于中国高铁标准与国际标准的对标问题，可以从以下几个方面展开工作。首先，跟踪国际标准动态，及时掌握国际标准制修订现状与方向，开展中国高铁标准领域研究,修订现有标准与技术要求不适应的地方,满足国际标准化的需求。其次,在环境、资源等条件允许的情况下,高铁工程建设标准领域可考虑采用国际标准来构建体系,这既减少重复标准的制修订,又实现了中国标准和国际标准的完美衔接(夏炎,2019)。

2) 吸收借鉴国际国外标准

通过国际高速铁路标准体系的对比分析,中国高铁标准体系应吸收借鉴国际标准中好的做法。首先,作为高速铁路发达国家(地区)的代表,日本和欧盟的高铁技术标准体系非常注重安全性、经济性和可持续发展性。高铁产业与广大民生、国民经济问题密切相关,中国高铁标准体系也应将安全性作为重要准则,突出经济性与可持续发展性。

其次,欧盟建立了涉及安全性、可靠性、技术兼容性等技术要素的高速铁路技术法规体系,成功实现了欧洲高铁互联互通。日本铁路技术法规在执行标准中规定了细节问题,以促进铁路公司改进技术、提高服务等(杨琦,2011)。中国可以合理参考借鉴这些国家(地区)的宝贵经验,制定中国高铁标准相关的法规细则。

最后,相对于欧洲国家标准体系,中国标准体系主要劣势体现在各级别之间的不明确性与等级约束力不强。在级别维度方面,中国铁路建设技术标准体系在铁路改制前主要分为国家标准(GB)和行业标准(TB)两个层次,基本没有企业标准和地方标准。改制后,铁道行业标准由国家铁路局批准发布,上层和下层之间等级划分不明确。而欧洲技术标准体系分为国际标准(UIC、IEC等)、欧盟标准(EN)、国家标准(DIN)、行业协会标准(VDE)和铁路公司企业标准5个层次,上层对下层的约束划分明确。在等级维度方面,中国标准体系按基础、综合、专业进行了等级划分,但是综合级和专业级之间的标准内容存在一定重叠,等级约束性不强。而欧洲标准体系未明确提出基础、综合、专业的概念,但欧盟铁路指令(EC)相当于基础级,欧洲铁路互通性技术规范(TSI)相当于综合级,等级约束性强(刘辉,2017)。因此,我们可以借鉴欧洲标准体系,加强中国高铁标准体系的级别明确性和等级约束力。

7.1.3 推动科研与标准协调发展

如第 3 章所述，与法国、德国、日本等国家相比，中国的高铁标准在一些核心技术上还是存在一定差距的。王玉泽等（2017）指出从目前对比看，中国对全寿命周期内的铁路寿命和可靠性、减少维修、降低成本等方面的标准化研究较少，这些标准的制定一定程度上需要充足的实验及科研提供支撑。因此，可以将高铁标准的制定修订与高铁技术和产品的研发、试验以及运用等实践过程紧密结合，同时建立良好的科技创新与高铁技术标准协同发展机制，进一步加大基础性、前瞻性高铁核心技术的研发力度，推动先进的科技创新成果尽快转化为高铁技术标准，并通过技术标准推动新技术及新产品的应用，促进中国高铁标准不断完善升级。

7.2 高铁标准推广的策略建议

中国高铁标准推广时期处于标准"走出去"的发展阶段。如第 3 章所述，因为起步时间比较晚，和国际上高铁强国相比，中国高铁标准影响力还不够，存在国际认可度较低、国际兼容性不足、国际化人才缺乏等问题。针对以上问题，本书提出如下中国高铁标准推广的策略建议。

7.2.1 提升高铁标准国际影响力

当今世界，尤其是第三世界国家的高铁建设项目采用较多的依然是欧洲铁路标准，长期的殖民思想导致很多国家对于欧洲标准具有依赖性，而缺乏对中国标准的了解和认可，这一问题很大程度上阻碍了中国高铁标准在国际上的推广。针对当前情况，一方面可以多渠道加大对中国高铁标准的推行力度，另一方面应通过参与标准国际化活动提升话语权，争取承担更多国际标准组织技术机构和领导职务来提高国际影响力。

1) 多渠道多方式加大推广

随着非洲地区的亚吉铁路、蒙内铁路、阿卡铁路、拉伊铁路等建成通车,东南亚地区雅万高铁、中老铁路、中泰铁路的建设开展,越来越多的国家倾向于在建设高铁时全面采用中国标准。我们可以立足于此进行标准宣传策划,通过书籍、新闻、影视等各种媒体渠道大力宣传中国高铁所取得的成就,借助铁路论坛、国际铁路展及宣传展等平台,展现已经建成或者正在实施的海外高铁项目,使其他地区及国家意识到中国高铁标准的兼容性,也可以积极采取开办学术讲座、技术论坛以及交流会等多种形式,向各国或各地区高铁技术人员、政府部门官员讲解推广中国高铁的设计理念、设备性能和优越性,加大力度将中国高铁标准推广出去。

2) 积极参与标准国际化活动

欧美国家以发展自身行业为目的,一直在努力将其国内标准向 ISO(国际标准化组织)、IEC(国际电工委员会)、ITU(国际电信联盟)等国际标准化组织推广,通过大量承担 ISO、IEC 秘书处的工作,使其国家标准上升为国际标准,极大提升了国际话语权。

借鉴欧美发达国家推进铁路标准国际化的做法,中国应积极参与高铁标准国际化工作,争取在国际标准组织中承担更多职务,进一步将中国高铁标准推荐成为国际标准。自 ISO/TC 269(国际标准化组织/铁路应用技术委员会)成立以来,中国作为 ISO/TC 269 及其分委员会成员,积极参与 ISO/TC 269 标准国际化工作。截至 2019 年 10 月,ISO/TC 269 及其分委员会对中国提案投票共 22 次,其中日本、英国、法国、德国等铁路发达国家参与和支持度较高,葡萄牙、荷兰以及瑞士对中国的提案给予支持仍相对较少。为了提高中国在高铁领域国际话语权,对于参与度较高、对中国提案支持度较高的国家,中国应与其继续保持密切联系,加固合作;对于参与度较低、联系较少的国家,中国应进一步与其加强沟通联系,寻求更多的合作机会(于冰 等,2019)。

3) 承揽国际标准制修订工作

推广中国高铁标准最有效的方式之一,是在国际标准制定的源头使中国标准被世界所接纳。可以主动对接国际标准化组织，以"请进来""走出去"等多种方式取得各方支持，积极承揽国际标准制修订工作，把中国高铁标准推向国际，扩大中国高铁标准国际影响力。

同时应及时关注国际标准化组织的需求，在自身具有优势的技术领域申报标准原案，抢占先机。例如，2017 年中国铁路经济规划研究院承担编写了 UIC《高速铁路实施系列标准》，在此之前 UIC 标准体系内还尚未在高速铁路系统形成成套的综合性建设标准。通过这种方式，把中国高铁工程建设标准推向国际，一定程度上提升了中国高铁的国际话语权。

4）建立高铁标准国际化平台

为推广宣传中国高铁标准，可谋划建立高铁标准国际化信息平台。对内该平台是信息数据库，可以提供国际化标准的相关资料和文件，对外可借鉴 ISO、IEC、UIC 等网站，建立中国高铁标准国际化中英文交流平台，系统介绍中国高铁标准体系的框架及主要内容，解释中国高铁标准与国外标准的差异，及时更新发布中国高铁标准及国际交流动态信息，宣传中国高铁建设运营成就，促进世界各国对中国高铁标准的了解，提升高铁标准国际影响力。

7.2.2　培育高铁标准国际化人才

罗伟（2017）表示，伴随中国高铁"走出去"战略，海外高铁项目本土化的轨道交通运营、维护、检修专业人才需求量越来越大。随着海外订单的不断增多，应紧跟高铁国际化发展战略，培养一批能够肩负"一带一路"建设、实施"走出去"战略，动手能力强、技艺精湛、外语熟练、具有国际文化背景和视野的高素质、复合型人才。在加速推动中国高铁标准"走出去"的进程中，尤其需要培养高铁营销、工程咨询以及翻译等国际化专业人才。

1）标准营销专业人才

在中国高铁标准推广的过程中，专业的营销人才发挥着至关重要的作用。首先中国高铁标准种类复杂繁多，熟悉了解该标准体系的高铁营销人才，可以向高铁进口国准确介绍推销该标准。另外,在高铁项目的谈判过程中,高铁营销人才可以及时把握高铁进口国的需求,采取有针对性的高铁标准输出方案,使这些国家认同并引进中国高铁标准。因此,我们需要制订出相应的培养方案,投入大量的资金和师资力量,培养高铁标准专业营销人才,并且采纳更加灵活的管理体制和用人机制,给予高铁营销人员一定的政策空间,以打造海外高铁项目一流的专业营销团队。

2) 工程咨询专业人才

海外高铁工程项目的建设以规划设计为首要步骤,因此高铁工程咨询设计能力影响着中国高铁标准的推广采用。发达国家的高铁咨询设计企业长期活跃在国际舞台,凭借技术实力、机遇把握能力、良好的口碑占据着主动权。而中国的高铁设计咨询起步相对较晚,尚不够成熟,咨询设计"走出去"缺乏直接的动力。同时,专业化人才的缺乏制约着中国高铁咨询设计企业国际化经营的能力。

因此,我们需要积极培育一批专门从事国际高铁工程咨询的专业人才,为各国了解中国高铁标准和高铁工程提供服务,从而提升各国对中国高铁标准的认知度和信任度。高铁工程咨询专业人才可以为海外高铁工程项目提供规划设计,帮助一些尚未形成标准体系的国家参照中国高铁标准建立高铁标准体系、材料实验室等,是中国高铁标准"走出去"最有力、最直接的途径。

3) 高铁标准外文翻译人才

目前,中国高铁企业跟国外合作方谈项目时,均以自行翻译的形式对中国高铁标准进行介绍推广,然而真正让国际社会接受中国高铁标准绝不能只靠单个企业自行翻译,应有统一的中国高铁标准外文版本。此外,随着中国高铁"走出去"版图不断扩大,不仅需要高铁标准的英文版本,还应尽快将中国高铁标准翻译成其他语言版本。

因此,我们需要培养一批中国高铁标准外文翻译的复合型人才,既要有扎实的专业翻译功底,也要了解熟悉中国高铁标准的相关知识。由于个别标准与中国的建设体制、环境有关，放到其他国家地区的环境并不适用，这些标准可以选择简化翻译。建议对中国高铁标准先进行系统的梳理，把高铁标准中原则性和基础性的内容作为基本标准，细节部分单独编为无须强制执行的参考细则。然后，重点培养打造中国高铁标准翻译团队，出版针对各个国家的官方统一的中国高铁标准多语言翻译版本。此过程可以邀请国外专家参与编译工作、进行指导或提出建议，在世界各国出版发行发布，增强中国高铁标准的"开放性"。

7.2.3　对外推广高铁示范工程

目前，中国是世界上高铁建设数量最多、运营里程最长的国家，拥有丰富的高铁建设及运营经验。在高铁建设运营过程中，中国通过引进、消化、吸收、再创新，充分借鉴国际先进高铁技术标准，结合中国高铁建设运营实践，形成了具有中国特色的高铁标准体系。中国高铁标准能够满足不同地域、不同气候、不同地质条件的要求，达到了国际先进水平。在"高铁外交"和"一带一路"政策的推动下，运用中国高铁标准修建的海外高铁项目日益增加，亚吉铁路、蒙内铁路、拉伊铁路、阿卡铁路的建成通车，雅万高铁、中老铁路、中泰铁路的修建，都在展示着中国高铁标准的先进性和国际通用性。

为进一步推动中国高铁标准"走出去"的进程，增强中国高铁在国际市场上的竞争力，可以将已经建成的海外高铁项目作为中国高铁标准的示范工程进行推广。比如，雅万高铁是中国全要素、全系统、全产业链"走出去"的高铁项目，也是东南亚地区第一个全部应用中国技术、装备和标准的项目。雅万高铁项目并不是照搬照抄中国标准，而是形成了具有中国特色的、能够在本土真正落地的印尼版中国标准。已建成通车的亚吉铁路是中国进入非洲市场的示范工程，项目全部采用中国高铁标准，对中国高铁标准"走出去"具有重要示范意义。中方作为总承包商，在面对线路地质复杂、施工工期紧张、电力资源不足等难题下，不仅在该项目上创造了"中国速度"，还有"中国质量"。这些海外示范工程充分证明中国企业不仅能够建设好中国国内高铁，也完全有能力参与国际高铁

市场的竞争。这和"一带一路"互联互通的战略要求十分契合,我们可以借这些
"示范工程"向世界各国宣传推广中国高铁标准。

7.3　高铁标准实施的策略建议

高铁标准实施时期处于标准"走出去"的成熟阶段,这一阶段中国高铁标准
"走出去"已取得一定成果,本节主要针对中国高铁标准"走出去"的本土化问题
以及运营衔接问题提供对策建议,以应对中国高铁标准海外实施过程中的政
治、经济、文化、竞争风险。

7.3.1　分析解决本土化问题

由于中国高铁标准"走出去"面向的是国际市场,每个国家地区的政治、经
济、文化、地理环境不同,在实施过程中需要注意高铁标准的本土化问题。

1) 对东道国进行全面研究

中国高铁标准要想真正被东道国采用和实施,需要对东道国进行全方位的
研究,了解东道国基本国情。首先,可以加大东道国智库的建设,加强对东道国
经济环境、政治格局、法律制度、文化习俗、地理环境等方面的研究。其次,提前
收集东道国高铁建设规划、项目投竞标规则等信息,做到知己知彼,从而规避风
险。最后,提前布局谋划,有针对地应对各种突发事件,建立与东道国之间的互
信互认,推进中国高铁标准的顺利实施。

2) 因地制宜采取标准组合

在推动中国高铁标准"走出去"的过程中,由于不同东道国的经济基础、地
理环境、运营条件各不相同,我们将东道国按铁路建设基础强弱以及标准体系
完善程度分为三类,根据不同类型的东道国采取相应的本土化措施建议。

第一类为铁路基础薄弱、标准体系不完善的国家,以非洲和东南亚地区部

分国家为代表。由于这些地区国家大多数未拥有自成体系的铁路标准，是中国高铁标准国际化工作的重要目标市场，中国应在这些国家或区域全力推荐使用中国成套高铁技术与装备，积极采用中国高铁标准。同时，也要提升中国高铁标准的灵活性，根据东道国的具体情况和要求做适当调整。

第二类为铁路基础好、标准体系完善的国家，以欧洲国家为代表。欧洲国家铁路系统相对发达，有自己成熟的高铁标准体系，较难接受外来的标准，在欧洲市场完全推广使用中国高铁标准的可能性较小。在此地区和国家推动中国高铁标准"走出去"工作，一方面应充分发挥自身优势，积极承担铁路建设工程，另一方面需要加强中国高铁标准与这一地区国家标准的互认，提高中国高铁标准的认可度。

第三类为介于上述两者之间的国家，以中东、北美地区部分国家、俄罗斯为代表。中国铁路要综合考虑多重因素，如技术、标准以及国家间政治、经济利益等。首先，需要加强中国高铁标准的宣传和推荐，引导其更深入地了解中国高铁的技术和成本综合优势；其次，应努力适应相关国家对高铁标准和特殊条件下铁路建设运营的需求，为其量身定制高铁标准，并在此过程中积极融入中国标准，以部分采纳或变相采纳的方式实现中国高铁标准的国际化。

7.3.2　提高运营管理能力

中国高铁标准的含义要比中国高铁技术的含义宽泛，在混合驱动模式下，中国高铁标准"走出去"意味着从出资到建设再到装备、运营管理整套生产链的全部"中国化"。所以推动高铁标准"走出去"不仅仅需要对标准的认可接受，还需要提供优质的产品装备以及运营管理一体化服务。

1）提升产品装备质量

推动中国高铁标准"走出去"的同时能够带动中国的高铁产品装备出口，优质的产品设备质量能够增加各国对中国高铁标准的信任度，反之中国高铁标准虽然过硬，但如果产品设备质量难以跟上，最终导致项目出现问题，同样不利于中国高铁标准在国际上的推行。因此,需要加强高铁产品装备的研制力度,优化完善高铁动车组整车通用技术和试验规则标准,发挥标准在高铁产品装备制造领域的支撑和引领作用。

2) 加强运营管理一体化服务

在中国高铁标准"走出去"的过程中,存在一些高铁项目由于缺少建设与运营管理的一体化服务,造成工期延后、项目停滞等问题。因此,不仅需要关注中国高铁标准在施工前的宣传推广,还需要注意项目中、后期高铁建设施工中的咨询管理以及高铁保养维护、运营使用等问题,加强一体化服务。排除设备进场慢,当地维修、配件供应、培训服务跟不上,运营管理能力不足等问题,从而保证中国高铁标准可持续的竞争力。

7.3.3　多措并举推动实施

推动中国高铁标准进一步"走出去",需要多方进行有力配合,采取多项举措推动实施。

1) 恰当运用金融政策力量

借鉴国际金融机构通行的做法,要求中国参与海外基础设施贷款的金融机构,尤其是政策性金融机构(如中非基金等),在编制高铁工程采购合同范本的过程中,在范本中列入强制性采用中国高铁标准或鼓励优先采用中国高铁标准的规定,并在贷款项目中予以应用。鼓励中国投资企业和工程承包企业在海外高铁项目合同谈判中优先推荐采用中国高铁标准,同时对这些企业给予利率、税收方面的优惠。

2) 制定系列风险防范机制

中国高铁标准"走出去"在项目实施和运营过程中面临着政治、经济、文化、竞争等风险,需要制定风险防范机制,并根据风险评价标准设计风险预警指标,提前发现并防范海外高铁项目潜在风险。此外,应建立风险信息数据库,将风险特征、评价结果、发生概率、应对措施等重要信息及时导入、处理和运用。再者,可以建立专门的风险管理体系,设立风险管理架构,借鉴发达国家铁路公司的管理软件(比如法国国营铁路风险管理系统),开发适用于中国高铁标准的风险管理系统,以及时应对各项风险,实现风险管理整合化和一体化。

3) 依托海外工程推动实施

近年来,中国高铁工程建设成就举世瞩目,与世界多个国家地区达成合作建设高铁的意向,在境外50多个国家和地区承揽铁路项目,这为中国高铁标准发挥其兼容性、适应能力强的优点创造了极为有利的条件(夏炎,2019)。我们可以依托中国高铁海外工程,推动中国高铁标准"走出去",具体可以采取以下三项措施,一是在境外高铁工程中依据双方协议或合同要求,使用中国标准;二是与高铁合作国家开展标准互认,或与合作国家共同制定、修订高铁标准;三是组织专业技术培训和技术援助,推广使用中国高铁标准。

4) 提倡建立公平竞争环境

国际贸易壁垒是中国高铁标准进入国际市场的重大挑战之一。国际铁路行业协会和标准组织往往在德国、法国等高铁巨头公司的主导下制定诸多行业规范、标准文件,对高铁产品和装备设置了认证和许可要求,这些限制带有鲜明的地域性。虽然中国高铁标准具有一定的优势,但是很多国家默认欧洲老牌高铁标准,通过如此设置技术标准壁垒,阻碍中国高铁标准的进入实施。面对激烈的市场竞争环境,中国高铁标准在欧洲市场及其他市场的应用实施仍需很长一段时间。我们应提倡建立公平的竞争环境,通过市场化的谈判,逐步建立既竞争又合作的利益协调机制,以保障中国高铁标准顺利"走出去"。

第8章
结论与展望

8.1 研究结论

在"一带一路"倡议和全球化背景下,大力推动中国高铁"走出去"成为促进交通基础设施互联互通、提升中国高铁国际竞争力的重要途径。知识经济时代,高铁标准相关知识成为高铁企业的关键资源,是企业核心竞争力所在。积极推进中国高铁标准"走出去"有助于中国高铁企业掌握国际话语权,降低海外项目施工成本,提高项目施工效率,中国高铁可持续出口的关键在于中国高铁标准在国际上的推广应用。中国高铁产业正处于从中国制造到世界标准转型升级的重要时期。

本研究认为,中国高铁标准"走出去"的过程具有动态性、情境性、结果导向性的特点,实质上是中国高铁标准等相关知识转移的过程。中国高铁标准输出的终极目标在于构建合作共赢的全球价值链,推动构建人类命运共同体。本书以此为切入点,基于全球价值链视角,运用知识转移理论和全球价值链理论,构建中国高铁标准"走出去"知识转移理论框架,探究中国高铁标准"走出去"知识转移网络、机制和路径,并对中国高铁标准"走出去"知识转移过程中存在的问题进行了分析,进而提出针对性策略建议。主要研究结论如下:

第一,基于全球价值链视角的中国高铁标准"走出去"知识转移理论实质上是对现有知识转移理论的延伸和拓展，该理论能够更加真实地反映中国高铁标准"走出去"的实际状况，并指导中国高铁企业在构建互利共赢人类命运共同体背景下提升中国高铁标准"走出去"的知识转移能力。全球价值链视角下中国高铁标准"走出去"知识转移理论有效结合了全球价值链理论、知识转移理论、复杂系统理论，最终形成一个融经济学、管理学、国际关系学等多学科于一体的多维理论分析框架，为后续基于全球价值链视角的中国高铁标准"走出去"知识转移机制、路径和影响因素等研究提供了理论支撑。

第二，中国高铁标准"走出去"能够促进知识转移双方实现双赢。在中国高铁标准"走出去"知识转移的过程中，知识源中国高铁企业和知识接收方高铁进口国的知识存量及创新量在系统动力学仿真周期内都呈持续增长态势，由此体现中国高铁标准"走出去"知识转移能够实现双赢的特点。中国标准"走出去"不仅给中国高铁企业带来了飞跃式发展，增强了中国高铁企业的综合实力，而且还提升了高铁标准进口国的高铁技术水平，带动了输入国的高铁经济发展。同时，在进行高铁标准相关知识转移的互动过程中，双方之间不仅加深了相互沟通与联系，而且还加强了各自的创新能力，促使双方在转移过程中产生新的知识。可见，中国高铁标准"走出去"知识转移有助于打造合作共赢的全球价值链。

第三，基于全球价值链视角的中国高铁标准"走出去"可以分为三种主要模式：生产者驱动模式、购买者驱动模式以及混合驱动模式。生产者驱动模式下，海外高铁项目建设全部或部分采用中国高铁标准，中国高铁企业向高铁进口国转移的知识包括工程造价标准、技术标准、工程建设标准，从高铁进口国获取高铁准入政策、政治经济地理环境、劳动力信息、海外市场信息、施工经验等知识，以中泰铁路为典型代表；购买者驱动模式下，中国高铁标准"走出去"主要以产品装备"走出去"的形式实现，中国高铁企业向高铁进口国知识转移内容主要为高铁产品装备品牌、产品专有技术、产品质量信息、产品设计理念、产品生产工艺等知识，从高铁进口国获取劳动力市场信息、高铁市场需求、高铁贸易优惠政策等,匈塞铁路为典型的购买者驱动模式;混合驱动模式下,中国高铁企业向外转移全套中国高铁标准,以及高铁产品装备品牌、产品质量信息、产品专有技术、产品设计理念、产品生产工艺等相关知识,从高铁进口国获取高铁标准准入政策、政治经济地理环境、劳动力信息、海外市场信息、施工经验、贸易优惠政策、运营管理经验等知识,以亚吉铁路、雅万高铁为主要代表。

第四,中国高铁标准"走出去"知识转移的主要载体是中国承建的海外高铁项目,这一过程涉及多个主体,形成了以中国高铁企业以及高铁进口国为核心的知识转移网络结构,在该网络内,主要有顺向知识转移和逆向知识转移两种机制。本书以顺向知识转移为例,对中国高铁标准"走出去"知识转移机制进行了系统动力学仿真分析。结果显示,中国高铁标准"走出去"知识转移能够促进双方实现双赢。知识隐性、复杂性和专用性以及文化距离、制度距离、竞争者压力均对中国高铁标准"走出去"知识转移产生不利影响,而知识源企业的转移能力、知识接收方的接受意愿和吸收能力、知识转移双方关系信任度、中国制造业GVC 地位指数均对中国高铁标准"走出去"知识转移产生有利影响。

第五,中国高铁标准在"走出去"的过程中会面临诸多问题,应有的放矢,采取有针对性的应对策略。在高铁标准制定时期,存在顶层设计不足、核心技术仍需提高等问题,中国应加强高铁标准顶层设计合力、加强中外标准互鉴对标,推动科研与标准协调发展,进一步完善中国高铁标准体系;在高铁标准推广时期,存在标准国际认可度较低、国际兼容性不足、国际化人才缺乏等问题,我们应通过提升高铁标准国际影响力、培育高铁标准国际化人才、对外推广高铁示范工程等举措,增强中国高铁标准的国际影响力,加快推进中国高铁标准的国际化进程;在高铁标准实施阶段,存在各项政治风险、经济风险、文化风险、竞争风险,中国应通过分析解决本土化问题、提高运营管理能力、多措并举推动实施等策略,助推中国高铁标准的海外应用实施。

第六,中国高铁标准"走出去"知识转移路径主要有三种,第一,面对面交流转移路径,主要通过师徒模式、集会、培训、私下交谈、知识论坛、专家指导等面对面方式进行知识转移。第二，通过信息技术中介转移路径，主要通过使用信息共享平台、举行远程会议、发送电子邮件、传真即时信息等方式完成知识转移。第三，其他方式转移路径，主要通过岗位轮换和创造性碰撞等其他方式实现知识转移。在生产者驱动模式下，中国高铁标准"走出去"的知识转移路径以面对面交流的转移路径为主，以信息技术传媒中介为辅。购买者驱动模式下，中国高铁标准"走出去"的知识转移路径以信息技术传媒中介为主，以面对面交流为辅。混合驱动模式下，高铁标准"走出去"的知识转移路径不仅包含面对面交流路径，还包括利用信息技术传媒中介和其他方式，知识转移形式更加全面多元化。

8.2　需要进一步研究的问题

本书运用了多种研究方法，在全球价值链视角下构建了中国高铁标准"走出去"知识转移研究框架，为中国高铁标准全球化发展提供了建议和指导。但是，受到研究水平和研究条件的限制，本书仍存在一些不足之处，有待在后续研究中不断加以改进：

（1）本研究结合全球价值链理论、知识转移理论、复杂系统理论等构建了一套基于全球价值链视角的中国高铁标准"走出去"知识转移理论，这是对已有全球价值链理论、知识转移理论的一大拓展。然而本研究构建的理论框架较为基础，还需要进行更为深入和细化的研究，诸如影响三种驱动模式下中国高铁标准"走出去"知识转移机制的深层因素有哪些，中国高铁标准"走出去"知识转移各大影响要素间相互关系如何，采用何种路径进行中国高铁标准"走出去"知识转移效率更高。此类问题还未进行讨论。因此，往后的研究需以这一理论框架为基础，进行更加深入、细致的分析，从而构建一套系统完整的基于全球价值链的中国高铁标准"走出去"知识转移理论。

（2）关于研究方法，本书主要采用案例分析、系统动力学模拟仿真等方法，定量实证分析运用不足。中国高铁标准"走出去"起步较晚，积攒的经验较少，根据已有的案例分析总结得到的知识转移理论存在局限性，需要进一步跟踪研究，细化和改进现有的研究结论。后续研究需要进一步探究高铁标准"走出去"知识转移的内在机理，通过实地调查等方法搜集数据资料，实证分析不同模式下各种知识转移路径对中国高铁标准"走出去"知识转移效果的影响，总结出每种模式下最适宜的知识转移路径，以验证或修正本研究中得到的结论和提出的观点，从而为中国高铁标准"走出去"实践提供指导。

（3）在对中国高铁标准"走出去"知识转移机制进行系统动力学分析时，为了简化模型，本研究仅选取中国高铁标准"走出去"的顺向知识转移过程为主要分析对象，未对逆向知识转移过程进行系统分析。在研究过程中，主要以中国高铁企业和东道国为分析主体，未对其他参与中国高铁标准"走出去"知识转移过程的主体做详细分析。后续可进一步拓宽研究范围，系统化分析中国高铁标准"走出去"知识转移各个参与主体之间的网络关系，并对中国高铁标准"走出去"顺逆双向知识转移机制进行系统动力学分析。

中国高铁标准"走出去"知识转移是一个多学科交叉的知识领域，本书是笔者在这一领域的初步探讨，虽然本研究提出了一些中国高铁标准"走出去"知识转移问题的新见解，但仍有管中窥豹之感。此外，基于全球价值链的中国高铁标准"走出去"知识转移研究是一项较新的课题，本研究旨在抛砖引玉，以期广大同仁进一步深入研究，提出更多真知灼见。

参考文献

［1］安虎森,何文.区域差距内生机制与区域协调发展总体思路[J].探索与争鸣,2012(7)：47-50.

［2］常翔,张锡镇.中泰高铁项目一波三折的原因分析[J].东南亚纵横,2018(2)：46-53.

［3］车月梅.高校图书馆知识转移路径分析[J].情报探索,2016(5)：120-122,126.

［4］陈春阳,孙海林,李学伟.客运专线运营对区域经济的影响[J].北京交通大学学报(社会科学版),2005(4)：6-10.

［5］陈菲琼.我国企业与跨国公司知识联盟的知识转移层次研究[J].科研管理,2001,22(2)：66-73.

［6］陈怀超,蒋念,范建红.转移情境影响母子公司知识转移的系统动力学建模与分析[J].管理评论,2017(11)：62-71.

［7］陈鹏.构建人类命运共同体对全球价值链的影响探析[J].青海社会科学,2020(1)：13-19.

［8］陈霞.中国高铁"走出去"的困境与对策[J].现代交际,2019(20)：68-69.

［9］陈怡.拥有核心技术是关键——我国高铁发展战略和发展历程回望[J].城市轨道交通研究,2019,22(1)：158.

［10］陈源.中国铁路标准"走出去"适应性研究的思考[J].中国铁路,2017(6)：

12－16.

[11] 陈源.中国铁路参与 ISO 国际标准化工作策略研究[J].中国铁路,2020(3)：22－26.

[12] 陈志军,马鹏程,董美彤.母子公司知识转移渠道、研发协同与产品创新绩效关系研究——吸收能力的调节作用[J].珞珈管理评论,2019(1)：34－55.

[13] 成健,曹瑶.中国高铁出口发展历程及对策研究[J].河北企业,2019(8)：57－58.

[14] 崔艳萍,侯敬.关于德国铁路改革的探讨[J].铁道运输与经济,2013,35(7)：94－97.

[15] 戴翔,李洲.全球价值链下中国制造业国际竞争力再评估——基于Koopman 分工地位指数的研究[J].上海经济研究,2017(8)：89－100.

[16] 邓涛涛,闫昱霖,王丹丹.高速铁路对中国城市人口规模变化的影响[J].财贸研究,2019,30(11)：1－13.

[17] 邓涛涛,赵磊,马木兰.长三角高速铁路网对城市旅游业发展的影响研究[J].经济管理,2016,38(1)：137－146.

[18] 董静,黄卫平.全球价值链分工下中美贸易战的几点思考[J].现代管理科学,2018(8)：6－8.

[19] 杜宝军.中外铁路荷载标准制定方法及中国高铁荷载标准"走出去"适应性分析[J].中国铁路,2016(9)：10－16.

[20] 杜丽虹,吴先明.对外直接投资、逆向知识转移与我国企业自主创新：基于吸收能力视角[J].科技进步与对策,2014,31(14)：24－29.

[21] 方大春,孙明月.高速铁路建设对我国城市空间结构影响研究——以京广高铁沿线城市为例[J].区域经济评论,2014(3)：136－141.

[22] 冯慧森,郑屹桐.中外高速铁路线路主要技术标准对比分析[J].铁道工程学报,2019,36(2)：81－87.

[23] 冯梅.我国铁路信号基础标准在海外工程中适应性问题探讨[J].中国铁路,2014(1)：39－42.

[24] 冯长春,丰学兵,刘思君.高速铁路对中国省际可达性的影响[J].地理科学进展,2013,32(8)：1187－1194.

[25] 傅志寰.我国高铁发展历程与相关思考[J].中国铁路,2017(8)：1－4.

[26] 高华荣.高速铁路对区域经济发展的影响研究[D].北京：北京交通大学,2017：6－22.

[27] 高凯.中土公司亚吉铁路建设模式创新的研究[D].北京：北京交通大学,2019.

[28] 高亮,乔神路.法国铁路标准工作及其特点[J].铁道技术监督,2011(4),32－35.

[29] 葛宝山,崔月慧.基于社会网络视角的新创企业知识共享模型构建[J].情报科学,2018,36(2)：153－158.

[30] 葛剑雄,胡鞍钢,林毅夫.改变世界经济地理的"一带一路"[M].上海：上海交通大学出版社,2015.

[31] 郭言.中美经济要坚持合作共赢的正确方向[N].经济日报,2017－07－21(5).

[32] 韩燕,张苑,陈宇红.甘肃省高速铁路对城市可达性及经济联系格局影响研究[J].铁道运输与经济,2020,42(1)：31－37,95.

[33] 何凯妮.铁路建设项目对区域就业影响分析[D].成都：西南交通大学,2016.

[34] 何黎晓.高管轮岗在企业内部控制中的作用研究[D].昆明：云南财经大学,2020.

[35] 何晓红.高校图书馆隐性知识转移的有效途径——岗位流动[J].图书馆论坛,2009,29(3)：34－36.

[36] 胡芬,张进."高铁时代"湖北旅游发展战略的思考[J].当代经济,2010(19)：82－84.

［37］胡海波.标准化管理（信毅教材大系）［M］.上海：复旦大学出版社，2013.

［38］胡静，程露萍，周密.高铁对湖北省旅游产业集聚水平的影响［J］.重庆交通大学学报（社会科学版），2015，15(5)：22－26.

［39］胡玉奎.系统动力学：战略与策略实验室［M］.杭州：浙江人民出版社，1988.

［40］黄洁.基于高铁网络的中国省会城市可达性［D］.南昌：江西师范大学，2016.

［41］蒋海兵，徐建刚，祁毅.京沪高铁对区域中心城市陆路可达性影响［J］.地理学报，2010，65(10)：1287－1298.

［42］蒋华雄，孟晓晨.高速铁路对中国城市产业市场潜力的影响研究［J］.现代城市研究，2017(11)：108－114.

［43］金水英，顾津静，田泽.中国高铁"走进非洲"对沿线国家经济发展的影响［J］.浙江师范大学学报，2020，45(2)：47－59.

［44］金水英，周晓琳，田泽.中国高铁"走出去"可持续发展研究［J］.西亚非洲，2019(4)：123－142.

［45］金水英，周晓琳，顾津静.中国企业对非洲直接投资知识转移网络结构分析［J］.江西理工大学学报，2019，40(4)：48－56.

［46］金水英，闻镇坎.知识转移理论：中国高铁标准"走出去"研究的新视角［J］.常州工学院学报，2021，34(5)：45－57.

［47］金水英，罗思怡，闻镇坎.全球价值链视角下中国高铁标准"走出去"知识转移机制与路径［J］.江西理工大学学报，2021，42(5)：55－63.

［48］兰雅文."一带一路"背景下中国高铁产业"走出去"竞争策略研究［D］.济南：山东大学，2018.

［49］蓝宏，荣朝和.日本东海道新干线对城市群人口和产业的影响及启示［J］.经济地理，2017，8(12)：93－99.

［50］雷中林.UIC标准限界及相关问题计算研究［J］.铁道工程学报，2011(8)：

122-124.

[51] 李保超,王朝辉,李龙.高速铁路对区域内部旅游可达性影响：以皖南国际文化旅游示范区为例[J].经济地理,2016,36(9)：182-191.

[52] 李彭.成渝高速铁路沿线区域经济发展影响实证研究[J].铁道运输与经济,2019,41(8)：28-35.

[53] 李顺才,邹珊刚.知识流动机理的三维分析模式[J].研究与发展管理,2003(2)：39-43.

[54] 李涛,曹小曙,黄晓燕.珠江三角洲交通通达性空间格局与人口变化关系[J].地理研究,2012,31(9)：1661-1672.

[55] 李婷婷,李艳军.跨国种业公司对中国公司知识转移路径及溢出效应[J].科技管理研究,2014,34(21)：137-142.

[56] 李同合.我国知识转移领域研究进展分析[J].新世纪图书馆,2018(5)：86-92.

[57] 李毅中.以工业转型升级为契机 构建合作共赢的全球价值链[N].河北经济日报,2013-11-18(3).

[58] 李莹.大数据背景下联盟企业的知识转移路径初探[J].中国管理信息化,2017,20(9)：81-83.

[59] 李志远.亚吉模式领跑全产业链"走出去"[J].建筑,2017(3)：16-17.

[60] 梁青山.中资企业开发非洲基础设施工程承包市场的思考[J].海外投资与出口信贷,2018(4)：45-49.

[61] 林桂军,何武.中国装备制造业在全球价值链的地位及升级趋势[J].国际贸易问题,2015(4)：3-15.

[62] 林上.日本高速铁路建设及其社会经济影响[J].城市与区域规划研究,2011(3)：132-156.

[63] 林晓言,王梓利.中国高铁全球价值链治理位势提升的理论与举措[J].当代经济管理,2020,42(5)：15-25.

[64] 林岩,陈燕,李剑锋.价值链中的上行知识流对供应商的促进作用:以汽车生产行业为例[J].科学学研究,2010,28(8):1181-1191.

[65] 刘常乐.项目情境下治理机制对知识转移的影响研究[D].北京:北京交通大学,2016.

[66] 刘春卉,旻苏,汪滨,等.我国高铁标准国际化现状与对策研究[J].中国标准化,2015(6):74-79.

[67] 刘春卉.中外高速铁路设计标准对比分析研究[J].标准科学,2019(11):6-10.

[68] 刘芳,欧阳令南.跨国公司知识转移过程、影响因素与对策研究[J].科学学与科学技术管理,2005(10):40-43.

[69] 刘红丽,张欣,王夏洁.高技术产业集群知识转移网络研究[J].科技进步与对策,2009,26(19):151-153.

[70] 刘辉.中外铁路工程建设标准对比及海外应用探讨[J].铁道工程学报,2017,34(9):1-8.

[71] 刘建颖.改革开放40周年与全球价值链[J].国际商务财会,2018(11):5,9.

[72] 刘毛毛,宋改敏.师徒制下职业院校新手教师的身份转变研究[J].新疆职业大学学报,2020,28(1):29-34.

[73] 刘祥和,曹瑜强."金砖四国"分工地位的测度研究:基于行业上游度的视角[J].国际经贸探索,2014,30(6):92-100.

[74] 刘喆.铁路建设标准国际化的策略及意义[J].工程建设标准化,2019(9):69-72.

[75] 鲁涓涓.中国高铁"走出去"实践探析[D].南京:南京大学,2019.

[76] 陆东福.交通强国铁路先行为促进经济社会持续健康发展作出更大贡献——在中国铁路总公司工作会议上的报告(摘要)[J].中国铁路,2018(1):1-6.

[77] 罗燊,林晓言.高速铁路影响下的知识可达性与区域梯度：来自中国 31 个省份的证据[J].技术经济,2018,37(2)：69-76.

[78] 罗伟.适应中国高铁"走出去"国际化人才的培养研究[J].山东工业技术,2017(8)：213-214.

[79] 罗英恒.高速铁路沿线经济区旅游业劳务需求分析[J].山西财经大学学报,2010,32(1)：1-2.

[80] 吕铁,黄阳华,贺俊.高铁"走出去"战略与政策调整[J].中国发展观察,2017(8)：40-42.

[81] 马费成,王晓光.知识转移的社会网络模型研究[J].江西社会科学,2006(7)：38-44.

[82] 马欢.高速铁路全球价值链治理研究[D].北京：北京交通大学,2017.

[83] 马荣.高铁建设对城市产业结构升级的影响研究[D].西安：西北大学,2019.

[84] 倪光斌,周诗广,朱飞雄.铁路行业工程建设标准先进性与国际化探讨[J].铁道经济研究,2016(1)：16-21.

[85] 潘国强,蒋惠园.促进我国铁路建设标准"走出去"的政策建议[J].综合运输,2019,41(10)：16-19.

[86] 潘玉琴,印香俊.成人职业教育组织中知识转移路径研究[J].职教论坛,2011(6)：40-42.

[87] 彭新敏,吴晓波.基于全球价值链的知识转移影响因素研究[J].重庆大学学报：社会科学版,2008,14(1)：40-44.

[88] 彭雪.高速铁路沿线城市产业结构变动分析[D].北京：北京交通大学,2017.

[89] 彭正龙,赵红丹.团队差序氛围对团队创新绩效的影响机制研究：知识转移的视角[J].科学学研究,2011,29(8)：1207-1215.

[90] 朴杰,武建华,朴银哲.高速铁路对区域经济联系的影响研究：以延边朝鲜族自治州为例[J].物流工程与管理,2020,42(2)：124-126.

［91］曲虹,蒋天颖.跨国企业知识转移绩效影响因素分析［J］.生产力研究,
　　　2016(9)：123－127.

［92］桑德斯.标准化的目的与原理［M］.北京：科学技术文献出版社,1974.

［93］盛黎明,刘延宏,刘玉明,陈云.基于合作共赢的中国铁路"走出去"建设
　　　模式创新研究［J］.中国工程科学,2017,19(5)：38－43.

［94］石砾雅,高茵.发挥东道国作用实现合作共赢发展：以蒙内铁路建设项目
　　　为例［J］.国际工程与劳务,2019(4)：17－19.

［95］史俊玲,张久长,李娜.日本铁路技术标准国际化策略研究［J］.中国铁路,
　　　2015(10)：81－85.

［96］舒展,郑丛璟.西方国家"逆全球化"实质与合作共赢的新型全球化方案
　　　［J］.理论与评论,2020(2)：87－96.

［97］宋明顺,杨铭,余晓,张樑."一带一路"设施联通下的铁路标准体系研究
　　　［J］.中国标准化,2018(11)：56－61.

［98］宋晓丽,李坤望.交通基础设施质量提升对城市人口规模的影响——基
　　　于铁路提速的实证分析［J］.当代经济科学,2015,37(3)：19－26,124－
　　　125.

［99］苏卉.知识来源方特性对知识转移效率影响效应的结构分析［J］.情报科
　　　学,2009(3)：431－436.

［100］苏顺虎.高速铁路与转变经济发展方式［J］.铁道经济研究,2010(6)：12－
　　　14.

［101］孙舰.工程项目合作网络内的知识转移研究［D］.北京：北京交通大学,
　　　2017.

［102］孙祥云.档案业务外包企业知识转移研究［D］.合肥：安徽大学,2020.

［103］覃成林,朱永磊,种照辉.高速铁路网络对中国城市化格局的影响［J］.城
　　　市问题,2014(9)：9－15.

［104］覃成林,杨晴晴.高速铁路发展与城市生产性服务业集聚［J］.经济经纬,

2016(3)：1-6.

[105] 谭大鹏,霍国庆,王能元,等.知识转移及其相关概念辨析[J].图书情报工作,2005(2)：13-16,149.

[106] 谭宏.高职校企共育人才培养模式中的知识转移机制初探——以天津职业大学酒店管理专业为例[J].九江职业技术学院学报,2016(2)：21-24.

[107] 谭家盈.中国技术标准"走出去"的思考[J].国际工程与劳务,2016(5)：68-70.

[108] 汤晋.高速铁路影响下的长三角时空收缩与空间结构演变[D].南京：东南大学,2016.

[109] 唐朝莉,谭宏.高等职业教育校企合作中的知识转移方式[J].九江职业技术学院学报,2019(1)：9-11.

[110] 唐锦铨.技术合作中企业吸收能力促进技术转移效果的关系检验[J].情报杂志,2012,31(7)：200-204.

[111] 仝中燕.中国高铁"走出去"之战略方法[J].金融经济,2015(19)：39-41.

[112] 万波,熊必成.现代学徒制视角下高职计算机专业教师知识转移的路径研究[J].电脑知识与技术,2020,16(6)：146-147.

[113] 汪鑫.名医工作室隐性知识转移影响因素研究[D].南京：南京中医药大学,2018.

[114] 王博.中国铁路标准预应力混凝土简支 T 梁对欧洲铁路荷载的适应性分析[J].铁道标准设计,2012(12)：58-61.

[115] 王彩圆.高速铁路对城市空间结构的影响研究[D].保定：河北大学,2019.

[116] 王菲菲."一带一路"背景下中国高铁外交研究[D].长春：吉林大学,2018.

[117] 王宏顺,王静.高速铁路对优化我国产业结构的作用[J].物流技术,2010,29(23)：26-29.

［118］王建刚,吴洁,张青,等.基于知识演化的企业知识流研究［J］.情报理论与实践,2011,34(3)：30－34.

［119］王姣娥,丁金学.高速铁路对中国城市空间结构的影响研究［J］.国际城市规划,2011,26(6)：49－54.

［120］王俊蒙.高速铁路对江苏省经济发展的影响研究［D］.北京：北京交通大学,2019.

［121］王怒立,吴楚豪."一带一路"倡议下中国的国际分工地位：基于价值链视角下的投入和产出分析［J］.财经研究,2018(8)：18－30.

［122］王披恩.外国母公司向中国子公司的知识转移［D］.新加坡：新加坡国立大学,2001.

［123］王瑞新.软件外包中承包方与发包方知识转移影响因素研究［D］.武汉：武汉纺织大学,2011.

［124］王同军.关于铁路科技国际化战略的研究［J］.铁道运输与经济,2017(2)：1－8.

［125］王晓,徐萌.社交问答网站(SQA)：图书馆隐性知识转移新渠道［J］.图书馆,2017(6)：107－111.

［126］王欣,刘蔚,李款款.基于动态能力理论的产学研协同创新知识转移影响因素研究［J］.情报科学,2016,34(7)：36－40.

［127］王垚,年猛.高速铁路带动了区域经济发展吗？［J］.上海经济研究,2014(2)：82－91.

［128］王雨飞,倪鹏飞.高速铁路影响下的经济增长溢出与区域空间优化［J］.中国工业经济,2016(2)：21－36.

［129］王玉泽,潘国强,冯梅,等.中国铁路"走出去"建设标准发展策略研究［J］.中国工程科学 2017,19(5)：17－21.

［130］王赟赟.高速铁路发展对中国区域空间格局的影响研究［D］.上海：上海交通大学,2018.

[131] 文婧,韩旭.高铁对中国城市可达性和区域经济空间格局的影响[J].人文地理,2017(1)：105-114.

[132] 文瑛琪."一带一路"倡议下的中国高铁外交实践探析[D].武汉：华中师范大学,2018.

[133] 翁春颖,韩明华.全球价值链驱动、知识转移与我国制造业升级[J].管理学报,2015,12(4)：517-521.

[134] 吴传华.中非命运共同体：历史地位、典范作用与世界意义[J].西亚非洲,2020(2)：12-21.

[135] 吴蕊.中国铁路"走出去"项目的风险及防范对策研究[D].北京：北京交通大学,2019.

[136] 夏炎.UIC《高速铁路系统实施手册》内容研究及其与中国高速铁路相关标准对比分析.铁道标准设计,2017,61(2)：136-140.

[137] 夏炎.国际铁路联盟(UIC)标准化现状研究及合作建议[J].铁道标准设计,2019,63(5)：179-181.

[138] 夏炎.我国铁路工程建设标准国际化措施研究[J].铁道标准设计,2019,63(1)：165-168.

[139] 向涛.全球价值链视角下的人类命运共同体分析[J].广西质量监督导报,2019(8)：190,163.

[140] 肖小勇,李自如.基于知识特性与转移动机的知识转移机制研究[J].社会主义研究,2005(2)：111-114.

[141] 肖小勇,文亚青.组织间知识转移的主要影响因素[J].情报理论与实践,2005,28(4)：355-358.

[142] 肖彦华.我国高铁"走出去"的战略研究[D].沈阳：辽宁大学,2017.

[143] 邢华,马小芳.实行更加主动的开放战略[J].前线,2013(12)：145-148.

[144] 徐多戈.蒙内铁路运营主要风险及应对策略[J].工程技术研究,2018(12)：225-226.

[145] 徐飞.中国高铁"走出去"的十大挑战与战略对策[J].人民论坛·学术前沿,2016(14):58-78.

[146] 徐飞.中国高铁"走出去"战略:主旨-方略-举措[J].中国工程科学,2015(4):4-8.

[147] 徐金发,许强,等.企业知识转移的情境分析模型.科研管理,2003(2):54-60.

[148] 徐笑君.文化差异对美资跨国公司总部知识转移影响研究[J].科研管理,2010(7):49-58.

[149] 徐笑君.文化差异对总部指示转移的调节效应研究:基于德资跨国公司的调查[J].研究与发展管理,2009(12):1-8.

[150] 许南,李建军.产品内分工、产业转移与中国产业结构升级[J].管理世界,2012(1):182-183.

[151] 许佑顶,高柏松,杨吉忠,徐骏.中国铁路工程建设技术标准"走出去"战略研究[J].铁道工程学报,2016,33(5):116-122.

[152] 颜华,韩义涛.中德铁路轨道技术标准对比分析[J].铁道工程学报,2009(8):18-22.

[153] 晏姿.建筑企业内项目间知识转移研究[D].北京:北京交通大学,2016.

[154] 杨蕙馨,李贞.集群内知识转移对企业成长的作用机制[J].经济与管理研究,2008(4):12-17.

[155] 杨佳."人类命运共同体"的伦理意蕴[J].文化创新比较研究,2020,4(15):11-12.

[156] 杨琦.中国铁路标准国际化工作思考[J].铁道技术监督,2011,39(6):1-3.

[157] 杨茜.企业知识转移的情境因素研究[D].太原:山西大学,2008.

[158] 杨思博.UIC 标准化现状研究[J].铁路工程技术与经济,2019,34(5):6-9,13.

[159] 杨栩,肖蘅,廖姗.知识转移渠道对知识转移的作用机制：知识黏性前因的中介作用和治理机制的调节作用[J].管理评论,2014,26(9)：89－99.

[160] 杨亚力.京津城际铁路电力系统典型故障分析[J].铁道技术监督,2020,48(2)：35－37.

[161] 杨志勇,王永贵.母子公司互动、知识创造与突破性创新：基于中国中材集团的探索性案例研究[J].管理学报,2016,13(6)：811－820.

[162] 杨忠民.雅万高铁创新实践与启示[J].中国铁路,2018(12)：1－6.

[163] 叶娇,原毅军,张荣佳.文化差异视角的跨国技术联盟知识转移研究：基于系统动力学的建模与仿真[J].科学学研究,2012,30(4)：557－563.

[164] 叶舒航,郭东强,葛虹.转型企业外部知识转移影响因素研究：基于元分析方法[J].科学学研究,2014,32(6)：909－918,926.

[165] 尹冰,吕成文,赵晨.高速铁路对城市发展的影响研究[J].铁道经济研究,2010(4)：28－31.

[166] 于冰,杨慧莹,吴伟,尚迪,赵祎.我国铁路参与 ISO/TC 269 国际标准化工作现状及分析[J].铁道技术监督,2019,47(11)：1－4.

[167] 于明超,刘志彪,江静.外来资本主导代工生产模式下当地企业升级困境与突破：以中国台湾笔记本电脑内地封闭式生产网络为例[J].中国工业经济,2006(11)：108－116.

[168] 于荣喜.法国标准体系中铁路路基设计特点[J].路基工程,2014(1)：159－162.

[169] 于腾群.中国高铁的国际化进入模式研究[J].铁道工程学报,2019,36(1)：1－5.

[170] 亏道远,曹琪伟,李婧媛.德国高速铁路安全立法的经验及启示[J].2020,42(4)：89－93.

[171] 亏道远,张兰芳.高铁走出去知识产权风险防范[J].河北法学,2017,35(9)：59－72.

[172] 袁玉青."一带一路"战略背景下的中国高铁外交探析[D].南京：南京大学,2016.

[173] 曾广颜."一带一路"让中国铁路标准"走出去"[J].理论视野,2017(6)：67-68.

[174] 查殷.亚吉模式领跑"丝路"建设 全产业链"走出去"已成中国铁路"走出去"首选[J].国际工程与劳务,2016(11)：23-26.

[175] 张大为,汪克夷.知识转移研究述评与展望[J].科技进步与对策,2009,26(19)：196-200.

[176] 张光磊.知识转移视角下的企业组织结构对研发团队创新绩效的影响研究[D].武汉：华中科技大学,2010.

[177] 张汉斌.我国高速铁路对宏观经济的影响分析[J].理论学习与探索,2010(5)：11-13.

[178] 张红平.中国与法国高速铁路有砟轨道设计标准对比分析[J].铁道工程学报,2011(2)：61-64,70.

[179] 张辉.中国制造业在全球价值链分工中的地位及其影响因素研究[D].湘潭：湘潭大学,2019.

[180] 张辉.全球价值链动力机制与产业发展策略[J].中国工业经济,2006(1)：40-48.

[181] 张慧明,蔡银寅.中国制造业如何走出"低端锁定"：基于面板数据的实证研究[J].国际经贸探索,2015(1)：52.

[182] 张俊.高铁建设与县域经济发展：基于卫星灯光数据的研究[J].经济学(季刊),2017,16(4)：1533-1562.

[183] 张克中,陶东杰.交通基础设施的经济分布效应：来自高铁开通的证据[J].经济学动态,2016(6)：62-73.

[184] 张楠楠,徐逸伦.高速铁路对沿线区域发展的影响研究[J].地域研究与开发,2005,24(3)：32-36.

[185] 张琦,刘人境,杨晶玉.知识转移绩效影响因素分析[J].科学学研究, 2019,37(2)：311-319.

[186] 张小梅.基于知识转移和知识创新的产业集群竞争力研究[D].沈阳：沈 阳师范大学,2011.

[187] 张宇翔,赵国堂.全产业链模式下国际高铁项目联盟绩效影响研究[J].宏 观经济研究,2020(8)：156-165.

[188] 赵斗.雅万高铁技术标准研究[J].中国铁路,2018(12)：7-14.

[189] 赵娟,林晓言.京津城际铁路区域经济影响评价[J].铁道运输与经济, 2010,32(1)：11-15.

[190] 赵书松,廖建桥.知识嵌入性视角的知识共享研究[J].情报杂志,2009 (4)：116-122.

[191] 赵云,李雪梅.基于可达性的知识溢出估计模型：高速铁路网络的影响分 析[J].软科学,2015,29(5)：55-58.

[192] 孙鑫.中国标准助推高铁"走出去"[J].国际工程与劳务,2015(7)：63- 65.

[193] 尹坚.中国-欧盟铁路噪声标准比较及我国铁路噪声标准体系建设建议 [J].铁道标准设计,2010(3)：131-134.

[194] 钟永光,贾晓菁,李旭.系统动力学[M].北京：科学出版社,2009.

[195] 周康.全球价值链视角下我国制造业国际分工地位研究[D].大连：东北 财经大学,2015.

[196] 周怡然.高速铁路对湖北相关产业的影响研究[D].武汉：武汉工程大学, 2015.

[197] 周英芬,朱瑞庭.我国零售业"走出去"背景下内外贸一体化发展的路径 及对策研究[J].江苏商论,2015(7)：3-7.

[198] 朱红涛.知识特性对知识交流效率的影响研究[J].情报理论与实践, 2012,35(7)：34-37,23.

[199] 朱梅,杨琦,徐力,等.国际国外高速铁路技术法规及标准体系分析[J].铁道技术监督,2011,39(7):3-4.

[200] 朱颖,张雪才,许佑顶,等.中国铁路"走出去"市场研究[J].中国工程科学,2017,19(5):49-55.

[201] 竹内弘高,野中郁次郎.知识创造的螺旋:知识管理理论与案例研究[M].李萌,译.北京:知识产权出版社,2006.

[202] AHLFELDT G M, FEDDERSEN A. From periphery to core: economic adjustments to high speed rail[J]. Documents de dreball IEB, 2010(38): 1.

[203] ALAVI M, LEIDNER D E. Review: knowledge management and knowledge management systems: Conceptual foundations and research issues[J]. MIS Quarterly, 2001, 25(1): 107-136.

[204] ALBALATE D, FAGEDA X. High-technology employment and transportation: evidence from the European regions[J]. Regional Studies, 2016, 50(9): 1564-1578.

[205] ARGOTE L, INGRAM P. Knowledge Transfer: A Basis for Competitive Advantage in Firms[J]. organizational behavior & human decision processes, 2000, 82(1): 150-169.

[206] BAZAN L, NAVAS L. The Underground Revolution in the Sinos Valley: a Comparison of Upgrading in Global and National Value Chains[M]. Cheltenham: Edward Elgar, 2014.

[207] BIRKINSHAW J, NOBEL R, RIDDERSTRALE J. Knowledge as a contingency variable: do the characteristics of knowledge predict organizations structure [J]. Organization Science, 2002, 13(3): 274-289.

[208] BLUM U, HAYNES K E, KARLSSON C. Introduction to the special

issue The regional and urban effects of high-speed trains[J]. Annals of regional science, 1997, 31(1): 1 - 20.

[209] CANTWELL J A, MUDAMBI R. MNE competence-creating subsidiary mandates: an empirical investigation [J]. University of Reading Discussion Papers in Investment & Management, 2001(12): 285.

[210] CHEN C L, HALL P. The wider spatial- economic impacts of high-speed trains: A comparative case study of Manchester and Lille sub-regions[J]. Journal of Transport Geography, 2011(24): 89 - 110.

[211] CHEN C L, HALL P. The impacts of high-speed trains on British economic geography: a study of the UK's InterCity 125/225 and its effects[J]. Journal of Transport Geography, 2011, 19(4): 689 - 704.

[212] CHEN C L, VICKERMAN R. Can Transport Infrastructure Change Regions' Economic Fortunes? Some Evidence from Europe and China [J]. Regional Studies, 2017, 51(1): 1 - 17.

[213] CHEN C L. Reshaping Chinese Space-economy through high-speed trains: opportunities and challenges [J]. Journal of Transport Geography, 2012(22): 312 - 316.

[214] CHENG Y S, BECKY P Y. LOO V R. High-speed rail networks, economic integration and regional specialisation in China and Europe [J]. Travel Behaviour and Society, 2015, 2(1): 1 - 14.

[215] COHEN W M, LEVINTHAL D A. Absorptive capacity: a new perspective on learning and innovation[J]. Administrative Science Quarterly, 1990(35): 128 - 152.

[216] CRAMTON C. The mutual knowledge problem [J]. Organization Science, 2001, 12(3): 346 - 371.

[217] CUMMINGS J L, TENG B S. Transferring R&D knowledge: the key factors affecting knowledge transfer success[J]. Journal of Engineering and Technology Management, 2003, 20(2): 39 - 68.

[218] DALUWATTE S, ANDO A. Transportation and regional agglomeration in Japan: Through a long-term simulation model 1920 - 85[J]. Journal of Advanced Transportation, 1995, 29(2): 213 - 233.

[219] DAVENPORT T H, PRUSAK L. Working Knowledge: How Organizations Manage What They Know [M]. Boston: Harvard Business School Press, 1998.

[220] DIAZ R, BEHR J G. Quantifying the economic and demographic impact of transportation infrastructure investment: a simulation study [J]. Simulation, 2016, 92(4): 377 - 393.

[221] DURLAUF S N, JOHNAON P A, TEMPLE J R W. Growth Econometrics [M]//Aghion P, Durlauf S. Handbook of Economic Growth. Amsterdam: Elsevier, 2005: 555 - 680.

[222] ABOU-ZEID EI-S. A culturally aware model of inter-organizational knowledge transfer [J]. Knowledge Management Research& Practice, 2005(3): 146 - 155.

[223] FRASER V, MARCELLA R, MIDDLETON I. Employee perceptions of knowledge sharing: Employment threat of synergy for greater good? A case study [J]. Competitive Intelligence Review, 2000, 11 (2): 39 - 52.

[224] GARAVELLI A C, Gorgoglione M S. Manqging knowledge transfer by knowledge technologies[J]. Technovation, 2022(22): 269 - 279.

[225] GEREFFI G. Shifting Governance Structures in Global Commodity Chains, With Special Reference to the Internet [J]. American

Behavioral entist, 2001, 44(10): 1616 – 1637.

[226] GILBERT M, CORDEY-HAYES M. Understanding the process of knowledge transfer to achieve successful technological innovation[J]. Technovation, 1996, 16(6): 301 – 312.

[227] GIVONI M. Development and impact of the modern high-speed train: a review[J]. Transport Reviews, 2006, 26(5): 593 – 611.

[228] GLASER, E M. Knowledge Transfer and Institutional Change[J]. Professional Psychology, 1973, 4(4): 434 – 444.

[229] GOEL R K, DUBE A K. Status of underground space utilisation and its potential in Delhi [J]. Tunnelling and Underground Space Technology, 1999, 14(3): 349 – 354.

[230] GRANOVETTER M S. The strength of weak ties[J]. American Journal of Sociology, 1973, 78(6): 1360 – 1380.

[231] GUPTA A K, GOVINDARAJAN V. Knowledge flows within multinational corporations[J]. Strategic Management Journal, 2000(21): 473 – 496.

[232] GUTIERREZ J, GONZÁLEZ R, GÓMEZ G. The European High-speed Train Network: Predicted Effect on Accessibility Pattern[J]. Journal of Transport Geography, 1996, 4(4): 227 – 238.

[233] JIANG H-B, ZHANG W-Z, LI Y-J. Impact of the Beijing-Shanghai high-speed rail on the spatial pattern of the regional road accessibility [J]. Journal of East China Normal University(Natural Science), 2014, 34(1): 68 – 96.

[234] HAN J, HAYASHI Y, JIA P, et al. Economic Effect of High-Speed Rail: Empirical Analysis of Shinkansen's Impact on Industrial Location [J]. Journal of Transportation Engineering, 2012, 138(12): 1551 – 1557.

[235] HANSEN M T. The search-transfer problem: The role of weak ties in sharing knowledge across organization sub-units[J]. Administrative Science Quarterly, 1999, 44(1): 82 - 111.

[236] HENDERSON J. Danger and opportunity in the Asia-Pacific[M]// Thompson G. Economic Dynamism in the Asia Pacific. London: Routledge, 1998: 356 - 384.

[237] HENDRIKS P. Why share knowledge? The influence of ICT on the motivation for knowledge sharing [J]. Knowledge and Process Management, 1999, 6(2): 91 - 100.

[238] HOFSTEDE G. Culture's consequences: International differences in working-related values[M]. Beverly Bills CA: Sage Publication, 1980.

[239] HOOFF B V D, RIDDER J A D. Knowledge sharing in context: the influence of organizational commitment, communication climate and CMC use on knowledge sharing[J]. Journal of Knowledge Management, 2004, 8(6): 117 - 130.

[240] HUBER G P. Organizational learning: the contributing processes and the literatures[J]. Organization Science, 1991(3): 88 - 115.

[241] HUMPHREY J, SCHMITZ H. Developing Country firm in the world economy: governance and upgrading in global value chains[R]. INFE Report, 2002(61): 1 - 35.

[242] HUNG M, WANG Y. Mandatory CSR disclosure and shareholder value: evidence from China [R]. Working Paper, University of Southern California and The Hong Kong University of Science and Technology, 2014.

[243] INGRAM P, ROBERTS P. Friendships among competitors in the Sydney hotel industry[J]. American Journal of Sociology, 2000, 106

(2)：387 – 423.

[244] JIN F, JIAO J, QI Y, et al. Evolution and geographic effects of high-speed rail in East Asia：An accessibility approach[J]. Journal of Geographical Sciences, 2017, 27(5)：515 – 532.

[245] JIN S-Y, ZHOU X-L, CHIU Y-H. The Parent-Subsidiary Knowledge-transfer Efficiency of Chinese — African Multinational Enterprises — based on a Metafrontier EBM Model[J]. Managerial and Decision Economics, 2021, 42(2)：479 – 492.

[246] JORDAN A. China Pushes Its "High-Speed Rail Diplomacy"[J]. Transportation Monitor Worldwide, 2014(10)：21 – 24.

[247] CHANG J S, LEE J-H. Accessibility Analysis of Korean High-speed Rail：A Case Study of the Seoul Metropolitan Area[J]. Transport Reviews, 2008, 28(1)：87 – 103.

[248] KIM H, SULTANA S. The impacts of high-speed rail extensions on accessibility and spatial equity changes in South Korea from 2004 to 2018[J]. Journal of Transport Geography, 2015(45)：48 – 61.

[249] KIM K S. High-speed rail developments and spatial restructuring[J]. Cities, 2000, 17(4)：251 – 262.

[250] KINGSLEY E H. Labor Market and Regional Transportation Improvement：the Case of High-speed Trains. The Annals of Regional Science, 1997, 31(1)：207 – 209.

[251] KIYOSHI K, MAKOTO O. The Growth of City Systems with High speed Railway System[J]. The Annals of Regional Science, 1997(1)：19 – 21.

[252] KOOPMAN R, POWERS W, WANG Z et al. Give credit where credit is due：tracing value added in global production chains[R]. NBER

working paper, 2010.

[253] KOTAVAARA O, ANTIKAINEN H, RUSANEN J. Population Change and Accessibility by Road and Rail Networks: GIS and Statistical Approach to Finland 1970 – 2007[J]. Journal of Transport Geography, 2011, 19(4): 926 – 935.

[254] KOUGUT B. Designing Global Strategies: Comparative and Competitive Value-Added Chains[J]. Sloan management review, 1985, 26(4): 15 – 28.

[255] KRAATZ M S. Learning by association? Interorganizational networks and adaptation to environmental change[J]. Academy of Management Journal, 1998, 41(6): 621 – 643.

[256] LIPPMAN S A, RUMELT R P. Uncertain imitability: An a-nalysis of interfirm differences in efficiency under com-petition[J]. Bell Journal of Economics, 1982, 13(2): 418 – 438.

[257] LIU S, KESTELOOT C. High-Speed Rail and Rural Livelihood: The Wuhan-Guangzhou Line and Qiya Village [J]. Tijdschrift Voor Economische En Sociale Geografie, 2016, 107(4): 468 – 483.

[258] LORD M D, RANFT A L. Organizational learning about new international markets: Exploring the internal trans-fer of local market knowledge[J]. Journal of Interna-tional Business Studies, 2000, 31 (4): 573 – 589.

[259] AITA M, RICHER M-C, HÉON M. Illuminating the Processes of Knowledge Transfer in Nursing[J]. Worldviews on evidence-based nursing, 2007, 4(3): 146 – 55.

[260] MARTIN X, SALOMON R. Knowledge transfer capacity and its implications for the theory of the multinational corpo-ration[J]. Journal

of International Business Studies，2003，34(4)：356－373.

［261］MU J K，TANG F C，MACLACHLAN D L. Absorptive and disseminative capability：knowledge transfer in intra-organization networks ［J］. Expert Systems with Applications，2010(37)：31－38.

［262］MURAYAMA Y. The impact of railway on accessibility in the Japanese urban system［J］. Journal of Transport Geography，1994，2 (2)：87－100.

［263］NADVI K，WALTRING F. "Making sense of global standards" in Local enterprises in the Global Economy［M］. Northhampton：Issues of Governance and Upgrading，2004.

［264］NAKAMURA H，UEDA T. The Impacts of Shinkansin on Regional Development. Proceeding of WCTR，1989(3)：95－109.

［265］NONAKA I. A dynamic theory of organizational knowledge creation ［J］. Organization Science，1994，5(1)：14－37.

［266］OKABE S. Impact of the Sanyo Shinkansen on local communities［C］// STRASZAK. A，TUCH R. The Shinkansen High-Speed Rail Network of Japan. Oxford：Pergamon Press，1979：105－129.

［267］OSTERLOH M，FREY B S. Motivation，Knowledge Transfer，and Organizational Form［J］. Organization Science，2000，11(5)：538－ 550.

［268］PÉREZ-NORDTVEDT L，KEDIA B L，DATTA D K，et al. Effectiveness and efficiency of cross-border knowledge transfer：an empirical examination［J］. Journal of Management Studies，2008，4 (5)：699－729.

［269］POL P M J. The Economic Impact of the High-Speed Train on Urban Regions［J］. General Information，2003，10(1)：4－18.

[270] POLANYI M. The logic of tacit inference[J]. Philosophy, 1966, 41 (1): 1 - 18.

[271] PORTER M E. Competitive Advantage[M]. New York: Free Press, 1985.

[272] ROBERT C, LAUBY P T. America Standards for High Speed Rail [R]. Paris: 1st Workshop on Global Standards for High SpeedRail Systems, 2010.

[273] SANDS B. The development effects of high-speed rail station and implications for California[R]. Sacramento: California High Speed Rail Series, Berkely University of California, 1993: 257 - 284.

[274] SCHNEIDER L. Öffentliche Kontrolle der Qualitätssiche rungskette Für Einen Sicherenund Interoperablen Schienenverkehr[J]. Verkehr & Betrieb, 2017(4): 38 - 41.

[275] MELIBAEVA S. Development Impacts of high-speed rail: megalopolis formation and implications for portugal's lisbon-porto High-Speed Rail Link[D]. Boston: Massachusetts Institute of Technology, 2010.

[276] SIMONIN B. Ambiguity and the process of knowledge transfer in strategic alliances [J]. Strategic Management Journal, 1999, 20(7): 595 - 623.

[277] SPENDER J C. Making knowledge the basis of the dynamic theory of the firm[J]. Strategic Management Journal, 1996(17): 45 - 62.

[278] SPIEKERMANN K. WEGENER M. The shrinking continent: new time-space maps of Europe[J]. Environment and Planning B: Planning and Design, 1994, 21(6): 653 - 673.

[279] Ponte S, STURGEON T. Explaining Governance in Global Value Chains: A Modular Theory-building Effort[J]. Review of International

Political Economy，2014，21(1)：195 - 223.

[280] Ponte S，GIBBON P. Quality Standards，Conventions and the Governance of Global Value Chains[J]. Economy and Society，2005，34(1)：1 - 31.

[281] Ponte S. Governing Through Quality：Conventions and Supply Relations in the Value Chain for South African Wine[J]. Sociologia Ruralis，2009，49(3)：236 - 257.

[282] SZULANSKI G. Exploring internal stickiness：Impediments to the transfer of best practice within the firm[J]. Strategic Management Journal，1996(17)：27 - 44.

[283] TEECE D J. Technology Transfer by Multinational Firms：The Resource Cost of Transferring Technological Know-How[J]. Economic Journal，1977，87(346)：242 - 261.

[284] TSAI W P. Knowledge transfer in intraorganizational networks：effects of network position and absorptive capacity on businessunit innovation and performance [J]. Academy of Management Journal，2001，44(5)：996 - 1004.

[285] VATURI A，PORTNOV B A，GRADUS Y. Train Access and Financial Performance of Local Authorities：Greater Tel Aviv as a Case Study[J]. Journal of Transport Geography，2011，19(2)：224 - 234.

[286] VICKERMAN R. High-speed Rail in Europe：Experience and Issues for Future Development[J]. The Annals of Regional Science，1997，31(1)：21 - 38.

[287] ANDREEV V E. Present State and Standardization Plans for High Speed Rail Systems in Russia[R]. Paris：1st Workshop on Global Standards for High Speed Rail Systems，2010.

[288] ZALTMAN D H. Innovations and organizations [M]. New York: Wiley, 1973.

[289] ZANDER U, KOGUT B. Knowledge and the speed of the transfer and imitation of organizational capabilities: An empirical test [J]. Organization Science, 1995, 6(1): 76 - 92.

后　记

　　近年来，我一直致力于中国高铁标准"走出去"、知识转移、全球价值链领域的研究。本专著是我理论提炼和实证检验的研究成果，更是在团队前期系列研究成果和实地调研访谈基础上的后续深化和总结。其间，我曾多次对中车戚墅堰机车公司、西南交通大学、中铁二局驻埃塞俄比亚公司、青岛四方机车车辆公司等单位进行实地调研访谈或电话邮件访谈，收集了丰富的一手数据资料。从研究方向的选定，研究思路和方法的确定，到文献资料和数据的搜集处理、逐字逐句码稿，历时 4 年，此刻终于定稿！书稿的撰写是个漫长的精神历练，单凭一己之力很难圆满完成。在此，我要衷心感谢所有为本书付出心血和帮助的前辈、学生、朋友和家人。

　　首先感谢我的博士后恩师田泽教授的无私栽培和人生指引！在科研道路上，田老师一直是我的人生灯塔、学术标杆，与田老师的每次交谈，都能在做人、做事、做学问上得到新的启发，让我获得科学研究的动力。正是在田老师的谆谆教导和悉心栽培下，使我逐渐步入科学研究的学术殿堂。近 5 年，先后获得国家社科基金项目、浙江省软科学研究计划项目、江苏省博士后科研资助计划项目、浙江省哲学社会科学重点研究基地规划课题、浙江省哲学社会科学规划后期资助课题。在本书的撰写过程中，每每有问题向田老师请教，总会得到耐心的解答和指导。恩师严谨求实的治学态度、朴实无华的待人作风以及超凡的敬业精神都深深影响着我，使我受益匪浅。

在书稿的资料收集、数据分析、文字整理等工作中,我的硕士生周晓琳、顾津静、罗思怡、周枫凯、陈梦颖、夏雨、应茜茜、顾晓旭、王宇芮、闻镇坎、朱雪晴、刘振、屈那、柴虹、陆怡佳等做了大量的研究工作。面对各项研究任务工作,学生们任劳任怨、全心全意投入,并能按时保质保量地完成。感谢各位同学的辛苦付出!希望硕士生们在专著研究过程中,提升科研能力,在未来的研究中实现成长和超越。

在本专著的撰写过程中,各位前辈、同事和朋友给予了各种形式的帮助和支持,在此表示由衷感谢!他们是教育部长江学者特聘教授、浙江师范大学非洲研究院院长刘鸿武教授,浙江省商务厅胡真舫厅长,浙江省商务厅殷立峰处长,浙江省商务厅张江婕联络员,中车戚墅堰机车公司邓熙经理,青岛四方机车车辆公司董旻经理,中铁二局驻埃塞俄比亚公司杨中华经理,台州学院商学院院长段文奇教授,浙江师范大学非洲研究院党总支书记王珩教授,浙江师范大学经济与管理学院党委书记郑文哲教授,浙江师范大学经济与管理学院副院长李文博教授,浙江师范大学经济与管理学院郑小碧教授、王长峰教授、朱华友教授、李杰义教授、林云教授、张俊岭教授、张巧文副教授、邹益民副教授、许德武副教授、孙高济博士等,在此不一一列举。他们对本专著整体思路的设计和修改、数据资料的收集、调研访谈企业的联系、科研政策支持、精神鼓励等方面,给予了莫大的帮助。

专著的完成,离不开亲人的默默奉献和付出。感谢爱人对我科研工作的理解和支持,当写作思路受到困扰时,爱人做好的一顿饭、送来的一杯牛奶、暖心的一句鼓励,都是我前行的无穷动力。还要感谢懂事女儿的支持,学业和生活上自己能安排得井井有条,每天朝着梦想努力奋斗,让我能够安心于科研工作。

最后感谢出版社编辑同志的辛勤付出!感谢为本研究调研访谈提供机会和帮助的所有单位和个人,以及本书所有参考文献作者。

基于全球价值链视角研究中国高铁标准"走出去"的知识转移问题是一个

崭新的课题，本书是笔者在此课题研究道路上的初步尝试，后续将在该领域继续拓展研究，争取获得更大的突破。

金水英

2022 年 5 月 20 日于浙江金华